고전의 대문

고전의 대문

1판 1쇄 발행 2016. 9. 12
1판 8쇄 발행 2024. 2. 1

지은이 박재희

발행인 박강휘 고세규
편집 김상영
발행처 김영사

등록 1979년 5월 17일(제406-2003-036호)
주소 경기도 파주시 문발로 197(문발동) 우편번호 10881
전화 마케팅부 031)955-3100, 편집부 031)955-3200, 팩스 031)955-3111

값은 뒤표지에 있습니다. ISBN 978-89-349-7558-8 03150

홈페이지 www.gimmyoung.com   블로그 blog.naver.com/gybook
인스타그램 instagram.com/gimmyoung   이메일 bestbook@gimmyoung.com

좋은 독자가 좋은 책을 만듭니다.
김영사는 독자 여러분의 의견에 항상 귀 기울이고 있습니다.

고전의 대문

사서四書 편

박재희 지음

김영사

차례

첫 번 째 대 문

**내 안의 우주를
깨우는 지혜,
《대학》**

두 번 째 대 문

**자기 르네상스를
위한 정담情談,
《논어》1**

고전의 대문을 열며

북경에서 북쪽으로 차를 타고 세 시간 정도 달려가면 청나라 황제의 여름 별장이자 군사훈련 기지였던 열하熱河가 나옵니다. 조선 후기 실학자였던 연암 박지원이 청나라 건륭 황제 70세 생일을 축하하기 위한 조선 사절단에 끼어 한양에서 45일 걸려 도착했던 곳입니다. 열하에서 다시 차를 타고 네 시간 정도 북쪽으로 가면 몽골 초원이 나타나고 그 초원 위에는 수백만 수천만 송이의 꽃이 피어 있습니다. 저는 지난여름 책의 집필을 끝내고 이곳을 여행하면서 참 많은 초원의 꽃을 보았습니다. 넓은 들판에 저마다 색과 모양을 갖고 화려〔華〕하고 엄숙〔嚴〕하게 피어 있는 꽃들을 보고 화엄華嚴의 세계를 상상하였습니다. 화엄은 세상의 모든 존재가 그 존재만으로 아름답고 의미 있는 세상입니다. 어떤 꽃이 예쁘다, 밉다는 생각은 이곳에서는 꿈도 꿀 수 없습니다. 의상대사가 꿈꾸었던 화엄의 세계는 우리 민족의 오래된 철학입니다. 세상에 존재하는 어떤 사람도 존재 자체로 존엄하고 아름답다는 생각, 그리하여 자신이 생긴 모습에 감사하고, 자신의 향기를 사랑하고, 자신만의 고유한 색을 아끼고, 자신의 삶에 경의를 표하는 것이 우리의 철학이었습니다. 부자든 빈자든, 강자든 약자든, 갖춘 자든 좀 못 갖춘 자든, 서로 비교 대상이 아니라 공존하고 이해하고 배려하며 한 마을에 함께 살았던 사람들이 우리 민족이었습니다. 왜냐하면 모든 존재는 그 존재만으로도 충분히 존중받을 가치가 있기 때문입니다.

요즘 금수저와 흙수저, 1퍼센트와 99퍼센트, In 서울과 지방대, 심지어 입에 차마 담지 못할 짐승의 단어로 인간을 표현하고 구분하는 시대를 살면서 우리 민족의 화해와 상생의 철학이 절실하게 그리워집니다. 내 현재의 삶에 집중하기보다는 소유와 탐욕의 삶에 가치를 두면 그 삶은 영원히 행복할 수 없습니다. 소유의 가치는 끊임없이 더 많은 것을 바라는 채울 수 없는 욕망이기 때문입니다. SNS에 '좋아요' 개수는 나의 본질이 아니며, 남이 나를 바라보는 평가와 시선은 더 이상 나의 행복 지수가 아닙니다. 나는 우주 속에 피어 있는 나처럼 생긴 꽃이고 내 향기와 내 색깔을 갖고 있는 나입니다. 세상에 어느 누구도 나를 대신할 수 없으며, 나의 삶은 오로지 나의 바람(望)에 의해서 결정되어야 합니다. 그것이 국가든, 이념이든, 사회적 가치든, 통념이든 상관없이 나를 구속하고 평가하고 통제할 권한은 없습니다. 왜냐하면 우주(天)와 나(人)는 직접적으로 연결된 통합적 구조물이기 때문입니다. 그러니 하늘 같은 '나'가 어찌 비교와 우열의 대상일 수 있겠습니까?

《장자莊子》 추수秋水 편에는 세상에서 가장 아름다운 동물에 대한 이야기가 나옵니다. 전설상의 동물 중에 발이 하나밖에 없는 기夔라는 동물이 있었답니다. 기夔는 발이 하나밖에 없었기 때문에 발이 100개나 있는 지네를 몹시 부러워하였습니다. 그 지네에게도 부러워하는 동물이 있었는데 바로 발이 없는 뱀[蛇]이었습니다. 뱀은 거추장스런 발 없어도 잘 갈 수 있었기 때문이었지요. 그런데 뱀은 자신이 움직이지 않고도 멀리 갈 수 있는 바람[風]을 부러워하였고, 바람은 가만히 있어도 어디든 갈 수 있는 눈[目]을 부러워하였습니다. 그런데 눈은 보지 않고도 무엇이든 상상할 수 있는 마음[心]을 부러워하였답니다. 마음에게 물었습니다. 당신은 세상에 부러운 것이 없느냐고. 마음이 대답하였습니다. 자신이 가장 부러워하는 것은 전설상의 동물인 기蘷라고. 세상의 모든 존재는 어쩌면 서로가 서로를 부러워하는지 모르겠습니다. 자기가 가지지 못한 것을 가지고 있는 상대를 부러워하지만, 결국 자신이 가진 것이 가장 아름다운 것이라는 것을 모른 채 말입니다. 요즘 세상이 힘든 것은 비교와 부러움 때문이 아닐까 싶습니다. 상대방의 지위와 부, 권력을 부러워하면서 늘 자신을 자책하기에 불행이 시작되는 것이지요. 가난한 사람은 부자를 부러워하고, 부자는 권력자를 부러워하고, 권력자는 가난하지만 건강하고 화목한 사람을 부러워합니다. 세상에서 가장 아름다운 것은 결국 자신만이 가지고 있는 것일 수도 있습니다.

바람처럼 사는 인생을 상상해봅니다. 바람[風]은 바람[望]입니다. 내 영혼이 바라는 곳으로 바람처럼 사는 것이 하늘처럼 사는 삶입니다. 내가 바라는 일을 하고, 바라는 곳을 가고, 바라는 사람을 만나는 것이 가장 바람직한 바람의 철학입니다. 내가 바라지 않는 일을 해도 바람을 넣으면 의미 있는 일이 됩니다. 내가 바라지 않는 사람을 바람을 갖고 만나면 소중한 만남이 됩니다. 이것이 최치원 선생이 말한 우리 민족의 고유한 풍류風流 철학입니다. 나와 다른 것들을 이해하고 포용하며〔包含三敎〕, 인간의 도리를 알고 살며〔相磨道義〕, 음악과 예술을 사랑하고〔相悅歌樂〕, 자연과 친화하며〔遊娛山水〕, 상생과 나눔을 실천하는〔接化群生〕 하늘 같은 삶이 바로 풍류의 삶〔風流道〕입니다. 이것이 하늘 같은 나에 대한 하늘 같은 대접입니다. 지금 존재하고 숨 쉬고 생각하는 나는 그런 대접을 받을 충분한 권리가 있습니다.

저는 이 책을 쓰면서 과연 나는 이런 생각을 실천하고 있는가를 스스로 물어보았습니다. 물어놓고 보니 참 부끄러워 고개를 들기가 어렵습니다. 내 무의식은 늘 다른 사람의 평가에 귀를 열어놓고 있고, 때로는 가고 싶지 않은 곳에 아무런 바람도 없이 가는 경우도 많습니다. 어떤 때는 존재감에 대한 실망에 한없이 작아지는 나를 발견하기도 하고, 내가 소유한 것에 대해 집착하고 있는 나를 만나기도 합니다. 나를 TV에서 보아서 안다고 인사를 건네는 사람을 만나면 괜히 어깨가 으쓱해지기도 하고, 지금의 행복보다는 불확실한 미래에 더욱 중점을 두고 살아가는 나에 대한 회의가 들기도 합니다. 그래도 위안이 되는 것은 그런 나에 대한 문제점을 알고 늘 고치려 한다는 것입니다. 거짓된 나〔假我〕를 부수고 참 나〔眞我〕를 찾고 있다는 것은 그래도 하늘 같은 삶을 살아갈 희망이 있다는 것입니다. 율곡 이이 선생은 거짓된 나를 부수고 참 나를 찾기 위한 교과서를 하나 집필하셨습니다.《격몽요결擊蒙要訣》, 무지몽매無知蒙昧한 나를 부수고〔擊〕 참 나를 찾기 위한 중요한〔要〕 비결〔訣〕이 담겨 있는 책입니다. 비록 젊은 학동들을 위한 책이었지만 그 내용은 인간으로서 어떻게 살 것인지 뜻을 세우고〔立志〕, 나의 구습舊習을 혁신革新하는 내용으로 시작됩니다. 이 책을 보면 참 부쉬야 할 내 구습이 많다는 생각이 듭니다.

1200년 어느 날 성리학을 총정리한 주희朱熹는 《대학大學》의 '성의誠意'에 대한 주석을 달면서 마지막 숨을 거두었습니다. "나는 내 뜻〔意〕을 소중하게 여기며 정성〔誠〕을 다해 살고 있는가?" 이 화두는 성리학이 추구하는 인간 존재에 대한 기본 질문이었습니다. 비록 시간이 지나면서 성리학의 화두는 권력과 현학적 지식과 야합하여 본질이 훼손되었지만 그 질문의 시도는 하늘 같은 인간의 존엄성에서 시작되었습니다. 누구의 평가와 시선에 상관없이 '나'라는 존재에 거짓 없이 최선을 다하며 살고 있는가의 질문이 바로 '신독愼獨'입니다. 주자는 이 질문의 완성을 위하여 역대 유교 경전을 털어냈고, 결국 '사서四書'라는 명칭을 만들어 성리학의 기초 텍스트로 삼았습니다. 하늘에게 부여받은 나의 위대한 하늘다움을 밝혀서〔明德〕, 세상의 사람들과 새로운 참나를 찾아가며〔新民〕, 지극히 위대한 세상〔至善〕을 만들겠다는 새로운 패러다임의 기초를 《대학》에서 끌어냈습니다. 《중용中庸》은 인간과 우주의 관계를 설명하며 인간이 어떻게 우주적 에너지를 실현하고 살아야 하는지에 대한 물음의 답입니다. 나라는 존재의 규명〔天命〕, 내 안에 있는 하늘다움〔人性〕, 그 하늘다움의 실존적 실천〔率性〕, 인간의 중용적 삶의 길〔道〕, 중용적 삶을 살기 위한 부단한 노력〔修道〕, 그리고 그 삶을 실현하기 위한 배움의 실천〔敎〕은 《중용》의 가장 중요한 철학 기반입니다. 주자는 《대학》과 《중용》을 최대한 확대해 새로운 삶을 살기 위한 패러다임을 구축하였습니다.

인간이란 무엇이고, 어떻게 존재해왔으며, 미래는 어떻게 발전할 것인가의 질문과 대답에 대해 히브리대학 교수 유발 노아 하라리Yuval Noah

Harari의 저서 《사피엔스Sapiens》에서 많은 영감을 얻었습니다. 동아프리카 초원에 살던 현재 인류의 조상 호모사피엔스는 7만 년 전의 인지혁명과 1만 2,000년 전의 농업혁명, 그리고 500년 전의 과학혁명을 거쳐 지구에서 가장 생존 능력이 강한 종이 되었고, 인간의 미래는 사이보그혁명을 통해 어떻게 될지 모른다는 그의 통찰 속에서 대부분의 인간이 얼마나 혁명에 종속된 존재인지를 읽었습니다. 혁명의 주인공들은 1퍼센트의 소수였고, 나머지는 혁명의 부산물이었습니다. 전쟁으로 죽어가는 사피엔스보다 자살로 죽는 사피엔스가 더 많고, 이전보다 더 많은 노동시간을 할애해도 채집 시절의 사피엔스보다 더 행복하다는 증거는 없다고 합니다. 독일 베를린예술대학 한병철 교수의 저서 《피로사회》는 현대사회의 인간이 그 어느 시대보다도 자발적 피로를 유발하며 자신을 학대하는 사회가 되었다고 말합니다. 더 많은 인정을 받기 위해 더 많이 일하고, 더 많은 보상을 얻기 위해 죽도록 자신을 피로하게 만드는 사회가 현대사회입니다. 누가 시키거나 강요하지도 않았는데 자발적으로 죽도록 일하고 그 결과 죽을 만큼 피로해진다는 것입니다. 두 학자의 공통된 의견은 현세를 사는 우리 사피엔스라는 종이 과학의 발전과 물질의 풍요 속에서 행복과 만족을 느끼기보다는, 오히려 더 소외되고 종속된 존재로 살아간다는 것입니다. 인간은 자연을 극복하기 위하여 만든 신에게 종속되어 있고, 물질이 곧 행복이라는 신화를 믿고 있습니다. 현재의 삶보다는 미래의 삶에 더 많은 신경과 마음을 쓰고, 나의 시선이 아닌 타인의 시선으로 자신을 바라보는 데 익숙해져 있습니다. 이념과 통념은 동아줄로 인간을 더욱 옭아매고 있고, 나는 내가 만든 감옥에서 스스로 자발적 죄수가 되어 갇혀 있습니다. 자본주의는 인간의 욕망을 기반으로 하고 있지만, 욕망은 충족될 수 없는 탐욕이기에 무한 경쟁과 갈등을 유발할 수밖에 없습니다. 2년 간 휴식을 가지면서 미국의 뉴욕과 영국의 런던이라는 곳을 난생 처음 가서 지내보았습니다. 동양학을 평생 공부하며 오로지 중국과 한국을 오갔던 저에게는 다른 세계의 문명을 책이 아닌 현장에서 직접 느낄 수 있었던 기회였습니다. 저는 그곳에서 우리의 문제가 바로 그들의 문제이고, 그들의 고민이 바로 우리의 고민과 같다는 것을 확인하였습니다. 월스트리트 스튜디오에 사는 버지니아주립대학 출신 증권사 애널리스트 라저의 집에 머물면서 그의 일상을 보았습니다. 그의 근무 시간은 9 to 5, AM 9시부터 AM 5시입니다. 자발적으로 24시간 근무를 자청하고 있는 것입니다. 비록 1억 이상의 연봉을 받지만 대학 때 빌린 학자금과 엄청난 월세를 제하고 나면 남는 게 그리 많지 않습니다. 그래서 저에게 월세를 놓았는지 모르겠습니다. 스타벅스 커피와 베이글을 손에 들고 거의 24시간 근무를 버티는 라저의 꿈은 회사에서 얻은 정보로 투자를 해서 한몫 잡고 업계를 뜨는 것입니다. 그러나 그런 꿈이 이루어지는 월스트리트의 젊은이들은 1퍼센트도 채 되지 않는다고 합니다. 센트럴파크 서쪽 부자 동네 아파트에 사는 제인 할머니의 가족은 세 마리의 개입니다. 몇 번의 이혼을 통해 얻은 돈으로 5번가에서 명품 쇼핑을 하고 편안한 노후를 보내고 있지만 할머니의 주변에 유일한 위안은 세 마리의 개입니다. 그래서 저에게 월세를 놓았겠지요. 중국학을 전공한 한국에서 온 사람과 대화하는 것이 돈이 아닌 낙인 것 같았습니다. 매일 공원을 산책하는 제인 할머니의 뒷모습은 늘 쓸쓸해 보였습니다. 런던 피카디리서커스 남쪽 버킹검궁 주변에는 아침부터 바쁘게 출근하는 공무원들로 가득합니다. 쌀쌀한 날씨와 오락가락하는 비바람 속에서 옷깃을 세운 채로 어딘가 종종걸음으로 걸어가는 그들의 모습 속에서 자발적 피로가 언뜻 보였습니다. 이슬람 난민과 유럽의 이주 노동자들이 자신들의 일자리를 빼앗아갔다고 생각하며 그들의 대한 분노를 브렉시트 찬성으로 보여준 영국 국민들의 피해의식 속에서 성숙한 관용의 전통은 찾아볼 수가 없었습니다. 아는 것만큼 보이고 생각한 대로 보인다고 하지만, 세상에서 가장 번화하고 발전했다는 도시 어디에도 흥〔興〕이 넘쳐나지는 않았습니다. 새로운 곳에 기대를 갖고 간 초행初行의 제 눈에는 그렇게 보였습니다.

5시 35분 첫 전철을 타려고 새벽에 집을 나서면 길거리에서 묵묵히 도로를 청소하고 있는 청소부를 만나게 됩니다. 두 시간 뒤 깨끗하게 정리된 이 거리를 걷는 사람이 행복하게 걷기를 꿈꾸며, 흥이 나서 청소하는 그분에게서 미래에 있을 흥〔興〕의 혁명의 단초를 봅니다. 남이 보든 보지 않든 내가 만든 떡볶이를 맛있게 먹는 고객을 상상하며 흥이 나서, 직접 고추를 말리고 수건으로 정성스럽게 닦아 만든 고추장과 직접 방앗간에서 뽑은 떡으로 재료를 준비하는 분식집 주인의 정성에서 흥〔興〕의 혁명이 다가오고 있음을 느낍니다. 흥이 나서 일하고, 흥이 나서 만나고, 흥이 나서 가면 아무리 힘들어도 힘든 줄 모릅니다. 비록 적은 이익과 효율이라고 해도 이미 흥을 경험했기에 충분히 이익을 얻은 것입니다. 사피엔스는 이제 더 이상 효율과 이익이라는 기준만으로 미래를 기약할 수 없습니다. 내 안에 있는 위대한 하늘다움, 흥〔興〕을 끌어내서 흥〔興〕의 혁명이 일어나야 새로운 미래와 만날 수 있습니다. 흥〔興〕은 하늘이 부여한 덕德이며, 인간에게 내재된 성性입니다. 기업을 경영하든, 조직을 이끌든, 가정을 경영하든, 직장에 출근하든, 흥이 있어 하는 일은 힘들거나 고달프지 않습니다. 흥은 무한의 자원입니다. 아무리 써도 마르지 않는 샘물입니다. 사피엔스가 지금까지 존재할 수 있었던 이유도 흥이 있었기에 가능한 일이었습니다. 저는 고전의 대문을 열면서 내 안에 잠재된 흥을 끌어내는 대문이 되기를 바랍니다. 고전은 더 이상 지식이 아닙니다. 침묵하는 영혼을 깨우고, 잠자는 흥을 끌어내서 지혜로운 삶을 살기 위한 대문이어야 합니다. 금수저는 1,000도씨에서 녹아버리지만 흙수저는 오히려 강한 도자기 수저가 됩니다. 다산 정약용은 40세의 나이에 강진으로 유배 가서 18년의 유배 생활을 하였지만 그의 흥(興)을 끌어내었기에 조선 후기 최고 수준의 실학자가 되었습니다. 제주에서 8년 7개월 유배 생활을 경험했던 추사 김정희 역시 흥(興)을 통해 추사체를 만들고 서예학계의 최고 명성을 얻게 되었습니다. 베토벤은 26세의 나이에 귀를 먹었지만 흥(興)을 깨워 그 누구도 작곡해보지 못한 명곡을 남겼습니다. 애플사를 세운 스티브 잡스나 알리바바의 창시자 마윈 역시 내 안에 잠자고 있는 흥(興)을 깨우라고 외쳤습니다. 자본주의 사회에서 자본은 한계가 있지만 흥본주의興本主義 사회에서 흥(興)은 무한 자원입니다. 이제 세상에서는 스펙이나 라이선스가 아닌 흥을 통해 그 사람의 운명이 결정될 것입니다. 세상에 두 종류의 사람, 흥으로 사는 사람과, 흥이 없이 오로지 이익을 위해 사는 사람들은 분명히 구분될 것이며, 무한 자원 흥(興)이 인류의 새로운 희망이 될 것입니다.

이번 사서四書의 대문은 문의 한쪽입니다. 또 다른 한쪽의 대문이 곧 완성될 것이고, 이번 책과 함께 두 개의 문짝이 되어 흥(興)의 세상을 열게 될 것입니다. 고전의 대궐은 지식의 대궐이 아니라 지혜의 대궐입니다. 고전의 대궐을 지어보겠다는 것이 제 인생 2막의 꿈이었습니다. 목수의 마음으로 그동안 고전의 나무를 다듬고 말리고 터를 물색하였습니다. 되도록 내 생각은 자제하며 나뭇결 그대로 다듬으려고 노력하였습니다. 이제 내 생각을 담아 겨우 문짝 하나 달아봅니다. 이 문을 열고 들어가면 논어전殿, 맹자전殿, 도덕경전殿, 주역전殿 전각들도 지어보고 그 안에 아이들이 사는 방, 어른들이 사는 방 같은 조그만 실室도 만들고 싶습니다. 공자가 69세에 시작한 일을 너무 일찍 하는 것이 아닐까 걱정도 됩니다. 그러나 문짝 다는 것이야 그리 어려운 일이 아니니 용기를 내어 시도해봅니다. 그동안 강호를 돌아다니며 참 많은 사람과 조직을 만났습니다. 사마천은 18세부터 유랑의 길을 떠나 사료를 수집하였고, 공자는 56세에 길을 떠나 세상을 만났다 하니 제 유랑도 의미가 있을 것이라 위안해봅니다. 현생에서 집을 못 지으면 다음 세상에서 지으면 될 터이니 큰 걱정은 안 하고 순리대로 해보렵니다.

이제 고전의 대문을 열고 들어서면 우리가 일반적으로 듣는 그런 처세와 경구의 이야기를 만나지는 못할 것입니다. 오히려 더 근원적이고 본질적인, 다소 딱딱하기도 하고 낯설기도 한 이야기를 만나게 됩니다. 어떤 개념과 논리는 익숙하지만 그동안 알고 있던 생각과 다른 관점도 만나게 될 것입니다. 저는 고전의 대문을 여는 독자들이 이 책을 통해 자신만의 대궐을 만나게 되었으면 좋겠습니다. 어떤 분은 화려하고도 엄숙한 대궐을 보게 될 것이고, 어떤 분은 단아하면서 검소한 대궐을 만나실 수도 있습니다. 그것 역시 고전이 주는 다양한 상상과 해석이 있기에 가능합니다.

공자는 자신을 '술이부작述而不作'이라는 말로 정의하였습니다. 자신은 창조자creator가 아니라 전달자messenger라는 다소 겸손한 정의입니다. 맹자 역시 공자의 위치를 집대성集大成이라고 정의하였습니다. 조그만 편린들을 모아 크게 완성하였다는 것입니다. 저 역시 새로운 문을 만든 창조자가 아니라, 지나간 지혜를 모아 고전의 대문을 만들었다는 것을 고백합니다. 그것은 어쩌면 단순한 재료이며 디자인일 수 있습니다. 그러나 그 문은 고전의 대궐로 들어가는 문이며, 그 대궐 속에는 담 밖에서 볼 수 없는 아름다운 흥(興)의 문양으로 가득할 것입니다. 세상에 얼마나 공부를 많이 하고 연구를 많이 한 사람이 많겠습니까? 그러나 고전의 대궐로 들어가는 문을 만든 저의 편협함을 꾸짖지만 마시고, 너그러이 그 모습 그대로 보아주는 혜량을 기대합니다. 이 책을 쓰기 위해 2년간 마음 가는 대로 바람처럼 살았습니다. 이렇게 바람처럼 살 수 있게 해준, 선업을 쌓고 돌아가신 부모님과 주변에서 용기를 잃지 않도록 격려하고 도와주신 분들께 감사를 표합니다. 오늘 올해 들어 최고의 폭염이라고 연신 뉴스가 나옵니다. 그래도 이 글을 쓰는 이 순간만큼은 그 더위를 느끼지 못하는 내 안에 흥(興)이 있음을 감사하게 여기며 지금부터 고전의 대문을 활짝 열어보도록 하겠습니다. 같이 함께 고전의 대문을 열고 들어가시지요!

29일째 폭염이 계속되는 어느 무더운 여름 석천石泉이 쓰다.

내 안의 우주를
깨우는 지혜,
《대학》

내 안의 우주를
깨우는 지혜
《대학》

문명 전환기에 일어난 유교 르네상스

고전의 첫 문은 《대학大學》으로 열겠습니다. 《대학》의 문은 사서四書 중에서 가장 재미없고 딱딱한 문입니다. 단언하건데 이 문을 무사히 열고 들어가셨다면 다른 문들은 쉽게 열릴 것입니다. 《대학》, 《논어論語》, 《맹자孟子》, 《중용中庸》, 이 네 권의 책을 사서四書라고 합니다. 우리가 사서삼경이라고 말할 때 자주 사용하는 용어입니다. 그런데 천 년 전으로 올라가 중국 사람들에게 사서를 알고 있냐고 물으면 사람들은 어리둥절할 것입니다. 사서라는 말은 주자가 살아서 활동하였던 1190년경에 생겼기 때문입니다. 사서라는 말을 처음 쓴 사람은 성리학의 완성자라고 알려진 주희朱熹, 곧 주자朱子입니다. 주희는 1130년에 태어나서 1200년, 정확히 71세의 인생을 살다간 학자로서 사서라는 개념과 함께 성리학을 완성한 학자입니다. 70세를 산다는 것은 예로부터 드문 일이었습니다. 공자는 73세, 맹자는 84세, 퇴계는 70세를 사셨으니 모두 다 장수하신 분들이라고 할 수 있습니다. 물론 율곡 선생 같은 경우는 49세의 나이에 아깝게 세상을 뜨셨지만 대체로 큰 업적을 이룬 사람 중에는 장수하신 분들이 많습니다. 아마도 건강과 마음의 자기 관리에 특별히 정성을 쏟으신 분들이기 때문일 것입니다.

주자의 성리학을 간단히 정의하면 우주와 인간은 같다고 하는 기초에서 시작합니다. 우주의 천리天理와 인간의 인성人性은 서로 같은 맥락에서 이해해야 한다는 것입니다. 우주를 구동하는 원리를 천리天理라 하고 인간을 구동하는 원리를 인성人性이라고 설정하였으며, 하늘의 리理와 인간의 성性은 이름만 다를 뿐이지 원래는 같은 것이라고 생각하였습니다. 그래서 이 두 가지 원리, 성性과 리理를 공부하는 학문을 성리性理학이라고 칭하고, 인간이 가지고 있는 우주적 사고와 판단을 이성理性이라고 하였습니다. 이성理性과 성리性理는 같은 의미입니다. 우주와 인간은 본질적으로 같은 맥락 안에서 바라봐야 한다는 것입니다. 간단히 말하면 우주가 곧 인간이고, 인간이 곧 우주라는 가설을 세워 인간을 설명한 것입니다. 내 안에 우주가 있다. 우주와 나는 하나다. 내 안에 있는 우주의 위대한 에너지를 발현해야 한다. 내 삶은 우주와 한 호흡으로 살아야 한다. 이런 이야기들은 성리학의 중요한 원리입니다. 〈스타워즈〉 영화를 보면 인간이 가지고 있는 위대한 우주적 에너지를 포스force라고 하고, 그 하늘다운 에너지를 깨울 때awake, 평범했던 인간이 제다이가 돼서 세상을 구원하는 전사가 됩니다. 그것이 설사 흑인이든, 여자이든, 이방인이든 상관없이 인간이면 누구나 가지고 있는 위대한 하늘다움입니다. 우주의 원리, 천리天理와 인간의 본성, 인성性은 우주와 인간을 설명하는 성리학의 개념입니다. 우리가 사는 태양계가 속한 은하수에는 대략 1천억 개의 별이 존재한다고 합니다. 이 숫자는 인간의 두뇌 속에 존재하는 신경전달물질인 뉴런neuron의 숫자와 거의 같습니다. 이 방대한 우주와 이 조그만 인간의 뇌에 대한 연구는 아직도 진행 중이며 어느 것도 확실하게 실체가 밝혀진 것은 없습니다. 현대물리학에서 우주는 망원경을 통해 그 실체를 밝혀지고 있고, 현대의 의학에서는 MRI 같은 장치를 통해 인간의 실체를 규명해가고 있습니다. 인간의 우주와 인간에 대한 완전한 이해가 언제 완성될지는 모르지만 그 전에 우리는 영국 빅토리아시대에 생물학자였던 토머스 헉슬리Thomas Huxley가 하였던 질문을 계속하게 될 것입니다. "자연에서 인간의 위치는 어디인가? 인간은 우주와 어떤 관계가 있는가?"

주자는 900년 전에 똑같은 질문을 하였습니다. "우주〔天〕에서 인간〔人〕의 위치는 어디인가? 인간은 우주와 어떤 관계가 있는가?" 더 나아가 이런 질문도 하였습니다. "인간은 저 위대한 우주와 하나가 될 수 없을까? 그것이 인간이 현생에서 꿈꾸는 인간의 위대한 목적이어야 하지 않을까?" 우주에 존재하는 만물 중에 인간만이 우주의 정신을 이해하고 우주와 함께 호흡하며 살 수 있다는 전제는, 주자가 평생 그의 학문을 연구하는 토대였습니다. 천인합일(天人合一, Force Awaken)의 위대한 목표를 달성하는 사람이 있다면 그 사람이야말로 성인聖人이라는 칭호를 받을 자격이 있다고 생각하였습니다. 현대사회에서 우리가 살아가는 목적은 다양합니다. 성공과 부귀를 꿈꾸기도 하고, 행복을 추구하며 그 방법을 찾기도 합니다. 그러나 내 안에 내재한 우주의 정신을 이해하고 그 정신을 온전히 내 삶 속에서 발현하는 것이 인생의 목표라고 생각하는 사람이 있다면, 주자는 그 답을 친절하고 자세하게 가르쳐줄 것입니다. 주자는 인간이 현세에서 도덕적 삶을 살아가야 한다는 이전의 유교 이론을 수정하고 개선하여 우주와 인간의 맥락을 밝혀 천인합일天人合一의 위대한 성인이 되어야 한다고 제시하였습니다. 이렇게 주자에 의해 새롭게 개정된 유교를 우리는 신-유교neo-confucianism라고 합니다. 중국 송宋나라 시기에 만들어졌다고 해서 송학宋學이라고도 하고, 주자에 의해 완성되었다고 해서 주자학朱子學이라고도 하며, 인간의 본성(性)과 우주의 원리(理)에 대한 학문이라고 해서 성리학性理學이라고도 합니다. 주자학, 송학, 성리학, 신유학, 모두 같은 의미입니다. 인간과 우주와의 관계에 대한 새로운 패러다임입니다. 오늘 우리가 공부하려는《대학》이란 책은 이런 주자의 목적에 의해 사서 안에 편입되어 이후 800년간 아시아권에서 베스트셀러로 스타 자리에 올라 많은 사람들의 사랑을 받게 되었습니다.

주자가 새로운 유교 패러다임을 만들던 당시는 당唐나라에서 송나라로 전환되던 시기, 즉 문명의 전환기였습니다. 당나라 하면 가장 먼저 무엇이 떠오릅니까? 바로 불교입니다. 28대 조사祖師인 달마가 동쪽으로 와서 중국에 불교를 퍼트렸는데 초기에는 귀족들 소수에게만 알려졌지만 나중에는 궁중의 여인들을 포함해 전 중국인의 마음을 사로잡습니다. 그렇다면 중국에 건너온 신문명 부디즘buddhism이 중국인들의 마음을 사로잡은 이유가 무엇이었을까요? 바로 내세에 대한 불교의 생각입니다. 죽은 뒤에도 세상이 있다는 것입니다. 그 이전까지 중국에서는 죽은 뒤의 세상에 대해 이야기한 사람은 많지 않았습니다. 특히 유교적 관점에서의 죽음은 후세에 의해 추모되는 대상일 뿐, 죽음의 세계가 따로 존재하여 또 다른 삶을 살 것이라고 생각하지 않았습니다. 그러나 새롭게 들어온 불교는 인간이란 존재에 대해 윤회라는 개념을 사용하여 논리적으로 정의하고, 죽음 뒤의 세계에 대해 체계적으로 정리하였습니다. 인간은 죽어서 여섯 가지 서로 다른 방식으로 태어나는데, 고통이 가득한 지옥 세계, 배고픔에 허덕이는 아귀餓鬼 세계, 미움과 질시가 만연한 아수라阿修羅 세계, 짐승으로 사는 축생畜生 세계, 또다시 인간으로 사는 인간 세계, 그리고 기쁨과 행복이 가득한 천국의 세계가 있다는 것입니다. 내가 지금 어떻게 살았느냐에 따라 사후 살아가는 세계가 달라진다는 불교의 윤회 세계관에 중국 사람들은 깜짝 놀랐습니다. 죽은 뒤에 지옥이 있고 천당도 있음은 물론, 이런 윤회의 고리를 깨고 나오면 위대한 부처가 될 수 있다는 믿음은 사람들의 마음을 흔들기에 충분하였습니다. 글을 읽는 지식인이나 남자뿐만 아니라 글을 못 읽는 사람이나 여성들도 윤회의 세계에서 해탈이 가능하다는 것은 중국인들에게 획기적인 것이었습니다. "관세음보살, 관세음보살." 이런 주문만 반복하면 된다는 것입니다. 그러니 궁중에 있는 여인들, 궁중에 있지만 책을 못 읽었던 여인들, 일반 민중, 할머니들, 이런 사람들이 대거 불교를 믿음으로써 불교가 중국에 유행하게 됩니다. 물론 지식인이나 귀족들 역시 불교는 그들의 현재 삶에 복을 주고, 사후에 부처가 될 수 있다는 논리에 아낌없이 자신들의 재산을 기증하거나 신앙에 귀의하기도 하였습니다. 그런데 어느 문명이나 사상이든 마찬가지지만 들어올 때는 그 사회에 신선한 바람을 일으켰다 하더라도, 시간이 지나면 권력과 야합하게 되고, 권력이 뒷배경이 되면 그 문명은 썩는 냄새가 납니다. 불교가 중국에서 중요한 신앙으로 성장하면서 절이 커지고, 승려의 사치가 심해지고, 부처에 금이 입혀지기 시작합니다. 불교의 사원은 새로운 권력의 중심이 되고, 승려들은 세속의 부와 권력을 함께 얻게 됩니다. 윤회라는 천국행 티켓을 마음대로 이용하여 혹세무민의 도구로 사용한 것입니다.

이런 불교의 세속화와 권력과의 야합은 당시 지식인들의 마음에 거부감을 불러일으키게 됩니다. 허상과 본질을 구별할 수 있는 눈을 가진 지식인들에게는 불교야말로 혹세무민의 온상이라고 생각되었던 것이지요. 조선 건국에 절대적인 역할을 한 정도전도 불교의 윤회 사상을 비판하면서 인간의 사후 세계를 부정하였습니다. 고려 말기의 불교의 부패에 대해 적극적으로 반대하면서 새로운 세상에 대한 이상을 세우고, 윤회의 사후 세계를 부정하면서 현실 세계에 대한 강한 긍정을 보여주었던 것입니다. 세상은 문제(窮)가 생기면 결국 변(變)하고, 변(變)하면 새로운 답(通)이 생기고, 그 답이 오래되면(久) 또한 문제(窮)가 생기게 됩니다. 세상에 영원한 정답은 없으며, 시대와 환경의 변화에 따라 끊임없이 새로운 변화와 진화를 거듭합니다. 변화의 원리를 설파한 《주역周易》에서는 이렇게 그 변화 과정을 이야기합니다. "궁즉변窮則變이요, 변즉통變則通이요, 통즉구通則久요, 구즉궁久卽窮이라." 세상은 문제(窮)가 생기면 변(變)하게 되고, 변하면 답(通)이 만들어지고, 답이 만들어지면 오래가다가(久), 오래가면 또한 문제(窮)가 생기게 된다. 서양의 중세 암흑시대를 끝내고 새로운 르네상스의 시대가 열릴 때도 문제는 결국 새로운 변화를 통해 해결된다는 '궁즉통窮則通'의 주역 원리가 반영된 것이 아닌가 싶습니다. 문제가 있다는 것은 결국 해결할 답이 있다는 것입니다. 문제를 인식하지 못하는 것이 문제이지 문제의식은 결국 답을 부릅니다. 정확한 사물의 실체와 시대를 읽을 수 있는 지식인들은 어느 시대에도 있었습니다. 중국이 불교에 의해 암흑시대를 겪고 있을 때, 그 시대를 구원한 원탁의 기사들이 나타납니다. '이건 아니다! 자기를 낳아준 부모님에게는 밥도 제대로 안 차려드리면서 절에 가서 복 달라고, 극락 보내달라고 기도하는 것, 이것이 제대로 된 인간의 모습인가? 인간은 살아가는 현세에서 인간을 중심으로 살아야 하는데 이런 신비주의와 내세주의가 우리의 휴머니즘 철학을 오염시켰다. 우리는 나서서 이 불합리한 세상을 바로잡고 인간 중심의 세상을 다시 복구해야 한다.' 이런 생각을 가진 원탁의 기사들이 이른바 송조육현宋朝六賢, 즉 송나라 시대의 여섯 명의 지식인 기사들입니다. 주렴계周濂溪, 장횡거張橫渠, 소강절邵康節, 정명도程明道, 정이천程伊川, 주희. 이름은 좀 낯설어도 새로운 세상을 꿈꾸었던 원탁의 기사들이었습니다.

주자를 포함한 이 여섯 사람이 등장하여 요즘 말로 하면 "인본주의로 돌아가자. 인간이 중심이 되는 철학을 하자"라고 주장합니다. 그리고 이들에 의해 만들어진 유교가 Neo-Confucianism, 즉 신유교입니다. 공자를 영어로 Confucius라고 합니다. 이 말은 공부자孔夫子에서 나온 것입니다. 쿵부즈孔夫子, 컨퓨셔스Confucius, 여기서 Confucianism, 즉 공자주의가 나오는데 우리는 이것을 유교라고 부릅니다. 그래서 Neo-Confucianism은 신유교가 됩니다. 불교의 신비주의와 내세주의에 대항하여 인본주의를 되살리자는 새로운 유교 부흥 운동입니다.

신유교는 서양의 르네상스와 비슷합니다. 서양의 르네상스는 중세 기독교 문명의 비대화와 권력화에 대한 안티테제입니다. 중세 서양에서는 천국행 티켓을 팔았습니다. 마녀사냥도 하고 말이죠. 결국 기독교의 본질은 이것이 아니라고 해서, 고대 그리스 로마의 인본주의를 재해석하고 고전을 재편성하면서 인간 이성의 눈이 떠졌습니다. 인간성의 해방과 인간의 재발견, 합리적인 사유와 생활 태도가 르네상스의 정신이라면, 송나라 시기 원탁의 기사들에 의해 새롭게 인간의 재발견을 시도하고 이론을 체계적으로 확립한 성리학을 '유교 르네상스'라고 부르고 싶습니다. 적어도 우주의 중심은 인간이며, 어떤 신과 절대자도 인간을 그들의 편의에 의해 이용할 수 없다는 인간에 대한 자각입니다. 여러분은 인생의 르네상스를 시도해보신 적이 있나요? 불합리한 나, 부숴야 할 나, 소외된 나를 부활시켜 새로운 나를 만드는 르네상스를 꿈꾸신다면《대학》을 읽어보십시오. 주자가 친절하게 자기 부활의 방법을 가르쳐줄 것입니다.

사서에 등극한 《대학》, 인간으로 돌아가라!

유교 르네상스는 새로운 시대를 여는 유교의 변신이었습니다. 사상은 언제나 시대를 반영하여 진화하고 발전합니다. 물론 시대에 적응하지 못하고 사라지는 사상도 많이 있습니다. 유교의 새로운 부흥을 꿈꾸던 송나라 원탁의 기사들은 새로운 유교를 설명할 텍스트가 필요하였습니다. 그래서 유교 경전에서 네 권의 책을 뽑아 사서四書라고 이름하였습니다. 사서 중에《논어》,《맹자》는 당시 많은 사람들의 사랑을 받고 있었고, 다들 잘 알고 있었습니다. 그런데《대학》,《중용》은 그에 비해 잘 읽히지 않았습니다. 따로 독립된 책이 아니었기 때문입니다. 이

두 책은 원래 《예기禮記》라는 경전의 한 구석에 있어서 사람들의 주목을 크게 받지도 않았고, 양도 적어서 주요 경전이 되기에는 부족한 것이 많았습니다. 그런데 주자는 그 몇 자 안 되는 책 속에서 새로운 시대 이념을 끌어낼 수 있는 단서를 찾아냈습니다. 새로운 인본주의 문명을 끌고 갈 새로운 지도자의 리더십이 《대학》에서 보였고, 새로운 지도자의 삶의 방식을 《중용》에서 찾아내었습니다. 어떤 사상이든 그 사상을 끌고 갈 대표적인 사람들이 필요합니다. 신앙과 종교에서는 사제들이 중심이 되지만, 새로운 사상은 그 사상을 몸소 실천하고 동시대 사람들을 이끌어갈 새로운 지도자의 출현이 필수적입니다. 피터 드러커Peter Ferdinand Drucker가 새로운 지식 사회의 미래 주역을 "지식 근로자knowledge worker"라는 이름으로 설명하고 있듯이, 신유교를 만든 원탁의 기사들은 새로운 문명을 끌고 갈 지도자를 사대부士大夫라고 칭하였습니다. 세습 귀족이 아닌 독서를 통해 합리적인 지식과 가치로 무장하고 새로운 시대에 대한 열망을 가지고 있으며, 자신을 성찰하고 규율하여 자기 경영을 할 수 있는 지식인 계층에 대한 명칭입니다. 우리나라도 고려 이후 세습 귀족이 아닌 독서를 한 지식인 계층을 사대부라 칭하고 사회적으로 중요한 역할을 담당하기도 하였습니다. 내세가 아닌 현세에서, 신이 아닌 인간을 더욱 중요시 여기며, 도덕적인 완성과 실천으로 무장한 사대부들은 그들의 지식을 사서로 단단히 무장하였던 것입니다. 《대학》은 새로운 신문명을 꿈꾸는 리더들의 리더십 교과서였습니다. 자신의 잠재된 능력을 계발하고(明德), 주변 사람들을 새롭게 인도(新民)하여 평화롭고 이상적인 세상(至善)을 만들기 위한 과정과 원칙이 간단하게 적혀 있는 《대학》은 원탁의 기사들의 마음을 설레게 만들었습니다. "그래 이《대학》을 높여서 사서 안에 넣자! 이 책은 사대부들이 가장 먼저 읽어야 할 리더십 교과서이며 자기 경영서이다!" 세상의 실체를 정확히 볼 수 있는 안목을 키우는 격물치지格物致知 공부법, 내 안에 영혼을 좇아 나를 속이지 않고 성실하게 삶을 경영하는 성의誠意의 가치, 어떠한 상황에서도 흔들리지 않는 마음으로 목표를 향해 걸어가는 단단한 삶의 태도인 정심正心, 나의 능력을 계발하고 삶의 질을 높이는 수신修身, 집안 경영 제가齊家, 사회 경영 치국治國, 마지막으로 세계 글로벌 경영 평천하平天下에 이르기까지 새로운 문명을 끌고 갈 리더의 조건들이 단계적으로 자세하게 적혀 있는 책이 바로《대학》입니다.

원탁의 기사들은 새로운 지도자의 리더십 교과서《대학》만으로는 무엇인가 부족하다고 여겼습니다. 사대부들의 철학과 삶의 태도를 우주론적으로 설명해줄 수 있는 철학 안내서가 필요하였던 것입니다. 우주에서 인간이란 어떤 존재이며, 인간과 우주는 어떤 맥락으로 연결되어 있는가? 그리하여 인간은 어떻게 우주적 삶의 철학을 가지고 살아갈 수 있을 것인가? 이런 필요에 의해 새롭게 사서로 등극한 책이《대학》과 아울러《중용》입니다.《중용》은 인간이 어떻게 살 것인가라는 윤리 문제를 넘어서 불교의 우주론적 내세관에 대항할 만한 우주론cosmology을 가지고 있습니다. "우주의 원리와 인간의 본성은 닮아 있다. 그러니 내 안에 있는 우주적 본성을 실천하고 살아야 한다. 위대한 우주적 밸런스balance를 유지하며 세상을 이끌어나가야 한다!" 이런《중용》의 가르침은 신유교를 이끌어갈 사대부들의 철학서로서 손색이 없었습니다. 원탁의 기사들은 리더십 교과서《대학》과 철학 교과서

《중용》을 끌어내고 먼지를 털어서 기존의 《논어》, 《맹자》와 합쳐 사서라고 칭하였던 것입니다. 동아시아에서 800년간은 사서를 읽어야만 지식인으로 행세를 할 수 있었습니다. 관리가 되기 위한 시험에서 사서는 반드시 읽어야 할 책이었습니다. 동네에서 어른 노릇 하려면 사서 정도는 읽어야 행세를 할 수 있었습니다. 이렇게 《대학》이라는 책은 《논어》, 《맹자》, 《중용》과 함께 성리학의 기본 텍스트가 되면서 몸값이 뛰고 많은 사람들의 사랑을 받는 스타 고전이 됩니다. 《대학》이 베스트셀러가 된 다른 이유 중에 하나는 바로 과거 시험의 중요한 과목이 된 것입니다. 어떤 책이 베스트셀러가 되려면 시험에 나오는 것입니다. 요즘도 입시와 관련된 책은 몇 십만 권이 쉽게 팔립니다. 사서가 과거 시험에 필수과목으로 되면서 과거 시험을 준비하는 모든 예비 관료들은 자연스럽게 《대학》을 필수적으로 공부하게 됩니다. 이들의 인식 속에는 '대학적' 세계관이 자리 잡게 되었고, 이들이 쓴 글에는 《대학》의 많은 구절들이 자연스럽게 녹아들어가게 되었습니다. 요즘도 국사를 대학 입시에 포함시키느냐에 따라 국민들의 국사 공부의 양이 달라집니다. 기업에서 한문 시험을 보게 되면 사람들은 한문을 자연스럽게 공부하게 됩니다. 예나 지금이나 시험 과목은 사람들의 관심을 끌게 하는 중요한 요소입니다.

당송 문명 전환기에 불교에 대항하여 인본주의를 외치며 르네상스를 일으킨 신유교는 새로운 시대를 끌고 가는 이념이 됩니다. "인본주의 회복을 위해 인간으로 돌아가자. 신에 대한 경배를 인간에 대한 경배로 전환하자. 내세에 천국 가는 것보다 현세에서 천국을 건설하자. 도덕은 신앙보다 위대하며 인간의 마음은 신의 마음보다 위대하다!"

불교의 세속적이고 파행적 발전은 '기본으로 돌아가자Back to the Basics' 라는 지식인들의 구호를 만들었습니다. 왜 기본으로 돌아가자고 할까요? 문명의 찌꺼기는 근본이 아니기 때문입니다. 각색되어 있고, 왜곡되어 있고, 이데올로기화되어 있고, 권력화되어 있어서 올바른 정신을 가진 사람은 이것은 아니라고 부정할 수밖에 없습니다. 권력, 이데올로기, 신비, 환상…… 이런 것들에 반대하는 새로운 유교 부흥 운동이 성리학이었으며 이것이 그 후 아시아적 가치에 굉장히 중요한 기반이되었다고 말씀드리고 싶습니다. 물론 이런 신선한 사상도 훗날 권력과 결탁하여 사람 잡는 이념과 기득권 세력으로 변모한다는 것은 알고 계셔야 합니다. 우리는 어떤 사상이나 철학이 완벽하게 선이라고 생각하는 착각에서 벗어나 있어야 합니다. 중요한 것은 그 시대에 대한 진정성이라고 생각합니다.

삶의 소명 의식

우리는 지금 《대학》 공부를 시작하려고 합니다. 그런데 한 가지 전제가 있습니다. 《대학大學》은 말 그대로 《소학小學》을 다 읽은 다음에 공부하는 것입니다. 《소학》은 실천에 대한 학문입니다. 아침에 일어나서 제일 먼저 무엇을 합니까? 청소하고, 물 뿌리고, 부모님께 인사하고, 지나가는 사람에게 응대합니다. 이것을 쇄소응대灑掃應對 진퇴지절進退之節이라고 합니다. 물 뿌리고〔灑〕, 청소하고〔掃〕, 응답하고〔應〕, 대구합니다〔對〕. 이처럼 인간이 살아가면서 해야 하는 가장 기본적인 일을 《소학》에서 다 배웁니다. 그리고 《소학》이 끝나면 "이제 인생을 살아나가는 데 필요한 제 앞가림 하는 법을 충분히 배웠으니, 《대학》이라는 과정에 들어와 혼자만이 아니라 주변을 바꿀 수 있는 리더로서의 역량을 닦도록 해라" 해서 태학太學이라는 곳에 들어가 《대학》을 배웁니다.

리더십 교과서인 《대학》을 읽기 전에 읽어야 할 책은 많았습니다. 박세무朴世茂 선생이 쓰신 어렸을 때[童] 깨쳐야 할[蒙] 우선적인[先] 공부[習]인 《동몽선습童蒙先習》을 익힌 뒤, 이이 선생이 쓰신 '나의 무지 몽매함을 깨트리는 중요한 비결'인 《격몽요결擊蒙要訣》을 학습하고, 그 다음 마음을 밝히는 보배가 되고 거울이 되는 마음공부 처방전인 《명심보감明心寶鑑》과 삶의 실천을 조목조목 지적한 《소학》을 거친 후, 《대학》을 읽으며 리더로서 어떻게 나와 내 주변에 리더십을 발휘할 것인지를 터득하게 되는 것입니다. 그러니 이런 실천적인 선행 공부를 하지 않고 《대학》을 읽겠다고 하시는 분들이 계시면 좀 무리하시는 것입니다. 저는 《대학》의 리더십 과제를 '자기 경영self-management'이라고 부르고 싶습니다. 자기 경영에서 가장 중요한 목표는 나를 경영해서 나의 영혼을 떨리게 하고, 나아가 내 주변을 변화시키는 것입니다. 《대학》은 자기 경영, 내 주변의 새로운 변화, 그리고 내 주변과 함께 목표를 달성하는 세 가지 과정을 통해 리더십을 실현하는 책입니다. 《대학》을 '대인지학야大人之學也'라고 부르는데, 여기서 대인大人은 리더란 뜻이고, 대학은 리더를 위한 리더십 교과서라는 것입니다.

《대학》에서 중요한 것은 딱 두 가지입니다. 자기 경영, 즉 수신修身과 사회적 실천 안인安人, 이 두 가지는 《대학》이 꿈꾸는 이상적인 리더십입니다. 나를 계발하여 능력을 갖춘 위대한 나를 만들고, 나아가 세상을 위해 내 능력을 아낌없이 발휘하는 것이 진정 새로운 문명을 이끌어나갈 리더의 모습이라는 것이지요. 요즘 강조되는 기업가 정신 역시 이 두 가지 과제의 실현입니다. 내 능력을 계발하여 훌륭한 기업을 만들고, 나와 함께하는 직원들과 기업을 통해 어떻게 세상을 이롭게 할 것인가? 이것이 기업가 정신의 원류입니다. 물론 나 혼자 잘 벌어서 잘 먹고 잘 살다 가겠다는 생각을 가진 사람도 많습니다. 그러나 그런 철학과 가치는 그 기업을 오랫동안 지속시키지 못합니다. 그저 어느 한 시대 유행처럼 왔다가 사라지는 물거품일 뿐입니다. 명덕明德, 내 안에 위대한 가능성을 계발하여 끌어내라! 신민新民, 동시대를 사는 사람들과 함께 새로운 세상을 꿈꾸며 날마다 혁신하라! 지어지선至於至善, 그리하여 우리가 사는 세상에서 천국을 건설하라!《대학》이 꿈꾸는 신문명의 가치입니다. 우리가 존경하는 이순신 장군도 이 리더십 교과서를 읽었습니다. 세종대왕도 이런 철학을 갖고 군왕의 자리에 있었습니다. 그러기에 혼자만의 수신에서 그치지 않았습니다. 내가 이끌고 있는 병사들, 내가 이끌고 있는 나라에 대한 걱정, 이것이 안인安人입니다. 지도층 인사에게 이것이 없다면 자기 혼자만의 왕국, 그들만의 왕국일 것입니다. 그래서 수신修身에는 반드시 안인安人이라는 확장적인 사랑이 필요합니다. 영국을 포함한 유럽의 귀족들에게 권위와 권력만 있고, 동시대 사람들에 대한 안인安人, 노블레스 오블리주noblesse oblige가 없다면 그들이 설 땅은 없습니다. 내 능력의 계발과 세상 사람들과의 교감과 실천, 이 두 가지는《대학》에서 굉장히 중요한 고리입니다. 돈을 벌든, 많은 공부를 하였든 그 결과는 세상을 위해 쓰여야 합니다. 자신만을 위한 일에 부富를 사용하고, 일신의 안위와 출세를 위해 학력을 사용한다면 진정한 리더의 모습이라고 할 수 없습니다. 밝아오는 출근길에 깨끗한 도로로 다니는 사람들의 모습을 상상하며 새벽에 아무도 없는 도로를 청소하기 위해 기꺼이 빗자루를 드는 청소부가 계시다면, 그분이 바로 위대한 《대학》의 리더입니다. 좋은 기술과 성실함으로 기업을 세우고 직원들과 성과를 공유하며 나아가 사회를 위해 그 성공을 사용하는 기업가가 계시다면, 그분이 진정 《대학》에서 말하는 신문명의 리더입니다. 머리 좋은 분이 열심히 공부하여 그 성과를 사회를 위해 사용하고 인류를 위해 봉사하는 데 쓴다면, 그분이 진정 《대학》에서 말하는 대인大人입니다.

《대학》의 목적과 인간의 미션

《대학》은 자기 경영서입니다. 자신의 능력을 계발하여 세상을 위해 이롭게 사용해야 한다는 정의가 담겨 있습니다. 자기 경영은 당시 사대부들에게 "당신 혼자 잘 먹고 잘 살지 말고 주변 사람들을 위해 무엇을 할 것인지를 고민하라"는 메시지를 전합니다. 그리고 이것을 실현하기 위한 자기 경영의 3강령 8조목 원칙이 있습니다. 강령綱領이라는 말은 들어보셨을 것입니다. 헌법의 강령이나 기업의 미션mission statement 같은 것입니다. 조목은 그 밑의 하위 강령article으로서 3강령 밑에 있는 세부적인 항목들입니다. 《대학》의 가장 중요한 뼈대가 되는 말이기 때문에 이 말은 외우고 있어야 합니다. 자, 이것을 외우기 전에 인간의 목표가 무엇인지 주자가 쓴 《대학》 서문을 통해 같이 한번 보겠습니다.

대학지서大學之書는 고지대학古之大學에 교인지법敎人之法이라 천
강생민天降生民으로 즉기막불여지이인의예지지성의則旣莫不與之以
仁義禮智之性矣언마는……

《대학》이라는 이 책은 옛날에 태학이라는 상급 교육기관에서 다른
사람을 리드하고 가르치는 방법에 대한 책이다. 우주 속에 살아 있는
인간이 존재함에 그 모든 인간들은 사랑과 실천과 예의와 지혜의 본
성을 가지고 태어났으나……

굉장히 중요한 선언문입니다. 여기서 천天은 왕이나 절대자가 아니
라 우주입니다. 동양에서는 절대자로 환원되지 않는 무엇인지 모르는
거대한 그 우주 속에 인간이라는 존재가 태어났는데, 인간이라는 존재
속에 위대한 인간만이 가지고 있는 '인의예지仁義禮智'의 본성이 있다는
것입니다. 인의예지仁義禮智, 인간이 가지고 있는 네 가지 기본 단서, 사
단四端입니다.

유교의 철학 중에 인의예지仁義禮智는 우리가 너무 자주 사용하는 단
어입니다. "인간은 태어날 때부터 인의예지仁義禮智의 본성을 가지고 태
어났다."《맹자》는 인의예지仁義禮智에 대해 예를 들어 설명하고 있습니
다. 인仁은 어린아이가 우물에 빠질 때 인간이라면 누구나 그 아이를
구하려는 마음을 말하는 것입니다. 우물에 빠지는 아이의 손을 잡아
구하려는 사랑의 마음, 인간의 이런 사랑의 마음을 측은지심惻隱之心이
라고 합니다. 나와 상관없는 사람이라도 남의 불행을 차마 두고 보지
못하는 마음이란 뜻이지요. 어느 나라에도 구걸하는 사람은 있습니다.

런던 어느 거리에서 구걸하는 사람들 중에, 강아지를 안고 구걸하거나 임신 중이라고 쓰인 팻말을 들고 구걸하는 사람에게 더욱 많은 동정이 가는 것을 보았습니다. 나와 상관없는 사람이지만 강아지와 함께 추위에 떨고 있고, 배 속의 아이와 함께 굶고 있는 사람에게 인간은 누구나 동정심을 느끼게 됩니다. 그것이 인간이 가지고 있는 인仁, 보편적 사랑의 정신입니다. 의義는 부끄러워할 줄 아는 마음입니다. 내가 하는 행동이 부끄럽다는 것을 지각하는 능력이 인간에게 있다는 것이지요. 물론 자신의 행동이 부끄럽다는 것을 인지하지 못하는 일종의 정신적 장애도 있습니다. 그러나 보편적인 인간은 자신의 부끄러운 행동을 부끄러워하는 보편적 마음을 가지고 있습니다. 이 마음을 수오지심羞惡之心이라고 합니다. 나라를 빼앗겼는데도 편안히 밥 먹고 자는 것이 부끄러워 나아가 독립운동을 하는 것도 이 마음에서 나오고, 옷을 벗고 거리에 나가기를 부끄러워하는 마음도 이 마음에서 나오는 것입니다. 인간이 부끄러움이 없다면 이것이 부끄러운 일이라고 맹자는 말하고 있습니다. 예禮는 나눌 줄 아는 베풂의 마음입니다. 나 혼자 먹을 수 있지만 내 주변 사람에게 나누어줄 줄 알고 사양할 줄 아는 인간의 마음을 사양지심辭讓之心이라고 합니다. 인간은 세상의 사람들과 가진 것을 나눌 줄 아는 사양하는 마음이 있다는 것입니다. 지智는 옳고 그른 것을 가릴 줄 아는 마음입니다. 어떤 것이 옳은 것인지, 그른 것인지, 정확히 판단할 줄 아는 인간의 이 마음을 시비지심是非之心이라고 합니다. 시비是非를 가릴 줄 아는 능력이라는 뜻입니다. 인의예지仁義禮智는 인간만이 가지고 있는 위대한 하늘의 본능이라고 합니다. 인간이기에 사랑과 실천과 나눔과 지혜를 가지고 태어났다는 것이 유교의 인간관의 기본입니다. 《대학》도 이런 전제 하에 자기 경영을 서술하고 있습니다.

뉴욕의 금수저와 서울의 금수저를 비교하는 이야기가 있었습니다. 뉴욕의 상위 1퍼센트의 부자들 50명이 자신들의 세금을 올려달라고 주 정부에 건의하였다는 것입니다. 한국의 일부 금수저들이 세금을 너무 많이 걷는다고 불평하며 조세 회피처에 페이퍼 컴퍼니를 만들어 재산을 은닉하는 것과는 대조적인 금수저들의 모습입니다. 유교의 인의예지仁義禮智의 이론만 가지고 본다면 뉴욕의 금수저들이 훨씬 더 인간의 본성을 잘 유지 발현하고 있는 것 같습니다. 집 없고 먹을 것 없는 사람들에 대해 안타깝게 여기는 측은지심惻隱之心의 인仁을 가지고, 나만 혼자 잘 먹고 잘 사는 것이 부끄럽다는 생각인 수오지심羞惡之心의 의義를 실천하며, 세상 사람들을 위해 내가 가진 것을 양보하는 사양지심辭讓之心의 예禮로써, 내가 세금을 더 내야 한다는 옳고 그른 판단을 한 시비지심是非之心의 지智에 이르기까지, 진정 유교에서 꿈꾸는 인간의 위대한 본성, 인의예지仁義禮智의 실천자들은 오히려 뉴욕의 부자들이란 생각을 해봅니다. 한국에서도 이런 인간의 4단端을 실천하는 사람들이 많이 있습니다. 평생 모은 돈으로 나눔과 정의를 실천하고, 상생의 인생을 사시는 분들이 《대학》에서 말하는 리더의 바른 모습입니다.

그럼 인간은 누구나 인의예지仁義禮智의 위대한 본성을 가지고 태어났는데, 왜 사람들은 모두 그런 인성을 발휘하지 못하고 사는지 주자의 《대학》서문을 좀 더 읽어보도록 하겠습니다.

연기기질지품혹불능제然其氣質之稟或不能齊라 시이튼以로 불능개
유이지기성지소유이전지야不能皆有以知其性之所有而全之也라 일
유총명예지一有聰明叡智하여 능진기성자출어기간能盡其性者出於其
間이면 즉천필명지이위억조지군사則天必命之以爲億兆之君師로 사
지치이교지이복기성使之治而敎之以復其性이니라.

(모든 인간은 태어날 때부터 인의예지仁義禮智의 본성을 가지고 태어났지만) 모
든 인간이 후천적인 사람마다의 기질이 간혹 차이가 나기도 한다. 이
것이 인간이 모두가 자신이 하늘로부터 부여받은 위대한 본성을 깨
달아서 완전하게 실천하지 못하게 되는 이유인 것이다. 그런데 인간
중에 총명하고 예지의 능력이 있어 자신의 위대한 인의예지仁義禮智
의 본성을 깨닫고 실천할 지도자가 있으면, 하늘이 그에게 명하여 수
많은 사람들의 지도자로 삼아 인간들을 인도하고 가르쳐 그들의 위
대한 인간의 본성을 회복게 하셨던 것이다.

조금 거칠게 정리하자면, 인간은 태어날 때 인의예지仁義禮智의 위대
한 본성을 가지고 태어나는데, 그가 자라고 마주하는 환경 속에서 그
것이 다 깨지고 상처가 나서 부끄러워할 줄도 모르고, 옳고 그름에 대
한 생각도 없어지게 되는 것입니다. 그러나 정말 똑똑하고 예지 능력
이 있어서 자신의 본성을 깨닫고 실천할 사람이 있으면, 그에게 리더
의 책임을 맡겨 세상 사람들을 인도하고 그들이 잊어버렸던 본성을 회
복시켜 기본과 상식이 살아 있는 사회, 천하가 평화로워지는 위대한
모습을 만들어내야 된다는 것입니다. 이것이 《대학》에서 말하는 인간,

인의예지仁義禮智의 본성, 지도자의 미션입니다.《대학》을 새로운 시대 이념의 텍스트 중에서 가장 먼저 제시한 주자의 생각이 정확히 담겨 있는 서문입니다.

저는 주자가 쓴《대학》서문을 읽을 때마다 지식인의 세상에 대한 우환의식憂患意識이 가슴에 찡하게 다가옵니다. 자기 혼자 잘 먹고 잘 살 수 있는 사람이 왜 그런 안락한 삶을 포기하고 세상을 걱정하고, 고민하고, 대안을 내놓고, 실천하려고 애쓰는지에 대해 나라면 그런 가슴과 영혼을 갖고 살 수 있을까를 성찰해봅니다. 인간이 살아가는 가치는 제각기 다릅니다. 어떤 삶이 옳고 그르다고 함부로 판단할 수 없을 만큼 다양한 삶에 대한 존엄을 누구나 갖고 있습니다. 그러나 자신의 안락을 포기하고 우환憂患을 선택하는 사람의 삶은 존경을 넘어 위대하기까지도 합니다. 기업가가 자신의 안락을 위한 기업 경영이 아닌 세상을 위한 우환의식을 갖고 기업을 경영한다면 참으로 위대한 삶의 여정입니다. 근로자가 자신의 밥벌이를 넘어서 내가 만든 물건을 쓸 사람을 고민하고 만든다면 그 행위는 단순한 밥벌이 노동이 아닌 위대한 소명 의식과 우환의식을 가진 지도자의 모습입니다. 그가 어떤 일을 하느냐가 중요한 것이 아니라 어떤 가치를 갖고 하느냐가 더욱 중요하기 때문입니다. 세상에 어떤 일도 경중이 있거나 귀천이 있을 수 없습니다. 내 안에 있는 위대한 하늘다움, 인의예지仁義禮智의 본성을 발현하여 나의 일을 한다면 그것이《대학》에서 말하는 리더의 모습입니다.

《대학》의 3강령과 8조목

앞에서 《대학》의 핵심은 3강령 8조목이라고 말을 하였는데 3강령은 아주 간단합니다. 첫 번째 강령, 명덕明德! 너의 능력[德]을 밝혀라[明]! 인간이 태어날 때부터 가지고 있던 위대한 선천적인 능력이 바로 덕입니다. 인간이 덕이 있다는 것은 태어날 때부터 우주로부터 품부稟賦받은, 인간으로서의 위대한 본성을 가진 사람이라는 것입니다. 그래서 그 덕을 가만 놔두면 안 됩니다. 그럼 어떻게 하라는 것입니까? Bright, 밝히라는 말입니다. 내 안에 있는 위대한 덕을 밝히면 주변 사람들이 행복해집니다. 그래서 상대방이 나에게 행복을 주었을 때 우리는 "덕분입니다!"라고 인사를 합니다.

두 번째 강령 신민新民. 나 혼자만 밝히지 말고 주변 사람들을 새롭게 하고 함께 혁신하고 함께 변화하는 것입니다. 제가 생각해봤습니다. 명덕明德이 무엇일까요? 자기 능력 계발입니다. 그렇다면 신민新民은 무엇일까요? 내 주변에 대한 관계 경영이 아닐까요? 이것은 리더에게 굉장히 중요한 두 가지 핵심 가치입니다. 그렇다면 왜 나를 경영해서 내 주변을 새롭게 만들고, 그들의 본성을 회복하도록 하며, 세상을 사람답게 상식적으로 살 수 있도록 만들어야 할까요? 세 번째 강령, 지선至善이라는 지극히 선한 세상을 바로 이 시대에, 우리가 살고 있는 이 땅에 만들어내야 하기 때문입니다. 죽고 나서의 천당이 아니라 이 땅에서 유토피아를 건설하고, 위대한 선을 창조해내야 하기 때문이죠. 《대학》을 여기까지 읽으신 분들은 대개 첫째 아들을 명덕이라고 이름 짓습니다. 딸인 경우에는 3강령의 세 번째인 지선이라고 짓는 사람도 많습니다. 이분들은 《대학》의 첫 구절을 읽어보신 분들입니다. 정당 이름을 신민新民당이라고 지으신 분들도 이 구절을 읽었다고 할 수 있겠네요.

명덕明德. 당신의 위대한 능력을 계발하라!

신민新民. 당신 주변 사람들을 새롭게 변화시켜라!

지선至善. 그들과 함께 위대한 세상을 창조하라!

이 세 가지가 《대학》에서 이야기하는 가장 중요한 핵심 가치 3강령입니다.

'대한민국은 민주공화국이다. 대한민국의 주권은 국민에게 있고, 모든 권력은 국민으로부터 나온다.'

예, 대한민국 헌법 1조입니다. 이렇듯 어떤 조직이나 사상의 가치 체계는 첫 장에 나옵니다. 《대학》이란 신문명 패러다임의 헌법 책의 목적은 '나의 위대한 능력을 계발하여, 세상 사람들을 새롭게 변화시켜, 이 세상을 새롭게 만드는 데 있다'는 것입니다.

《대학》의 3대 강령		
강령	항목	내용
1강령	명덕明德	자기 계발
2강령	신민新民	주변 경영
3강령	지선至善	성과 달성

기업가가 자신의 아이디어와 기술을 계발하여[明德] 회사를 세우고, 직원들과 함께 열정을 가지고 노력하여[新民] 사회에 꼭 필요한 기업이 되고, 모든 사람들이 들어오고 싶어 하는 기업을 만드는 것[至善], 이것 역시 《대학》의 3강령으로 설명할 수 있습니다. 정치인이 자신의

능력과 덕성을 계발하고 세상을 이끄는 리더가 되어 세상 사람들을 행복하게 만들어 살맛 나는 세상을 만드는 것 역시《대학》의 목표입니다. 더 나아가 이런 3강령을 실천하기 위한 구체적인 실천 조목 여덟 가지가 있습니다.

고지욕명명덕어천하자古之欲明明德於天下者는 선치기국先治其國하고 욕치기국자欲治其國者는 선제기가先齊其家하고 욕제기가자欲齊其家者는 선수기신先修其身하고 욕수기신자欲修其身者는 선정기심先正其心하고 욕정기심자欲正其心者는 선성기의先誠其意하고 욕성기의자欲誠其意者는 선치기지先致其知하니 치지재격물致知在格物이니라.

옛날에 자신의 능력을 이 세상에 밝히고자 하였던 사람은 먼저 자신의 나라를 제대로 경영해야 하였고, 자신의 나라를 경영하고자 하였던 사람은 먼저 자신의 집안을 제대로 경영해야 하였고, 자신의 집안을 제대로 경영하고자 하였던 자는 먼저 자신을 제대로 수양해야 하였고, 자신을 제대로 수양하고자 하였던 자는 먼저 자신의 마음을 바르게 해야 하였고, 자신의 마음을 제대로 바르게 하고자 하였던 자는 먼저 자신의 뜻을 진실되게 가져야 하였고, 자신의 뜻을 진실되게 가지고자 하는 자는 먼저 자신의 앎을 극진히 해야 하였다. 자신의 앎을 극진히 하는 것은 내가 알고자 하는 대상에 나아가서 몰입하는 데 있다.

《대학》에 나오는 여덟 가지 조목, 8조목입니다. 격물格物, 치지致知, 성의誠意, 정심正心, 수신修身, 제가齊家, 치국治國, 평천하平天下. 많이 들어 본 귀에 익숙한 단어들이죠?

1조목 격물格物의 격格은 '다가가다'는 뜻입니다. 지至자와 같은 뜻입니다. '어느 곳에 이르다.' 물物은 어떤 존재를 뜻합니다. 격물格物의 뜻은 세상에 있는 어떤 존재든 그 실체를 규명하려면 먼저 다가가라는 것입니다. 격물格物은 예전에 과학이라는 말과 같은 의미로 사용되었습니다. 과학이라는 것은 사물의 실체에 대한 접근, 그리고 그 사물이 지닌 원리에 대한 정리, 공식화公式化, 일반화, 이것이 굉장히 중요합니다. 그래서 격물에서 가장 중요한 것은 존재에 대한 실체 접근과 파악입니다. 사랑하는 사람이 있다면 격물格物부터 해야 합니다. 다가가서 상대방에게 나를 알리고 상대방에 대해 정확히 이해하는 것이 사랑의 시작이라면 그것이 바로 격물格物입니다. 알고 싶으면 다가가라! 다가가지 않고는 무지無知를 깨우칠 수 없습니다. 세상의 모든 업과 문제는 무지에서 시작됩니다. 무지하니까 해서는 안 될 말을 하고, 무지하니까 차마 해서는 안 될 행동을 하게 됩니다. 무지를 깨려면 제일 먼저 해야 할 일이 알고자 하는 대상에게 다가가는 격물格物입니다. 2조목 치지致知는 극진할 '치致'에 지혜 '지知', 풀이하자면 내가 가지고 있는 모든 지혜를 극치에 이르게 하라는 뜻입니다. 격물치지格物致知는 한마디로 말하면 내가 알고자 하는 대상물에 다가가 내 모든 가용한 능력을 동원하여 그 사물의 이치와 실체를 정확히 분석하여 그 사물에 대한 최대한의 앎을 획득하라는 것입니다. 오늘날 우리가 말하는 과학의 정신입니다. 자연과학은 우주 안에 존재하는 물질에 대한 격물치지格物

致知이고, 사회과학은 인간 사회의 여러 가지 일들에 대한 정확한 실체 규명의 격물치지格物致知입니다. 격물格物은 현장에 대한 접근이고 치지 致知는 집중concentration이라는 표현이 적절한 것 같습니다. 알고자 하는 대상이 있는 현장에 가서 내 능력을 집중하라. 이것이 격물치지格物致知의 굉장히 중요한 의미입니다. 사랑하는 사람에게 다가가서 상대방에 대해 내 앎을 극진히 하라. 기업의 격물치지格物致知는 고객에게 다가가서 고객이 무엇을 원하는지 어떤 가치를 가지고 있는지를 고민하고, 고객의 생각에 맞춰 가장 합당한 가격의 물건을 생산하여 고객에게 전달하는 것 역시 격물치지格物致知라고 할 수 있을 것입니다. 자식에게 다가가서 자식이 무슨 고민을 하고 있는지 그 고민을 듣고 함께 고민을 해결하기 위해 노력하는 것도 부모의 격물치지格物致知입니다. 격물치지格物致知는 무슨 거창한 철학이 아니라 내가 사랑하는 대상에 대해 내 모든 역량을 집중하여 앎을 확장하라는 것입니다. 세상의 지혜는 머리로 아는 것이 아닙니다. 가슴으로 느낄 때 진정 지혜가 되는 것이지요. 그저 교과서를 암기하고, 책을 많이 읽는다고 무지가 없어지는 것은 아닙니다. 가슴으로 다가가서 진실로 물어볼 때 진정 실체는 내 가슴속으로 들어오게 됩니다. 그것이 격물치지格物致知를 통한 무지로부터의 자유입니다.

그 다음 3조목은 성의誠意, 성실할 성誠자에 뜻 의意자. 어떤 일을 하기에 앞서 뜻을 성실히 하라는 뜻입니다. 이 세 번째 항목은 주자가 가장 신경 쓰고 마음에 들어 하는 구절이었나 봅니다. 그의 나이 60세에 《대학》을 다시 해석하고, 71세의 나이에 죽을 때 성의誠意에 대해 주석을 달다가 죽었다는 기록이 있는 것을 보면 말입니다. 성의誠意는 내 마음을 속이지 않고 내가 하는 일에 최선을 다한다는 뜻입니다. 특히 남들이 보지 않는 곳에서 성실하게 최선을 다하는 자세를 신독愼獨의 성의誠意라고 합니다. 사람들은 많은 사람들이 지켜보는 곳에서는 최선을 다하다가 남들이 안 보는 곳에서 마음을 속이고 최선을 다하지 않는 경우가 많습니다. 이것은 자신을 속이는 일이고 그 결과는 우울할 수밖에 없습니다. 어떤 곳에서 무슨 일을 하든, 누가 보든 안 보든 내 영혼이 행복함을 기준으로 최선을 다하는 것이 바로 성의誠意입니다. 이 시대 가장 행복한 사람이 어떤 사람이겠습니까? 결국 내 영혼이 나를 사랑하는 사람이 가장 행복한 사람입니다. 나 스스로 성실한 삶을 살고, 누구의 평가에 연연하지 않으며 나를 사랑하고 만족하며 사는 사람이 진정 우리가 꿈꾸는 행복한 사람입니다. 주자는 이 성의誠意야말로 그 시대 사대부들의 삶의 자세라고 생각한 것 같습니다. 성의誠意껏 한다는 것은 내 영혼을 속이지 않고 한다는 것입니다. 다른 사람의 눈은 속일 수 있어도 내 영혼의 눈은 속일 수 없습니다. 그래서 성의誠意는 나의 문제이지 타인의 문제가 아닙니다. 《논어》 학이學而 편에 '남이 나를 어떻게 평가하든 연연하지 않고 묵묵히 자신의 길을 가는 사람이 진정한 군자'라는 정의가 있습니다. 군자는 자신의 영혼을 사랑하는 사람이고, 타인의 시선이 아닌 나의 시선으로 세상을 보는 사람입니다. 그러기에 성의誠意를 다해 자신의 삶을 살아가는 사람입니다.

4조목 정심正心, 마음을 바르게 하라는 뜻입니다. 여기서 바르다는 뜻의 '정正'은 안정되었다는 뜻의 '정定'과 같습니다. 내 삶에 어떤 바람이 불고 폭풍이 몰아쳐도 내 마음이 흔들리지 않는다는 것입니다. 맹자는 그것을 부동심不動心이라 하였고, 공자는 불혹不惑이라고 하였습니다. 공자나 맹자는 그들 나이 40세에 이르러 마음에 대한 완전한 컨트롤이 가능해졌다고 선언하였던 것입니다. 희로애락의 감정이 나를 뒤흔들 때 마음을 굳게 다지고 흔들리지 않는 것이 정심正心입니다. 인간의 마음을 흔들어대는 것은 많습니다. 기쁨과 슬픔, 분노와 우울, 불안과 걱정 같은 감정은 인간의 마음을 지치게 하고 상처 나게 합니다. 이런 감정으로부터 내 마음을 해방시킬 수 있다면 정심正心의 극치라 할 것입니다. 우리는 하루하루 마음이 흔들리며 살아갑니다. 실직에 대한 근심, 관계의 불안정함, 다가올 공포, 타인의 평가, 경제적 결핍 등 우리의 마음을 뒤흔들어대는 것으로부터의 자유, 바로 정심正心입니다.

5조목부터 8조목은 우리가 너무나 잘 아는 구절입니다. 수신修身, 제가齊家, 치국治國, 평천하平天下. 하지만 이것들은 8조목 중 네 가지밖에 안 됩니다. 그 앞에 무엇이 있습니까? 격물格物, 치지致知, 성의誠意, 정심定心. 그 다음이 수신修身, 제가齊家, 치국治國, 평천하平天下입니다. 3강령이 뭐라고 하였습니까? 명덕明德, 신민新民, 지선至善. 8조목은 뭐라고 하였습니까? 격물格物, 치지致知, 성의誠意, 정심正心, 수신修身, 제가齊家, 치국治國, 평천하平天下. 이 3강령 8조목에 대해서는 원문을 읽어가며 자세하게 더 공부하도록 하겠습니다.

8조목		
조목	항목	내용
1조목	격물格物	대상에로의 몰입
2조목	치지致知	무지로부터의 해방
3조목	성의誠意	나를 속이지 않는 영혼

4조목	정심正心	흔들리지 않는 마음
5조목	수신修身	자기 계발
6조목	제가齊家	집안 경영
7조목	치국治國	국가 경영
8조목	평천하平天下	천하 경영

《대학》과 자기 경영

전에 현대경영학의 대가인 피터 드러커의 《자기 경영 노트The Effective Executive》라는 책을 읽으면서 《대학》과 많이 닮아 있다고 생각하였습니다. 피터 드러커는 남을 경영하기에 앞서 자신을 먼저 경영해야 한다고 강조합니다. 이것은 《대학》에서 말하는 자기 경영, 명덕明德과 수신修身의 철학과 흡사합니다. 피터 드러커는 현대사회의 이상적인 인간형을 지식 근로자knowledge worker라고 정의하고 목표 달성을 위해서 다섯 가지의 조목을 이야기합니다. 시간을 관리하라. 목표에 집중하라. 강점을 강화하라. 우선순위를 정하라. 올바른 의사 결정을 실행하라. 이것은 새로운 시대의 사대부 계층에게 3강령 8조목을 통해 자기를 경영하여 세상을 평화롭게 만들라는 《대학》의 구조와 닮은꼴입니다. 물론 구체적인 내용의 차이는 있지만 말입니다.

다시 한 번 《대학》의 3강령 8조목의 자기 경영 항목을 원문으로 소리 내서 읽어보겠습니다.

대학지도大學之道는 재명명덕在明明德하고 재신민在新民하고 재지
어지선在止於至善이니라. 고지욕명명덕어천하자古之欲明明德於天
下者는 선치기국先治其國하고 욕치기국자欲治其國者는 선제기가先
齊其家하고 욕제기가자欲齊其家者는 선수기신先修其身하고 욕수기
신자欲修其身者는 선정기심先正其心하고 욕정기심자欲正其心者는
선성기의先誠其意하고 욕성기의자欲誠其意者는 선치기지先致其知
하니 치지재격물致知在格物이니라.

일단《대학》에서는 다른 문장은 몰라도 이 구절만큼은 외웠으면 좋
겠습니다. 잘 안 외워지시면 옛날 제가 우리 할아버님께 무릎을 꿇고
배웠던 투로 "대학지~도는 재명명덕하며~" 하고 같이 한번 크게 읽
어보십시오. 비가 추적추적 내리는 날 툇마루에 앉아서 이렇게 읽으
면 잡념이 사라집니다. 그래서 저는 글 읽는다는 것이 지식을 쌓는 일
이라기보다, 자기에 대한 확신을 쌓는 것이라고 생각합니다. 옛날에는
지식을 읽음으로써 배움을 넓혀나갔습니다. 읽는다[讀誦]는 배움의 방
법은 말하고talking, 듣고hearing, 보고seeing, 느끼고feeling, 생각하는thinking
오감 공부법입니다. 내가 독송을 하고, 내 귀에 들리고, 문장을 보고,
그 뜻을 생각하고 느끼는 이 오감 공부법은 단순한 지식의 축적을 넘
어선 지식의 삶의 반영 공부법이었습니다. 그래서 저는 선비가 글을
읽든, 스님이 독경을 하든, 목사님이 성경을 읽든 모두 중요한 공부 방
법이라고 생각합니다.

《대학》의 3강령 8조목을 수행하는 데는 각각의 항목마다 그것을 달

성하기 위한 여섯 단계들이 있습니다. 3강령 밑에 8조목이 있고, 8조목 하나하나마다 각각의 목표를 달성하기 위한 6단계들이 있는 것입니다.

첫 번째 단계는 지지知止입니다. 알 지知에 그칠 지止. 지금 내가 있는 자리가 어디인지, 내가 머물 자리가 어디인지 아는 것이 제일 중요합니다. 명덕明德을 하든, 신민新民을 하든, 지선至善을 하든, 격물格物을 하든, 치지致知를 하든 가장 먼저 해야 하는 것은 현실 파악입니다. 내가 지금 처한 상황에 대한 정확한 분석을 지지知止라고 부릅니다. 내가 지금 어디에 그칠지를 아는 것이죠. 내가 알고 있는 지식이 어느 정도인지를 아는 것이 중요합니다. 내 상황과 나의 장점과 단점을 정확히 인지하는 것이 지지知止입니다. 지지知止는 자기 존재에 대한 명확한 규명입니다. 내가 어디 있어야 되고, 여기 왜 있어야 되고, 할 일이 무엇인지에 대한 명확한 인식의 태도입니다. 부모, 자식, 정치가, 기업인, 선생, 학생, 세상의 모든 이름에는 이름값이라는 것이 있습니다. 자신이 지금 어떤 일을 하는 사람인지 정확히 이해하고 나에게 맡겨진 임무를 최선을 다해 하는 것이 지지知止입니다. '당지지지當止之地', 마땅히 내가 해야 할 미션을 정확히 이해하는 것이 지지知止입니다. 옛날 어른들은 내가 있어야 할 자리인 지지知止를 소중히 여겼습니다. 그래서 아기가 만져서는 안 될 것을 만지거나, 가서는 안 될 곳에 기어가려 하면 "지지! 지지!"라고 외쳤던 것이 아닌가 싶습니다. 물론 정확한 근거는 없습니다. 혹시라도 내가 내 자리를 벗어나 해서는 안 될 일을 하고, 가서는 안 될 곳에 간다면 자신의 이름을 부르면서 크게 외치십시오. "OOO! 지지知止! 지지知止!"

두 번째 단계는 유정有定입니다. 내 자리가 어디인지 알면 다음 단계는 무엇일까요? 자연스럽게 내가 어디로 가야 될지 목표가 정定해질 수밖에 없습니다. 여러분이 여기에서 지지知止하셨으면 다음에는 내가 무엇을 해야 하는지가 명확해지지 않습니까? 목표에 대한 명확한 방향성이 생기게 됩니다. 피터 드러커는 그것을 Contribution이라고 불렀습니다. 'What can I contribute?' 내가 이 조직에 무엇을 공헌할 것인지를 생각해봐라. 이렇듯 유정有定은 내 자리에서 해야 할 목표를 정확히 설정하는 것입니다. 정확한 목표가 있다는 것은 이미 목표가 반은 달성된 것입니다. 목표가 없기에 집중도 할 수 없고, 방법도 찾을 수 없는 것입니다. 내 자녀들이 목표가 확실하다면 이미 자녀들은 그 목표에 반 이상은 다가간 것입니다. 부모들은 자녀들에게 용기를 주고, 응원만 하면 됩니다. 이미 자신이 무엇을 해야 할지를 정확히 알고 있기 때문입니다.

세 번째 단계는 능정能靜, 집중concentration하는 것입니다. 내가 있어야 할 자리를 알았고(知止), 목표가 확실히 정해지면(有定), 마음이 심란해지지 않을 것입니다. 몰입할 수 있는 것이죠. 여기서 고요할 정靜자는 가만히 있으라는 것이 아니라 하나의 일에 집중한다는 것입니다. 이거 하다 저거 하는 식으로 자꾸 옮겨 다닌다고 답이 나오는 것이 아닙니다. 내가 있는 자리에서 해야 할 일과 목표에 집중해야 합니다.

능정能靜에 대해 주자는 이렇게 주를 달았습니다. '심불망동心不妄動이라, 마음이 망령되이 이리저리 움직이지 않는다.' 마음이 망령되이 움직이지 않는 것이 고요해지는 것입니다. 집중하면 놀라운 기적이 일어납니다. 며칠씩 그 일을 해도 피곤하거나 싫증 나지 않습니다. 오히려 내 안에 있는 흥(興)이 샘솟듯이 넘쳐흐릅니다. 이것이 집중의 위대한 능력입니다.

4단계는 능안能安, 내가 어디에 있든 마음이 편안(安)해지기 시작합니다. 내가 내 자리에 있습니다. 목표는 정해졌습니다. 몰입도 가능합니다. 얼마나 편안합니까? 딴생각하지 않고 내 자리에서 내가 일을 하고 있으니 항상 편안하다. 저는 이것을 평화의 상태에 빠졌다고 말하고 싶습니다. 남의 시선에 흔들리지 않고 내가 해야 할 일에 집중하여 몰입할 때 느끼는 일종의 열반의 느낌입니다. 어찌 인간의 몸을 버리고 부처가 되는 것만이 열반이겠습니까? 저는 인생의 매 순간 열반의 희열이 가득 차서 살아가는 것이 진정한 열반이라는 생각도 합니다. 능안能安에 대해 주자는 이렇게 주를 달았습니다. '소처이안所處而安이라, 처한 바의 곳에서 편안하다.' 내가 처해 있는 그곳에서 편안하다. 이런 생각을 가지고 있으면 저 산골짜기에 있어도 편안할 수 있습니다. 왜일까요? 내 자리를 정확히 알고, 새로운 목표를 정하고, 거기서 집중을 통해 남과 비교하지 않는 내 편안함을 찾아내기 때문입니다. 다산 정약용 선생이 18년간 강진에 유배를 가서도 600권이나 되는 책을 쓸 수 있었던 이유가 무엇일까요? "그래, 여기가 내 자리다. 비록 내가 중앙에 있는 사람과 고립되어서 시골에 와 있지만, 나는 여기서 내 목표를 정하고, 거기에 집중하고, 그래서 내 마음이 항상 편안하다." 이 자리가 내 자리가 아닌데, 고시 출신이 여기에서 왜 이런 것을 해야 하지, 이렇게 항상 원망하고, 욕하고, 사회에 불만을 터트리고, 하늘을 원망하고, 사람을 탓하는 그런 사람이 아닌 것입니다. 그러기에 나물국을 끓여 먹어도 편안할 수 있는 것입니다. 이런 경지에 이른다는 것은 일반적으로 쉬운 일은 아닙니다. 사람들은 늘 남의 시선을 의식하고, 자신이 하는 일에 대한 의미를 부여합니다. 특히 타인이 내가 하는 일에 대하여 인정하고 박수 쳐줄 때 더욱 신이 나서 일을 하게 됩니다. 그러나 박수가 끊어지고 시선이 사라진 곳에서 내 마음의 평정을 이루며 내가 가는 길을 묵묵히 갈 수 있다면, 이미 그는 총명하고 예지의 능력을 가진 사람입니다. 언제든지 세상을 이끌어갈 준비가 된 사람입니다.

5단계는 그 편안함 속에서 능려能慮, 아주 깊고 심오한 사고(慮)가 이루어집니다. 사고라는 것은 문제 해결을 위한 중요한 단계입니다. 주자는 처사정상處事精詳이라고 주석하였습니다. 내가 하고자 하는 일에 처하여 상세하게 따져가는 것입니다. 사고의 깊이는 좋은 결과의 전주곡입니다. 깊지 않은 사고에서 나온 결론은 유행은 탈 수 있지만 지속적이지 않습니다. 학學과 사思는 목표를 달성하는 양날개입니다. 마지막 6단계는 능득能得입니다. 피터 드러커는 목표 달성effectiveness이라고 불렀습니다. 목표 달성의 이 여섯 가지 단계를 우리 일상에서 응용해 보는 것도 좋을 것 같습니다. 내가 기업을 만들어 매출을 늘리고 기업을 키운다는 꿈을 가지고 있다면 이 6단계 과정에 대입시켜보십시오. 지지知止, 나는 지금 무엇을 하려고 하는가? 나는 기업가로 좋은 기업을 만들어 내 꿈을 실현하고 사회에 유용한 일을 하겠다는 본분을 유지하는 단계입니다. 유정有定, 나는 좋은 물건을 만들어 고객과 사회에 신뢰받고 사랑받는 기업인이 되겠다. 목표에 대한 정확한 설정입니다. 능정能靜, 제품을 계발하는 데 몰입하고 고객의 가치에 몰입하는 단계입니다. 능안能安, 세상 어느 곳보다 내가 있는 이 자리가 행복하고 내가 하는 이 일이 가장 소중하다고 생각하며 내 지금에 편안함을 느끼는 단계입니다. 능려能慮, 생각이 깊어지고 확실한 목표 설정, 몰입, 안정감을 기반으로 남들이 생각해본 적이 없는 곳까지 파고들어가는 단계입니다. 상품의 차별화가 이루어집니다. 능득能得, 좋은 성과를 얻는 단계입니다. 내가 돈을 벌려고 목표한 것은 아니지만 고객들이 내 물건을 사주고, 사회가 인정하여 원하는 성과를 달성하게 됩니다. 이 내용을 원문을 통해 읽어보겠습니다.

물유본말物有本末이요 사유종시事有終始니 지소선후知所先後면 즉 근도의則近道矣니라 지지이후유정知之而后有定하고 정이후능정定而后能靜하고 정이후능안靜而后能安하고 안이후능려安而后能慮하고 여이후능득慮而后能得이니라.

어떤 존재든 근본과 말단이 있다. 어떤 일이든 처음과 끝이 있다. 그러니 무엇을 먼저 하고 무엇을 나중에 할지를 정확히 안다면 그 사람은 진정 성과 달성을 위한 정확한 길을 아는 사람이다. 내가 무엇을 해야 할지를 정확히 알면 목표가 확실해지고, 목표가 확실해지면 일에 집중할 수가 있으며, 일에 집중하면 지금의 내 상황이 안정되고, 안정되면 생각이 깊어지고, 생각이 깊어지면 성과가 달성될 수 있을 것이다.

상황 인식→목표 설정→선택과 집중→안정→사고 확장→성과 달성의 이 6단계는《대학》에서 말하는 자기 경영의 과정입니다.

목표 달성 6단계		
단계	항목	내용
1단계	지지知止	상황 인식: 지금의 나는 무엇을 할 것인가?
2단계	유정有定	목표 설정: 내 목표는 정확히 설정되어 있는가?
3단계	능정能靜	선택 집중: 내 목표에 몰입하고 있는가?
4단계	능안能安	평온 안정: 안정된 환경을 만들었는가?
5단계	능려能慮	사고 확장: 남과 차별화된 깊이로 들어갔는가?
6단계	능득能得	성과 달성: 좋은 성과와 결과를 획득하였는가?

잃어버린 원전과 주자의 새로운 해석

이제 3강령, 8조목, 6단계, 1명덕-2신민-3지선 / 1격물-2치지-3성의-4정심-5수신-6제가-7치국-8평천하 / 1지지-2유정-3능정-4능안-5능려-6능득이라는 이 거대한 《대학》의 구조물 속으로 좀 더 깊이 들어가보겠습니다.

명덕明德이라는 것은 무엇입니까? 자기의 덕을 밝히라는 뜻인데, 그 덕을 밝히는 구체적인 네 가지 항목이 있습니다. 그 첫 번째 항목이 바로 격물格物입니다. 주자는 여기에 지사至事라고 주를 달았습니다. 다가갈 지至, 일 사事. 격물이라는 것은 내가 알고자 하는 그 일에 다가가는 것입니다.

두 번째 항목은 치지致知입니다. 주자는 이 치지致知에 궁리窮理라는 단어로 주석을 달았습니다. 끝 궁窮자입니다. 끝까지 파고들어서 이理, 하나의 원리principle를 찾아내는 것이 궁리窮理입니다.

그런데 격물치지格物致知에 문제가 있었습니다. 《예기》에 있는 《대학》을 뽑아보니 격물格物과 치지致知에 대한 설명이 떨어져 나가버렸던 것입니다. 옛날에는 대나무 죽간에다가 글씨를 새겼습니다. 그런데 그만 그것이 없어진 것입니다. 주자가 깜짝 놀라서 '이것을 어떻게 할까? 하는 수 없다. 내가 새로 달아야지.' 그래서 비록 후대 사람이지만 《대학》이라는 경전에 빠진 부분을 자기 임의대로 집어넣어 보충하는 장chapter을 만듭니다. 보충할 보補자에 잃어버릴 망亡자, 이 〈보망장補亡章〉에서 펼친 주자의 격물치지格物致知에 대한 해석이 성리학의 근본 철학이 됩니다.

없어진 격물치지格物致知 문장에 대한 주자의 새로운 해석을 간단히 설명하면 이렇습니다.

만약 당신이 가지고 있는 위대한 지적 능력을 극진히 하고자 한다면, 당신이 알고자 하는 사물에게로 나아가 그 사물이 가지고 있는 원리를 파고들어라. 인간이 마음속에 가지고 있는 위대한 신령스러움은 어떤 것을 알아내려 마음먹으면 알아내지 못함이 없고, 천하에 존재하는 모든 사물들은 어떤 사물이든 이치가 없음이 없다. 문제는 그 이치를 끝까지 파고들지 않는 것이고, 내 지혜를 극진히 다스리지 않는 것이다. 그러니 《대학》이라는 책의 첫 가르침에 이르기를, 배우는 자로 하여금 반드시 천하의 모든 사물에 대해 이미 알고 있는 이치를 기반으로 그 사물의 이치를 파고들어가면, 그리하여 그 사물의 이치에 극도로 이르면, 힘을 쓴 지 오랜 시간이 지나면, 어느 날 갑자기 아침에 활연관통豁然貫通, 세상이 환하게 눈에 뜨이고 내 머릿속을 관통하는 것을 느낄 것이다. 그때가 되면 그 사물의 겉과 속과 정밀함과 조잡함이 내 머릿속으로 들어오지 아니함이 없을 것이니, 아, 내 마음에서 그 위대한 전체가 밝아지지 아니함이 없을 것이니, 이것이야말로 일러서 물격物格이라고 하고 지치知致라고 한다.

전반적인 느낌이 오십니까? 어렵지요? 간단히 이야기하면 어떤 존재든 그 존재의 원리가 있다는 것입니다. 그리고 그 원리를 탐구하고자 하면 반드시 그 원리를 깨달을 수 있는 나의 지적 능력도 있다는 것입니다. 문제는 파고들지 않는 데 있다는 것입니다. 그러니 당신은 당신이 가지고 있는 지혜를 확신하라는 것입니다. 당신의 가능성을 믿으라는 것이죠. 구하라, 얻을 것이다. 결국 내가 구하고자 하는 그것을 찾으면 얻을 것이다! 추호도 의심치 말라, 나의 능력과 잠재력을. 그래서 파고들어가다 보면 어느 날 갑자기 눈이 펑 뜨인다고 합니다. 그 표현을 '활연관통豁然貫通'이라고 하였습니다. 제가 볼 때는 주자의 이 표현은 그의 불교적 지식을 차용한 것 같습니다. 득도得道, 어느 날 갑작스런 깨달음을 표현하는 단어입니다. 활연관통은 불교 용어입니다. 주자는 과거에 도가와 불가의 공부도 한 경험이 있습니다. 원래 불교 문명에 대항하려면 불교 문명 깊숙이 빠져들어봐야 합니다. 그래야 기존의 문명을 깨고 새로운 문명을 세울 수 있는 것이지요. 자본주의의 문제점을 극복하고 새로운 대안을 만들려면 자본주의를 정확히 알고 있지 않으면 안 됩니다. 그저 지금의 세상을 잘못되었다고 아무리 외친다 한들 그 울림은 작을 수밖에 없습니다. 호랑이를 잡으려면 호랑이를 정확히 알아야 하듯이 신문명은 구문명에 대한 완벽한 이해와 몰입을 전제로 합니다. 깨달음, 득도, 활연관통의 경지에 이르면 표리정

조表裏精粗, 즉 겉과 속과 정밀함과 조잡함이 모두 눈 안에 들어오고 마음속에 들어옵니다. 사물에 대한 다면적·입체적·관통적 이해, 이것이 격물치지格物致知입니다. 인간이 가지고 있는 사물의 원리를 깨달을 수 있는 위대한 가능성과 잠재력을 믿고, 찾으려 마음먹으면 반드시 답을 얻을 수 있다는 마음으로 파고들면, 그것이 격물치지格物致知의 몰입입니다.

알파고와 이세돌의 세기의 바둑 대결은 결국 격물치지格物致知가 관건이었습니다. 컴퓨터와 인간의 몰입과 격물치지格物致知는 누가 우세한가? 인간의 한계는 이번 대국으로 드러났지만, 컴퓨터 역시 인간이 만든 두뇌라고 생각한다면 그 역시 인간의 또 한 모습입니다. 누군가 격물치지格物致知의 몰입을 통해 지식을 축적하고 활용하여 인간을 능가하는 작품을 만들어낸 것입니다. 우리 한민족에게는 격물치지格物致知의 유전자가 있습니다. 몰입하여 남들이 한 번도 다가가보지 못한 원리를 찾아내고, 우수한 두뇌로 창조적 생각을 할 수 있는 격물치지格物致知의 유전자를 잘 계발하고 후세에 물려주어야 합니다.

성의誠意, 나를 속이지 마라

명덕明德의 세 번째 항목은 성의誠意. 뜻을 성실히 하라는 것입니다. 주자가 71세 마지막 죽을 때까지 주를 단 구절이 바로 성의誠意였습니다. 쉬운 단어이지만 쉽지 않은 실천입니다. 성의誠意의 중요한 개념은 나를 속이지 않는 것입니다. '무자기毋自欺, 나〔自〕를 속이지〔欺〕 말라〔毋〕.'

정말 어려운 내용입니다. 남을 속이지 않는 것은 오히려 쉬워도 나를 속이지 않는 것이 진정 어려운 일이기 때문입니다. 자신에 대한 속임이 없어야 합니다. 성공하신 분들은 누가 보든 안 보든 자신을 속이지 않은 분들입니다. 스스로를 속이지 않고, 홀로 있을 때는 삼가고, 그러면 내 마음이 흡족하니 그것이 성과를 달성할 수 있는 보이지 않는 힘이 되는 것입니다. 좋은 물건은 나를 속이지 않고 만드는 정성에서 시작됩니다. 남이 보든 안 보든 좋은 재료로 정성을 다하여 만든 물건은 성의誠意를 다하였기에 반드시 다른 사람들이 알아주게 됩니다. 내 영혼이 가고자 하는 곳을 향하여 두려움 없이 전진하는 마음이 나를 속이지 않는 마음입니다. 나쁜 것은 나쁘다고 하고, 좋은 것은 좋다고 하는 것이 나를 속이지 않는 것입니다. 그른 것을 보고 옳다 하고, 옳은 것을 보고 그르다 한다면 나의 양심과 영혼을 속이는 일입니다.

성의誠意는 신독愼獨입니다. 신독愼獨이라는 말은 많이 들어보셨을 것입니다. 삼갈 신愼에 홀로 독獨입니다. 다른 사람이 보고 있을 때 삼가거나 조심하는 것은 쉽습니다. 옷도 잘 입고 넥타이도 잘 맵니다. 그런데 남들이 안 볼 때, 홀로 있을 때 삼가는 것이 자기를 속이지 않는 것입니다. 남들이 안 보는 데서 홀로 삼갈 수 있을 것인가? 자기 경영의 주체로서 남들이 보든 안 보든 나는 나 자신을 속이지 않겠다. 그래서 홀로 있을 때, 가장 취약한 시간에 가장 취약한 장소에서 자신의 영혼을 놓치지 않겠다. 이것이 신독愼獨입니다.

성의誠意는 반드시 드러납니다. '성어중誠於中 형어외形於外라, 내면의 성실함은 반드시 밖으로 드러난다.' 내가 이렇게 성실하면 누가 알아주느냐고요? 내가 아무도 없을 때 최선을 다한다고 하면 손해 보는 것은 아닌가요? 걱정하지 마십시오. 성어중誠於中, 내 내면에 성실이 있으면, 형어외形於外, 바깥으로 저절로 드러날 것입니다. 아니, 드러날 수밖에 없습니다. 그 성실함의 한 땀 한 땀은 결국은 위대한 모습으로 드러날 수밖에 없습니다. 어떻게 생각하십니까? 저는 이 대목에서 《대학》이라는 책의 현대적 의미를 되새기게 됩니다. 명품은 보이지 않는 곳에 최선을 다하고 한 땀 한 땀 정성을 다할 때 만들어지는 것입니다. 평소에 정성을 다하고 자신을 속이지 않고 사는 사람은 그의 삶이 찰지고 기름질 수밖에 없습니다. 나를 속이지 마라! 남이 안 보는 곳에서 더욱 정성을 다해라! 묵묵히 보이지 않는 곳에서 정성을 다하면 반드시 그 좋은 결과는 저절로 다가오게 된다. 성의誠意의 철학으로 인생을 산다면 여한이 없을 것 같습니다. 나 자신을 속이지 않고, 남이 없을 때 나에 대해 최선을 다하고, 내 영혼의 만족감이 저절로 드러나는 인생이라면 여한이 없지 않겠습니까?

정심正心, 슬퍼하되 상처 나지 마라

명덕明德의 네 번째 항목인 정심正心은 정기심正其心, 즉 '내 마음을 바르게 하라'입니다. 정심正心에는 4대 과제가 있습니다. 첫 번째 과제는 분치忿懥, 분노와 치 떨림입니다. 이것이 인간의 마음을 흔들리게 하는 가장 중요한 첫 번째 요소입니다. 두 번째 과제는 공구恐懼, 두려움입니다. 두려워하지 말아야 합니다. 그 두려움이 내 마음을 흔들리게 합니다. 그 다음은 호락好樂, 너무 좋아하고 즐거운 것도 마음을 바르게 하는 데 장애가 됩니다. 너무 빠지지 말아야 합니다. 그 다음은 우환憂患, 근심도 적절히 해야 합니다. 근심이 크면 병이 되고, 병이 되면 사람이 다칩니다. 이런 감정의 본성을 깨치는, 분노와 두려움과 즐거움과 근심에 대한 말이 있습니다. '애이불상哀而不傷,' 슬퍼하되 상처 날 정도로 슬퍼하지 마세요. '낙이불음樂而不淫,' 즐겁되 음란해서는 안 됩니다. 얼마나 멋진 말입니까? 슬픔이 지나치면 상처가 되는데, 상처 날 때까지 슬퍼하지는 말라고 합니다. 요즘 사람들은 슬픔을 겪으면 상처 날 때까지 슬퍼합니다. 국가적인 재난과 슬픔이 우리를 힘들게 하더라도 상처가 되어 흔적이 남아서는 안 됩니다. 슬픔은 딛고 일어날 때 아름다운 슬픔으로 남을 수 있는 것입니다. 즐거움도 지나치면 음란하게 됩니다. 음란은 도가 지나친 즐거움입니다. 인간의 마음을 흔드는 기쁨과 슬픔, 이 감정을 부정하는 것이 아니라 그 감정에 종속당하여 끌려가서는 안 된다는 것입니다. 분노와 두려움, 즐거움과 근심, 우리 마음을 흔드는 것들에 대해 얼마나 마음을 안정되게 유지하느냐는 정심正心의 중요한 과제입니다. 도로 위에 분노road rage가 사람들과의 싸움으로 번지고, 확실하게 다가오지도 않은 두려움에 오늘을 저당 잡히고 하루하루를 공포에 싸여 지내고, 즐거움에 탐닉하여 중독에 빠지고, 끝이 없는 근심에 우울함으로 삶을 지내는 우리 시대의 자화상에 흔들리지 않는 부동심의 마음, 정심正心을 유지하는 것은 자기 경영의 중요한 과제입니다.

신민新民의 경영, 흥興의 혁명

3강령 중 두 번째인 신민新民은 세상의 사람들과 혁신을 통해 날로 새로워지라는 것입니다. 신민新民에서 굉장히 중요한 것이 새로울 신新자입니다. 다음은 《대학》에 나오는 말인데 함께 읽어보시죠.

> 탕지반명湯之盤銘曰 일신日新이어든 일일신日日新하고 우일신又日新하라.
> 탕 임금의 목욕하는 그릇에 새겨 있기를, 오늘 하루가 새로운 날이었다면 날마다 새로운 날을 만들고 또 날마다 새로워져야 한다.

탕湯 임금은 은殷나라의 위대한 리더였습니다. 혁명을 통해 하夏나라를 멸망시키고 새로운 나라를 만들어냈는데, 그 탕 임금이 반盤, 목욕탕 그릇에, 명銘, 새긴 글자입니다. 매일같이 내 몸을 씻는 그릇에 새겨놓는 것이 바로 반명盤銘입니다. 일종의 좌우명 같은 것이라고 할 수 있습니다. 좌우명座右銘은 평상시 앉는 자리 오른쪽에 써넣어 걸어놓는다고 해서 좌우명이고, 반명盤銘은 저녁마다 세수하면서 보라고 써놓은 것이라 반명이라고 합니다. 탕 임금의 반명에 "날마다 새로워졌는가? 날마다, 날마다 새로워져라. 또 날마다 새로워져라"라고 새겨져 있었다는 것입니다. 어제와 다른 오늘, 오늘과 다른 내일, 끊임없이 새로운 날을 만들어나가는 데 게을리하지 말라는 것입니다.

새로울 신新자는 《대학》의 중요한 화두입니다. 나 자신의 능력을 계발하고, 성찰하고, 위대함을 완성하여, 그 결과를 세상의 모든 사람과 함께하고, 그들도 늘 새로운 영혼의 충만함으로 살 수 있도록 격려하고 고무시키는 것은 새로움(新)의 화두입니다. 오늘 어제와 다른 나를 만나셨나요? 그리고 세상 사람들 역시 새로움의 경이로 하루를 살 수 있도록 격려하고 고무하고 있나요? 《대학》은 이런 노력을 '작신민作新民'이라고 표현하고 있습니다. '~하게 만든다'는 뜻의 '작作'은 고지무지鼓之舞之, 고무(鼓舞, encourage)하는 것입니다. 고鼓는 북을 두드리는 것이고, 무舞는 춤추게 만드는 것입니다. 그 사람만 만나면 춤을 추게 되는 사람이 있습니다. 나의 영혼을 흔들어 깨우고, 내 몸을 춤추게 만드는 사람, 그래서 나를 변화시키고 더욱 의미 있게 만드는 사람, 그런 사람은 정말 내 인생에 꼭 필요한 사람입니다. 지도자는 주변 사람들의 영혼을 깨워 마음껏 춤추게 만드는 사람입니다. 그리고 그들과 함께 지극히 새롭고 선한 세상을 만드는 사람입니다. 혁신은 사람들의 마음을 고무시켜서 새로운 가치와 세상을 꿈꾸게 만드는 것입니다. 혁명은 지금의 틀을 바꿔 새로운 틀의 세상을 만드는 것입니다. 지금의 가치와 패러다임이 더 이상 시대를 이끌어나가지 못할 때 세상은 혁신과 혁명을 통해 새로운 생존을 모색합니다. 비록 혁신이 갈등을 전제로 하고, 혁명이 투쟁과 대결의 방식으로 다가오지만 그것은 새로운 세상을 만들기 위한 피할 수 없는 소동입니다. 은나라가 더 이상 존립할 이유가 없어졌을 때 주周나라 문왕文王과 무왕武王은 혁명을 통해 새로운 시대를 열게 됩니다. 역사 속에서 영원한 제국은 존재하지 않습니다. 시대가 더 이상 요구하지 않는 정권과 왕조는 혁명을 통해 역사 속에서 사라졌습니다. 이런 혁명을 《대학》에서는 유신維新이라고 합니다. 혁명의 지도자가 자신의 능력을 계발하여 새로운 시대정신을 제시하고, 사람들의 마음을 고무시켜 새로운 천명天命을 받는 것이 유신維新입니다. 일본의 메이지유신이나 한국의 제4공화국의 유신헌법의 용어도 바로《대학》의 이 구절에서 따온 것입니다. 요즘은 선거를 통해 정권을 바꾸지만 지난 과거 속에서는 혁명을 통해 권력을 바꾸었습니다. 이제 새로운 신문명, 흥興의 혁명을 상상해봅니다. 왕조의 교체나 계층을 교체하는 혁명은 완전한 혁명이 아닙니다. 성씨를 바꾸거나 계층의 권력 이동은 상처만 남는, 완전한 혁명이 아닙니다. 그러나 인간의 영혼 혁명, 흥興의 혁명은 무한한 흥興의 자원을 누구나 무한대로 소유할 수 있는 무혈혁명입니다. 인간의 위대한 자원, 흥興을 새로운 미래를 여는 열쇠라고 생각합니다.

　나는 타자의 시선이 아닌 내 시선으로 세상을 살고 있는가? 물질적 성공에 종속당하지 않고 내 영혼의 충만감을 느끼고 있는가? 다음이 아닌 지금 나는 얼마나 내 실존의 무게감을 느끼고 살고 있는가? 타율적 삶이 아닌 자율적 삶의 주체로서 살아가고 있는가? 이념에 흔들리지 않고 냉철한 철학적 가치를 가지고 있는가? 이런 자기 르네상스의 혁명이 바로 흥興의 혁명입니다. 이 문제에 대해서는 앞으로 다시 언급할 것입니다.

진실로 구하라, 가까이에 갈 것이다

3강령의 마지막 요소인 지선至善은《대학》의 이상인 평천하平天下입니다. 내세가 아닌 현세에서 우리가 꿈꾸는 유토피아를 건설하는 것이

지선至善입니다. 그렇다면 마지막으로 우리가 꿈꾸는 지선至善의 세계는 무엇일까요? 그 위대한 목표를 어떻게 달성해야 할까요? 지선至善에는 그것을 달성하기 위한 원칙이 있습니다. 시작과 끝, 근본과 말단에 대한 선후 관계의 정확한 인식입니다. 원문을 살펴보겠습니다.

> 물유본말物有本末이라 사유종시事有終始니 지소선후知所先後면 즉 근도의則近道矣라.
>
> 어떠한 존재든 근본과 말단이 있다. 어떤 사안이든 그 일에 대한 실마리와 끝이 있다. 그러니 먼저 할 일과 나중에 할 일을 정확히 알고 있다면, 그것이야말로 그 일을 해결하는 가장 중요한 원리에 가까워진 것이다.

제가 이것에 대해 고민하는데 피터 드러커가 답을 주었습니다. 'first thing first.' 우선순위를 정하라. 무엇을 먼저 하고 무엇을 나중에 할지를 정해야 됩니다. 내 인생에서 우선순위를 정하여 그 순서를 지키며 살고 있나요? 그러면 무엇을 먼저 할까요? 원론으로 돌아가보겠습니다. 장사로 돈을 벌기 전에 무엇부터 먼저 해야 할까요? 먼저 사람을 남기는 것이 근본입니다. 이익은 나중에 그 사람들을 통해 다가오는 일종의 성과물인 것입니다. 근본 없이 이익만 추구하였다면 단기간의 이익은 얻을 수 있을지 모르지만, 지속적인 시점에서 보면 실패를 볼 거라는 이야기입니다. 본말과 선후를 알라는 말입니다. 성공한 사람들의 이야기 공통점 중에 그들은 돈을 벌기 위해 일을 한 것이 아니라 신명나게 일을 하다 보니까 어느새 돈이 벌려져 있었다는 것입니다. 결국 돈과 이익보다 영혼의 흥〔興〕을 위해 사는 것이 선행되어야 한다는 것입니다. 내 능력을 먼저 밝히면 주변 사람들은 저절로 새로운 사람으로 변하고, 내가 무엇을 하려고 하였는지 초심을 지키면 결국 좋은 성과가 있을 것입니다.

명덕위본明德僞本, 내 덕을 밝히는 것이 근본입니다. 신민위말新民爲末, 사람들을 혁신하는 것은 마지막 결과입니다. 지지위시知止爲始, 나는 누구이며 나는 무엇을 목표로 이 일을 하고 있는가? 이것이 시작입니다. 능득위종能得爲終, 그러면 결국 좋은 성과가 종국적으로 완성됩니다. 세상을 혁신하여 새로운 세상을 꿈꾸는 사람들은 먼저 자신의 잠재력을 계발하고, 위대한 영성을 끌어내야 하며, 좋은 성과를 원하는 사람은 먼저 내가 누구이며 왜 이 일을 하려고 하는가를 먼저 고민해보아야 합니다. 저는 오늘 《대학》의 본말本末, 시종始終의 구조를 통해 이 시대 사람들이 무엇을 고민해야 하는지 그 단서를 제시하고자 합니다. 출세와 성공을 꿈꾸기 전에 인성과 덕성을 먼저 고민하는 사람들이 되어야 합니다. 세상을 바꾸기 전에 나부터 혁명을 해야 합니다. 내 안에 잠재된 흥〔興〕의 혁명, 자기 르네상스를 통해 하늘다움이 무엇인지, 우주다움이 무엇인지를 먼저 성찰한다면 그가 이끄는 기업, 조직, 가정은 성과와 발전이 있는 좋은 미래를 기대해도 좋습니다. 《대학》에서 시작하여 앞으로 《논어》, 《맹자》, 《중용》을 읽어나가면서 계속 이 이야기는 강조될 것입니다. 주객이 전도되고, 본말이 뒤집혀진 이 시대, 시종본말始終本末의 맥락을 다시 바로잡아야 우리의 미래는 밝게 될 것입니다.

선신호덕先慎乎德 유덕유인有德有人 유인유토有人有土 유토유재有
土有財 유재유용有財有用.

성과 이전에 덕을 고민하라. 덕이 있는 사람에게는 사람이 모여든다.
사람이 모여들면 내 영역이 만들어진다. 영역이 만들어지면 물질적
풍요는 반드시 수반된다. 물질과 부가 있으면 저절로 그 쓰임이 생길
것이다.

　세상에 완전하고 영원한 권력은 없습니다. 세상 사람들의 마음을 얻
으면 그것이 권력을 부릅니다. 위대한 기업은 고객들의 마음을 얻은
기업입니다. 나아가 사회 구성원들의 지지와 환호가 유지된다면 그 기
업은 영원히 존속할 가능성이 높아집니다. 하나라가 민심을 얻었을
때는 천명이 하나라에 있었지만, 민심이 하나라를 떠나 은나라로 가
면 천명 역시 은나라로 이동합니다. 은나라가 민심을 잃었을 때 새롭
게 민심을 얻은 주나라가 다시 천명을 얻었습니다. 중국 고대 왕조인
하은주夏殷周 중에 어떤 정권이 진정 명분 있는 정권이었겠습니까? 정
답은 없습니다. 그것은 민심이 근본이었기 때문입니다. 요즘 기본으
로 돌아가자는 구호를 많이 외치고 있습니다. Back to the Basics! 이
제 세상은 기본과 근본을 더욱 절실하게 추구하고 있습니다. 스펙 쌓
은 사람보다 인성이 훌륭한 사람이 더욱 인재이고, 기술력 이전에 그
기업의 사회적 기여와 미래의 미션이 더욱 중요합니다. 성공과 출세
보다 내 삶에 진실하고 영혼의 충만함을 느끼는 것이 선행되어야 합
니다. 내 인생에 대한 만족 없이 타인의 시선과 평가에 연연할 이유가

없습니다.

"내 덕을 밝히고[明德], 세상을 변화시키고[新民], 살맛 나는 세상을 만들어라[至善]. 그러기 위해서는 몰입[格物]과 앎의 확장[致知], 내 영혼을 속이지 않는 성실함[誠意], 어떤 순간에도 흔들리지 않는 마음[正心], 나 자신의 경영[修身], 집안 경영[齊家], 국가 경영[治國], 세계 평화[平天下]의 단계적 실천이 중요하다. 무슨 일이든 순서가 있다. 먼저 내가 지금 무엇을 해야 하는지를 고민해보아야 한다[知止]. 그러면 목표가 확실해지고[有定], 몰입할 수 있으며[能靜], 안정감이 생긴다[能安]. 그 안정감을 기반으로 깊은 사고에 도달하게 되고[能慮], 좋은 성과를 얻을 수 있다[能得]." 이것이 《대학》의 전체 내용입니다.

《대학》의 구조			
3강령	8조목	6단계	6단계에 대한 주자의 주석
1. 명덕明德 내 안에 덕을 밝혀라!	1. 격물格物	지지知止	당지지지當止之地
	2. 치지致知	유정有定	지유정향志有定向
	3. 성의誠意		
	4. 정심正心	능정能靜	심불망동心不妄動
2. 신민新民 새로움을 추구하라!	5. 수신修身	능안能安	소처이안所處而安
	6. 제가齊家	능려能慮	처사정상處事精詳
3. 지선至善 아름다운 세상을 만들라!	7. 치국治國	능득能得	득기소지得其所止
	8. 평천하平天下		

《대학》 강의를 마치면서 제가 참 좋아하는 《대학》의 구절을 말씀드리며 끝내도록 하겠습니다.

심성구心誠求, 수부중雖不中, 불원의不遠矣니라.

당신의 마음이 진실로 구한다면, 비록 그 원하는 것이 적중하지는 않았다 하더라도 그것에서 그렇게 멀어지지는 않을 것이다.

참 좋은 말입니다. 정말 진심으로 원하면 정확히 거기에는 도달하지 못한다고 해도 근처에는 간다는 것입니다. 저는 이런 기본적인 구조, 명덕明德을 통해 신민新民과 지선至善을 이뤄내는 구조가, 당송 문명 전환기에 어떻게 새로운 인간의 근본을 파악하고 우선순위를 정하며 자신을 돌아볼지에 대해 당시 지식인들이 외쳤던 것이라고 생각합니다. 그래서 신유교의 가장 중요한 교과서로서 《대학》이라는 책을 꼽고 싶은 것입니다.

이제 우리가 사는 이 시대는 신르네상스 혁명이 일어나야 하는 시대입니다. 내 인생의 구문명을 극복하고 새로운 신문명을 건설해야 합니다. 자기 르네상스, 이것은 나의 문명 전환입니다. 우주의 위대한 존재로서 존경받아야 할 내가 소외되고 있지는 않은지, 타인의 시선과 평가에 연연하여 정작 자신의 시선을 잃고 헤매고 있지는 않은지, 지금 소중한 것을 잊고 미래의 불확실한 가치에 매달려 있지는 않은지, 사회가 만든 이념과 허위의 환상에 빠져 냉철하고 이성적인 사고가 정지되어 있지는 않은지, 이런 나에 대한 성찰과 문제 제기는 내 인생을 전환시키는 계기가 될 것입니다. 《대학》은 구문명을 타파하고, 신문명을 건설하기 위한 성리학자들의 횃불 같은 텍스트였습니다. 내 잠재력을 다시 깨우고, 세상 사람들과 함께 이성과 합리를 무기로 살아가기 위한 유교 르네상스의 기초 고전이었던 것입니다. 우리가 《대학》을 통해 내 인생의 르네상스를 이루는 계기를 만들었으면 좋겠습니다. 이제 다음 편에서는 《논어》를 같이 읽어보도록 하겠습니다. 《논어》 역시 단순히 좋은 말씀이 있는 고전이 아니라 공자의 신문명을 꿈꾸는 철학이 담겨 있는 고전입니다.

자기 르네상스를 위한
정담情談,
《논어》1

자기 르네상스를 위한
정담 情談
《논어》 1

천안문의 공자상에서 공자문화원까지 거대 프로젝트

지금부터 들어갈 대문은 《논어》의 대문입니다. 왜 《대학》 다음에 《논어》일까요? 옛날 조선시대에 과거 공부를 하던 유생들은 이 순서대로 책을 읽었습니다. 《대학》이라는 책을 통해 인간이란 어떤 존재이며, 인간과 우주는 어떤 맥락을 가지고 있는가? 나아가 나의 목표와 그 목표를 달성하기 위한 방법은 무엇인가를 공부하였다면 《논어》를 통해 우주의 주체자로서의 인간 삶에 대한 다양한 질문과 답을 공부한 것이 아니었나 싶습니다. 제가 《논어》에서 제일 감동받는 구절은 공자와 그 제자들의 꿈과 희망 이야기입니다. 우선 《논어》를 읽기 전에 제가 좋아하는 《논어》에 나오는 공자와 제자들의 수업 장면을 한번 보도록 하겠습니다.

공자와 제자들이 서로 앉아서 이런저런 이야기를 하고 있었습니다.

그때 공자가 제자들에게 엉뚱한 질문을 합니다. "너희들은 내가 너희보다 하루라도 더 살았다고 내 앞에서 자꾸 어려워하지 마라. 너희들은 평소에 나를 세상이 알아주지 않는다고 불평을 하는데 만약 누군가 너희들을 알아줘서 큰 자리에 등용하려 한다면 어떻게 하겠느냐?" 공자의 주변에 몰려든 제자들은 그 당시 소외 계층들이 많았습니다. 신분적으로 금수저보다는 흙수저 출신이 많았습니다. 제자들은 공자에게 찾아와 배움으로써 자신의 신분을 벗어나려고 노력했습니다. 그래서 각자의 능력에 맞는 공부를 하러 공자에게 몰려들었던 것입니다. 그때 공자가 제자들에게 질문한 것입니다. 어떤 권력자가 너희들을 알아주고 등용한다면 어떻게 하겠는지 너희들의 꿈과 포부, 능력을 말해보라는 질문이었습니다. 정말 가슴 설레는 질문입니다. 누군가 나를 알아주고 나를 스카우트하여 등용한다면 과연 어떤 희망과 포부를 말할지 한번 생각해보십시오. 저 같으면 교육의 수장을 맡겨준다면 최선을 다해서 세상의 모든 사람들이 인문학을 통해 새로운 삶의 부활을 할 수 있는 교육체계를 만들겠다고 말할까요? 물론 그럴 일도 없겠지만 말입니다. 그래도 꿈은 좋은 것입니다. 학생들이 모여서 자신의 미래를 이야기하라는 공자의 질문은 학생들의 포부를 스스로 밝히는 중요한 수업의 현장이었습니다. 제일 먼저 손을 들고 일어선 사람은 바로 자로子路였습니다. 협객 출신답게 누구보다도 적극적으로 자신의 생각을 이야기하는 인물입니다. 공자는 훗날 자로가 죽었다는 소식을 접하고, 자로의 죽음을 슬퍼하면서 이렇게 말하기도 하였습니다. "자로가 내 제자로 입문한 후부터 나를 뒤에서 욕하는 놈들이 없어졌다." 예. 협객 출신인 자로가 얼마나 공자 뒤에서 공자를 경호했는지 잘 알 수 있는 이야기입니다. 누군가 공자를 뒤에서 험담하는 소리가 들리면 자로는 바로 가서 그 자를 응징했다고 합니다. 이런 제자가 한 명 있으면 정말 스승으로서 행복하겠네요. 자로는 이렇게 자신의 꿈을 이야기 합니다. "저는요, 제후국에 등용되어 국방의 책임자가 되면 나라의 모든 사람들을 세상에게 가장 용감한 병사로 만들 자신이 있습니다!" 확실히 자로다운 꿈입니다. 싸움에 자신이 있다는 것이지요. 국방 책임자로서 자신의 능력을 발휘하여 강한 군대를 양성하겠다는 야무진 꿈입니다. 그러나 공자는 그 말을 듣자마자 피식 웃습니다. 단순히 힘만 있다고 강한 군대의 책임자가 될 수 있는 것이 아니라는 의미였을 것입니다. 공자는 염구冉求라는 제자에게 질문하였습니다. 염구는 행정학 전공자였습니다. 염구는 이렇게 자신의 꿈을 이야기합니다. "제게 만약 기회가 주어진다면, 크지 않은 조그만 지역을 맡아 행정을 펼쳐 3년 정도면 백성들을 배불리 먹일 자신이 있습니다." 올바른 행정을 통하여 풍요로운 경제를 만들겠다는 염구다운 포부였습니다. 공자는 다시 외교학 전공인 공서화公西華에게 질문하였습니다. 공서화는 더욱 겸손하게 자신의 꿈을 말합니다. "저는 능력은 없지만 외교 분야에 조금이라도 도움이 되는 것이 꿈입니다." 평소 외교에 관심이 많고, 관계학에 조예가 깊었던 공서화다운 대답이었습니다. 그런데 제자들이 각자의 꿈과 포부를 이야기할 때 전혀 개의치 않고 거문고를 타고 있었던 제자가 있었습니다. 바로 증점曾點입니다. 공자의 제자였던 증자曾子의 아버지로서 부자가 모두 공자의 문하에서 공부하였습니다. 저는 이 장면을 자주 상상해봅니다. 공자와 그 제자들의 수업 공간과 수업의 장면을 말입니다. 주입식으로 자신의 생각을 일방적으로 말하는 것이 아니라 제자들에게 질문을 던지고 그들의 답을 듣는 토론의 장면, 거기에다 한 제자는 자유롭게 수업 배경 음악으로 거문고를 뜯고 있는 장면, 정말 아름다운 수업 현장입니다. 공자는 거문고를 연주하던 증점에게 꿈을 물었고, 증점은 자신의 꿈이 다른 제자에 비해서 보잘것없어서 말하기 부끄럽다고 사양합니다. 공자는 인간에게는 크나 작으나 각자의 꿈이 있으니 개의치 말고 말해보라고 합니다. 바로 이 대목이 저의 마음을 흔들리게 한 증점의 꿈입니다. "저의 꿈은 소박합니다. 어느 저물어가는 늦봄, 깨끗한 봄옷 갈아입고, 내가 좋아하는 친구 대여섯 명과 어린아이 예닐곱 명과 손잡고 기수沂水 물가에서 멱 감고, 무우대舞雩臺 정자에서 바람에 몸 말리고, 저녁에 시 한 수 읊으면서 집으로 돌아가는 것이 저의 꿈입니다." '모춘자莫春者 춘복기성春服旣成 관자오육인冠者五六人 동자육칠인童子六七人 욕호기浴乎沂 풍호무우風乎舞雩 영이귀詠而歸.' 정말 작고 소박하지만 위대한 꿈입니다. 세상에 태어나 장군이 되고, 재상이 되고, 외교 수장이 되는 것도 훌륭한 꿈이지만 좋아하는 친구와 미래를 이끌어갈 젊은이들과 어느 더운 날, 물가에서 멱 감고 바람 쐬고 노래 부르며 집에 돌아오는 것도 역시 훌륭한 꿈입니다. 세상에 어떤 꿈이 멋있고 위대한 것이 아니라 자신의 영혼이 갈구하는 꿈이 가장 행복하기 때문입니다. 공자는 소박하지만 위대한 자신의 꿈을 말하는 증점의 이야기를 듣고 이렇게 말합니다. "내 꿈도 증점과 같다!" 저는 《논어》를 읽으려면 이 증점의 꿈을 항상 염두에 두고 읽어야 한다고 생각합니다. 《논어》 책에는 세상을 바꾸는 무슨 특별한 비법이 있는 것이 아니라 세월이 지나도 변치 않는 잔잔한 감동이 있습니다. 그 감동은 유행을 타거나 짜릿하지는 않지만 마치 공기와 물처럼 우리에게 늘 안식과 생명의 근원을 제공합니다. 세상에서 가장 아름다운 것이 아름답지 않게 생긴 아름다움이라면《논어》를 그것에 비유하겠습니다. 어떤 분이 저한테 이런 질문을 하셨습니다. "《논어》를 공자가 썼습니까?" 그럴까요? 아닙니다. 원래 유명한 성인들은 책을 쓰지 않습니다. 그냥 말씀만 하시지요. 예수님은 성경을 쓰지 않았고 부처님은 불경을 쓴 적이 없습니다. 그분들은 다만 토론(論, discuss)하고, 말씀(語, talk)만 합니다.《논어》라는 책은 공자와 그의 제자들, 그리고 공자가 살던 당시 귀족들이 서로 묻고 대답하고 토론discuss하고 이야기talk한, 요즘 말로 하면 지식인들의 대화 책이며 공자 아카데미의 수업 기록입니다. 그래서 작정하고 쓴 책보다는 체계나 논리가 좀 떨어지기도 합니다. 이런저런 문맥이 연결되지 않은 대화의 모음집입니다. 그러나 그런 자연스러운 부정합이《논어》의 장점이기도 합니다. 마치 꾸미지 않고 민낯을 있는 그대로 보여주는 아름다운 여인의 모습이라고 할까요.《논어》속의 대화는 제자의 제자들을 통해 전달되며 첨삭 과정을 거쳤습니다. 공자의 제자의 제자들이 자신의 선생님께 들은 내용을 잘라내고, 붙이고, 나름대로 편집해서 낸 책이 바로《논어》입니다. 그래서《논어》는 공자와 매우 밀접한 관계를 가지고 있지만 공자의 저작은 아니고, 그 내용 역시 종교 서적처럼 일점일획이 모두 사실이라는 증거도 없습니다.《논어》의 내용은 후대 제자들의 입장에서 공자와 그 무리들을 바라본 관점에 입각해 있습니다. 다만 그 내용이 공자가 줄기차게 주장하고 강조한 내용의 범주를 크게 벗어나지 않는다고 할 수 있습니다.

《논어》는 2,500여 년간 동양에서 가장 많이 읽힌 책이며 아시아인들에게 가장 많은 영향을 끼친 책이라고 할 수 있습니다. 나아가 《논어》에서 보여지는 공자의 사상은 18세기 유럽 계몽 시대에 지대한 영향을 끼쳤으며 서양의 근대를 만들어내는 데 적지 않은 역할을 하였다고 할 수 있습니다. 시간적으로는 2,500여 년 전에 만들어진 책인데 오늘날에도 일반인뿐만 아니라 여전히 기업인이나 혹은 정치인, 학자들이 자기 수양서로서 《논어》를 읽고 있는 것을 보면 생명력이 매우 강한 고전이란 생각이 듭니다. 고전은 잠시 유행하였다 사라지는 베스트셀러와는 다릅니다. 베스트셀러는 트랜드를 반영하여 그 시기가 지나면 바로 잊혀지지만 고전은 지속적인sustainable 생명력을 갖습니다. 이것이 요즘처럼 지속 가능 경영, 지속 가능 기업, 지속적인 건강, 지속적인 승리, 이런 것들을 원하는 시대에 고전에 관심이 쏠리는 이유인 것 같습니다. 고전에는 지속적으로 무언가를 하기 위한 아주 중요한, 보편적인 진리가 담겨 있습니다.

중국에서도 요즘 공자 붐이 새롭게 일어나고 있습니다. 천안문 광장 자금성 입구에는 마오쩌둥의 사진이 걸려 있습니다. 남쪽에는 마오쩌둥기념관과 시신이 안치되어 있고 그 앞에 마오쩌둥의 동상이 있습니다. 동쪽에는 인민역사박물관, 서쪽에는 인민대회당이 있습니다. 그런데 최근에 역사박물관 앞에 공자상이 세워졌습니다. 마오쩌둥보다 한 60~70센티미터 더 크다고 합니다. 근대의 영웅인 마오쩌둥을 능가하는 공자상을 세운 까닭은, 마오쩌둥을 통해 근대의 중국 정신을 끌어내고 공자를 통해 유교적 가치를 끌어내 미래 세계를 이끌어나가는 G2로서의 철학적 기반을 세우겠다는 의지의 표현일 것입니다.

혹시 2008년 8월 8일 저녁 8시를 기억하십니까? 베이징 올림픽이 열렸던 그날 사람들은 모두 냐오차오鳥巢 스타디움, 새 조鳥자에 둥지 소巢자, '새 둥지'처럼 생긴 올림픽 메인 스타디움을 주목하였습니다. 그때 50분간 개막식이 열렸는데 중국 제5세대 영화감독 장이머우張藝謀가 감독을 맡았습니다. 개막식이 열리기 전에 철저한 보안을 유지하였는데 세계 사람들은 도대체 중국이 무엇을 보여줄 것인지 매우 궁금해하였습니다. 중국에서 최초로 열리는 올림픽에서 어떤 중국 문화를 알릴 것인가? 그때 이런 장면이 나왔습니다. 스타디움 바닥에 불이 들어오면서 21세기형 최첨단 LED판으로 디스플레이되기 시작하였습니다. 그러나 그것만으로는 미국의 애틀랜타 올림픽과 다를 것이 없을 것입니다. 그런데 미국이 절대로 따라 할 수 없는 콘텐츠가 따라 나왔습니다. 다름 아니라 중국의 문명이 상징화되어 나온 것입니다. 5,000년 역사의 중요한 문화 상징이 LED 패널 위에 현란하게 디스플레이되면서 그 위에 고대 학생복을 입은 공자의 삼천 제자들로 상징되는 무리들이 나와서 군무를 춘 것입니다. 이 부분이 세계인들을 경탄시켰습니다. 아주 오래된 역사적 콘텐츠와 21세기의 최첨단 LED판이 어우러진 광경이었습니다. 과연 명감독 장이머우였습니다. 그는 아주 아름다운 색으로 군무를 추도록 연출하였고, 중국을 알리는 문화 콘텐츠를 보여주면서 결과적으로 은연중에 공자를 부각시켰습니다.

중국이 지금 추진하고 있는 야심찬 문화 프로젝트가 있습니다. 1,500여 개의 중국 문화원을 세계 곳곳에 만들겠다는 것입니다. 미래를 이끌어나가는 국가가 되기 위해서는 경제성장이나 물질적 풍요만 가지고는 안 된다는 것을 알고 있기에, 중국 문화를 전 세계에 심음으로써 경제와 문명의 쌍끌이로 미래 지구를 이끌어나가겠다는 의지입니다. 그런데 그 문화원 이름이 바로 '공자 학원(孔子學院, Confucius Academy)'입니다. 독일이 독일 문화원을 '괴테 인스티튜트Goethe Institut München'라고 이름 지었듯이 중국은 공자 학원이라는 이름으로 1,500여 개의 공자 아카데미를 전 세계에 구축하고 있는 것입니다. 제가 미국의 하버드를 비롯하여 많은 대학을 방문할 때마다 쿵푸셔스 아카데미Confucius Academy는 곳곳에 있었습니다. 일단 대학에 공자 학원이 설립되는 순간 100만 달러를 아무런 조건 없이 중국 정부에서 대준다는 사실에서, 중국이 중국 문화를 전 세계에 이식시키려 얼마나 노력하고 있는지를 피부로 느낄 수 있었습니다. 죽어야 할 공자든 살려야 할 공자든, 지금 중국의 급부상에 따라 공자는 글로벌한 사상가로 다시 주목받고 있음에 분명합니다.

1979년부터 시작된 중국 개혁 개방 5대 원칙이라는 것이 있습니다. 후진타오胡錦濤가 일본 와세다대학에서 강연을 할 때 이런 이야기를 하였습니다. "개혁 개방 5대 원칙 중 하나는 이인위본以人爲本이다." 이인위본以人爲本이라는 말은 《논어》에 나오는 것입니다. 인본人本, 인민으로 근본을 삼는다. 즉 인민을 위한, 인민에 의한, 인민의 개방을 선언한 것입니다. 그래서 개혁 개방을 끌고 나가는 축도 15차 전당대회에서 부국富國에서 부민富民으로 바뀌었습니다. 나라를 키우는 것이 아니라 백성들을 부자로 만들겠다는 부민富民의 원칙 역시 《논어》가 가지고 있는 굉장히 중요한 인본주의의 한 갈래입니다. 우리가 공자에 대해서 좀 더 심도 있게 공부하고 접근해야 할 이유가 충분히 있는 것 같습니다.

공자의 인생 전환점, "태산에 오르니 천하가 작구나"

공자, 유교, Confucianism, 참으로 엄청난 생명력입니다. 대체 어떤 보편적 가치를 가지고 있기에 이다지도 끈질길 수 있는지 지금부터 확인해보겠습니다.

> 등태산소천하登泰山小天下라.
> 태산에 올라보니 천하가 작다.

제가 참 좋아하는 구절입니다. 공자가 태산에 올라가서 외쳤던 말인데 이 말은 우리가 《논어》를 읽는 데 주의 깊게 기억해야 할 문장입니다.

태산泰山은 중국의 오악(五嶽, Five Mountains) 중 동쪽의 상징적인 산입니다. 서쪽의 상징적인 산이 화산華山, 남쪽이 형산衡山, 중악中岳이 숭산嵩山, 북쪽이 항산恒山입니다. 이 오악 중 태산은 동쪽에서 해가 가장 먼저 뜨는 산이고 세상을 다스리는 최고 지도자인 천자가 하늘과 접촉하는 지점이기도 합니다. 그래서 높이는 1,545미터밖에 안 되지만 상징성에 있어서는 다른 어떤 산보다도 의미 있는 산입니다.

그런데 공자가 이 태산에 올라갑니다. 공자의 인생을 이야기하자면 56세가 그의 전환점turning point입니다. 공자는 56세 이전과 이후로 확연히 나누어집니다. 공자 인생에 있어서 르네상스는 56세부터입니다. 그 전까지 공자의 삶은 특별할 만한 것이 전혀 없었습니다. 이름 없는 집안에서 태어나 자수성가해서 대사구大司寇라는 법관도 되었지만 대체로 평범하게 살았습니다. 물론 후대 사람들이 공자를 높이면서 공자의 성공적인 삶을 과장하기도 하지만 그 정도는 어느 시대에도 있었던 성공한 사람들의 이야기입니다. 공자는 56세에 노魯나라 군주 애공哀公과 갈등하였고, 결국 사표를 던지고 14년 동안 중국 전역을 떠돌아다니게 됩니다. 공자의 야전에서의 주유천하周遊天下, 예수의 광야에서의 유랑, 부처의 탁발, 이들의 공통점은 안락과 평온을 버리고 고행을 선택하였다는 것입니다. 조직을 버리고 광야에서의 방랑은 위대함을 이루는 전주곡입니다. 위대한 성인이 되는 조건 중 하나가 떠돌아다니는 것입니다. 떠돌아다니지 않으면 보편적인 진리를 찾아낼 수 없습니다. 세상의 모든 군상들에게로 다가가 그들과 대화하고, 보고, 느끼지 않는 한 보편적 진리가 쉽게 나올 수 없습니다. 한군데 계속 서 있는 사람은 보편적인 진리를 찾아낼 수 없습니다. 자기가 보던 시각으로만 세상을 보게 되는 것입니다. 우리 인생도 방랑과 유랑의 시절을 통해 더욱 성숙되고 완성됩니다. 우주의 어느 별도 정지해 있는 별이 없듯이, 우주와 한 맥락 속에 있는 인간도 끊임없이 유랑을 통해 진화 발전합니다. 아무튼 공자는 56세의 나이에 14년 동안 세상을 돌아다니면서 제자들과 온갖 우여곡절을 겪습니다. 그리고 69세에 그의 조국인 노나라에 돌아와 73세에 죽을 때까지 마지막 유랑의 지식과 경험을 정리합니다. 그래서 노나라의 지방 역사책 《춘추春秋》를 다시 산정刪定하고, 당시 유행하던 노래 가사들을 모아서 《시경詩經》을 편집합니다. 물론 직접 지은 것은 아닙니다. 편집을 하고 주석을 단 것입니다.

　공자는 유랑의 과정 속에서 태산에 올라가게 됩니다. "태산에 올라와보니 천하가 작구나!" 이 말에 대해 다양한 해석들을 하는데, 저는 공자가 이때 인생이 변하였다는 생각이 듭니다. 다른 관점에서 세상을 보기 시작한 것입니다. 그 전에 보던 시각의 높이와 전혀 달라진 것입니다. 사람은 자기가 서 있는 자리, 즉 지평이 중요하다고 하지 않습니까? 서 있는 자리가 바뀌는 순간 보는 각도가 달라지고, 보이지 않던 것이 보이기 시작하는 것입니다. 이것은 한 사람의 인생에 굉장히 중요한 전환점이라는 생각이 듭니다. 인간은 바닥을 쳐야 자기 르네상스를 이룰 수 있습니다. 안락과 평화 속에서는 아무런 변화도 이룰 수 없습니다. '궁즉변窮卽變', 《주역》에 나오는 말입니다. 부서지고 망가지고 궁해져야 변합니다. 저는 공자의 이 말이 참 좋습니다. '힘들고 어렵다. 하지만 이것은 나를 더욱더 단단하게 해주려고 하는 전환점이다.' 공자는 태산에 올라가서 그동안 못 봤던 그 천하를 보았습니다. 노나라 궁정에서 안주하며 로컬 지식인으로 한계를 넘어서지 못하다가 유랑을 통해 태산에 올라가는 순간 자기 인식의 한계를 극복하고 글로벌 지식인으로 부활하였던 것입니다. 《장자莊子》에는 시각과 관점의 높이가 얼마나 중요한지에 대해 말해주는 많은 구절이 있습니다. '우물 안의 개구리는 우물 안에서 바라본 하늘이 모두라고 생각하여 더 큰 하늘을 보지 못하고, 여름에만 살다 가는 벌레는 자신이 사는 여름이란 시간에 갇혀 겨울과 얼음이라는 계절과 물질을 상상하지 못하고, 시골 동네 지식인은 자신이 가진 지식의 그물에 걸려 더 큰 지식과 만나지 못한다.' 엘빈 토플러Alvin Toffler가 《부의 미래Revolutionary Wealth》에서 강조한 일명 시간time·공간space·지식knowledge 기반fundamental의 그물입니다. 앞으로 다가올 부의 혁명의 시대에 수혜자가 되기 위해서는 우리가 너무 당연하다고 생각하는 시간의 속도와 공간, 지식의 기반을 부숴야 한다는 것입니다. 공자가 태산 정상에서 외쳤던 이 한마디, "떵츌타이샨泰山

시아오小티엔시아天下!" 저는 앞으로 《논어》 강의를 통해 공자가 어떤 시각으로 세상을 새롭게 바라보고 자기 르네상스에 성공하였는지에 대해 여러분과 함께 공유하고 싶습니다.

앙스트블뤼테, 절박감 속에서 핀 꽃 《논어》

공자가 죽은 뒤 350년쯤 뒤에 대대로 역사가였던 사마司馬씨 집안의 아들 천遷이 그의 저서 《사기史記》 안에 〈공자세가孔子世家〉라는 공자의 인생 기록을 적습니다. 130권이었던 《사기》 중 한 편이지만 공자의 집안 환경과 어린 시절 성장, 그리고 공자의 인생에 대해 역사가의 눈으로 자세히 적고 있습니다. 사마천의 《사기》에 나오는 공자의 출생에 대해 원문을 함께 볼까요?

> 공자생노창평향추읍孔子生魯昌平鄉陬邑 기선송인야其先宋人也 왈 공방숙曰孔防叔 방숙생백하防叔生伯夏 백하생숙량흘伯夏生叔梁紇 흘여안씨녀야합이생공자紇與顏氏女野合而生孔子 도어니구득공자 禱於尼丘得孔子 노양공이십이년이공자생魯襄公二十二年而孔子生 생이수상우정生而首上圩頂 고인명왈구운故因名曰丘云 자중니字仲尼 성공씨姓孔氏.

> 공자는 노나라 창평향 추읍(지금의 산동성 곡부)에서 태어났다. 공자의 선조는 송나라 사람이었다. 이름하여 공방숙이니 방숙은 백하를 낳

고 백하는 숙량흘을 나왔다. 공자의 아버지 숙량흘은 안씨 집안의 딸과 야합野合하여 공자를 낳았다. 니구산에서 기도하여 공자를 얻었다. 노나라 양공 재위 22년에 공자는 출생하였는데 태어날 때 머리 위에 이마가 오목하게 들어가서 언덕처럼 생겼다고 해서 이름을 언덕 구丘자, '구'라고 하였다. 자는 중니仲尼이고, 성은 공씨이다.

훗날 이 문장은 논란의 여지가 많은 구절이 되었습니다. 특히 공자의 출생을 야합野合이라고 하였는데, 들 야野자와 합할 합合자, 들에서 합해서 태어났다고 하니 정상적인 혼인 관계를 거치지 않고 별 볼 일 없는 집안에서 태어난 것을 빗댄 말이라고 여겨집니다. 야합이라는 말은 연자방앗간이라든가 보리밭이라든가, 아무튼 그런 좀 야한 말입니다. 정치권에서도 야합이란 단어는 부정적인 의미로 쓰입니다. 서로 몰래 들판에서 만난다면 결국 무언가 꿍꿍이속이 있다는 것입니다.

《공자가어孔子家語》나 《사기》〈공자세가〉 등을 보면 공자의 출생에 대해 이렇게 기록해놓았습니다. 숙량흘이라는 장군 출신의 퇴역 군인, 그리고 그의 세 번째 부인이었던 안씨 집안의 딸 안징재顏徵在 사이에서 태어난 것으로 되어 있습니다. 그런데 숙량흘은 첫 번째 부인과의 사이에서 딸만 아홉을 두었습니다. 공자의 이복누나가 9명이나 있었던 것이죠. 그리고 두 번째 부인과의 사이에서 아들을 하나 두었는데 변변치 못하였던 모양입니다. 그런데 옛날 군대 시절 숙량흘의 부하로 있었던 안씨라는 사람이 자기 직속상관이었던 숙량흘에게 자기 집에 딸이 셋 있다며 첫째 딸을 주려고 합니다. 그런데 첫째 딸은 자기가 왜

저 늙은이에게 시집을 가야 하느냐며 안 간다고 하고 둘째 딸도 안 간다고 하였답니다. 셋째 딸은 조금 달랐던 것 같습니다. 숙량흘이 범상치 않아 보였는지 선뜻 아버지의 뜻을 따릅니다. 그래서 둘 사이에서 공자가 태어났습니다.

공자의 아버지는 공자가 세 살쯤 됐을 때 죽고, 공자는 홀어머니 밑에서 자랍니다. 공자의 어머니는 굉장히 현명하였던 것 같습니다. 위대한 사람 뒤에는 항상 훌륭한 어머니가 있습니다. 홀아버지 밑에서 위대한 사람이 되었다는 것보다는 홀어머니 밑에서 훌륭한 인물이 나왔다는 이야기가 많습니다. 한석봉의 어머니 등 많은 인재들의 뒤에는 홀어머니의 열정과 사랑이 있었습니다. 이것은 결국 결핍의 미학이 아닌가 생각이 듭니다. 환경의 결핍을 이겨내고 핀 꽃은 더욱 화려하고 향기가 진할 수밖에 없습니다. 누군가 그러더군요. 홀아버지는 재혼을 해서 결핍이 오래가지 않는다고.

진秦나라와 로마의 공통점은 결핍에서 오는 콤플렉스를 극복하여 위대한 제국을 만들었다는 것입니다. 빙하기에 공룡은 사라져도 잠자리가 살아남은 것은 결핍이 주는 콤플렉스의 효과적인 극복입니다. 어려움과 역경은 당장은 힘들지만 새로운 답을 찾아 모험을 떠나는 결정을 하게 만듭니다. 식물학자들은 이런 역경 속에 피는 꽃에 앙스트블뤼테 angstblüte라는 개념을 사용합니다. 스트라디바리우스라는 유명한 바이올린을 만드는 재료는 전나무입니다. 그런데 전나무의 특징 중 하나가 평소에는 꽃도 안 피우고 열매도 안 맺다가 환경이 나빠지면 그때서야 가장 화려한 꽃을 피워내는 것이라고 합니다. 독일어로 앙스트angst는 '불안, 초조'를 뜻하는 말이고 블뤼테blüte는 '꽃을 피운다'는 말입니다.

결국 모든 식물이든 동물이든 가장 불안하고 힘들 때^{angst} 가장 화려한 꽃을 피워낸다^{blüte}는 것입니다. 불안 속에 피는 꽃이라는 뜻인 앙스트 블뤼테는 식물들의 특성 중 하나로 일종의 자기방어라고도 볼 수 있습니다.

공자에게는 이런 절박감이 있었고 이 절박감이 공자를 만들어냈습니다. 저는 《논어》는 이렇게 읽어야 한다고 생각합니다. 그 절박감을 이해해야 태산에 올라가서 천하를 본 공자의 안목이 눈에 들어옵니다. 《논어》 몇 장의 몇 번째 구절이 무엇인지는 그렇게 중요하지 않습니다. 《논어》라는 구조^{structure}를 우리가 어떤 시각에서^{angle} 볼 것인가? 이 연습을 하신다면 나중에 《논어》를 읽을 때 어떤 관觀이 생길 것입니다.

73년 인생을 처절하게 살다 간 공자

일단 저는 지금부터 공자의 김을 뺄 것입니다. 왜냐하면 공자도 별다른 사람이 아니라는 것을 말하기 위해서입니다. 태어난 출신도 그렇고, 어머니는 직업이 무속인이라는 기록도 있습니다. 공자가 어렸을 때 늘 좋아하였던 놀이가 제사 지내는 것이었습니다. 어머니가 매일 제사를 지내니 공자도 매일 제사를 지내는 놀이를 하였던 것입니다.

제사에는 두 가지 의미가 있습니다. 하나는 단순히 무속 행위로서의 의례이지만, 다른 하나는 매우 고급한 문화$^{high-quality culture}$로서의 의미입니다. 제사에는 의례가 있습니다. 그리고 음식과 복식, 음악, 무용이 있고 다양한 격식들이 있습니다. 제사는 조상과 내가 만나는 굉장히 중요한 제(祭, festival)이기 때문에 최고의 음식, 최고의 음악, 최고의 기물, 최고의 의례를 행하게 됩니다. 그래서 제사에 밝으면 고대의 문화에 정통하게 됩니다. 우리나라에서는 공자에게 지내는 제사, 즉 석전대제釋奠大祭가 국가 중요무형문화재 85호로 지정되어 있습니다. 공자는 어렸을 때 어머니의 영향으로 제사라는 무속 의식을 하나의 의례 형태로 재해석함으로써 제사의 가치를 혁신시켰습니다. 가치 혁신 value-innovation. 똑같은 것을 보더라도 새로운 가치로 혁신시키는 순간 새로운 블루오션blue-ocean이 나타나는 것 아닙니까? 그래서 의례라는 굉장히 중요한 콘텐츠가 만들어진 것입니다. 공자에 대한 당시의 가장 중요한 평가는 '예禮를 잘 아는 사람'이었습니다. 공자가 고대 문명에 대한 지식을 연마하고, 인간 삶의 다양한 형식인 '예(禮, rites)'에 대해 정통하다는 평가를 받은 것은 그의 어린 시절 어머니의 직업과 무관하지 않다고 생각합니다. 공자의 당대에 공부는 그렇게 많은 것을 배우는 것이 아니었습니다. 예禮, 악樂, 사射, 어御, 서書, 수數. 육예六藝가 고대 중국 지식인들의 공부 과목이었습니다. 예禮는 고대의 제사를 예절이라는 의식rites으로 승화시키는 것이고, 악樂은 음악을 교화의 수단으로 만들어내는 것이고, 사射는 활쏘기를 인간의 품성과 덕성을 보여주는 능력으로 만들어내는 것이었습니다. 어御는 말 타기, 서書는 글씨 쓰기, 수數는 셈하기였습니다. 이 정도의 지식을 가지고 당시 인간의 가치를 혁신하였던 사람이 공자입니다. 그러니 공자는 동양에서 지식 근로자knowledge worker의 원조라고 할 수 있겠습니다. 지식이야말로 한 인간을 평가하는 가장 중요한 기준이라는 관념이 공자에 의해 처음 생겼습니다. 그것을 현대어로 독서인literate이라고 합니다. 속되게는 그냥

'먹물 든 사람'이라고도 하지요. 그런데 그런 사람이 왜 소중하고 귀하게 여겨져야 합니까? 이것이 공자의 유교적 전통입니다. 교육을 통해 먹물을 채우고 가방끈을 길게 하는 것, 이것이 인생의 포기할 수 없는 목표가 된 동양적 전통이 이때부터 시작된 것입니다. 그렇게 해서 지금까지도 우리는 교육에 목숨을 걸게 되었습니다. 인간을 성장시키는 가장 중요한 방법으로서의 교육이 된 것입니다. 앞에서 《논어》를 제자들과의 대화 책이라고 표현하였는데, 좀 더 깊이 들여다보면 춘추시대 말기와 전국시대 초기의 난세에 생존에 대한 절박감이 의문으로 제기되었을 때, 산동성 조그마한 노나라 출신의 불우한 공자가 그런 의문에 대한 해답들을 차근차근 이야기해준 것이 바로 《논어》입니다.

지금부터 공자의 김을 더 빼겠습니다. 공자의 일생 중 15세부터 시작해보겠습니다. 《논어》에 공자가 자기 인생을 서른여덟 글자로 회고하는 구절이 나옵니다. "내 나이 열다섯에 지학志學, 배움에 뜻을 두었고 서른 살이 되니 비로소 립立, 전문가로서 내 분야에서 꿋꿋하게 설 수 있었다." 열다섯 살에서 서른 살까지는 15년입니다. 《아웃라이어 Outlier》라는 책을 보니 10년 동안 하루 세 시간이면 1만 시간이라고 하더군요. 비틀즈가 함부르크에서 1만 시간 동안 기타를 치고 드럼을 두들겼기 때문에 그런 위대한 음악이 나왔다는 것입니다. 1만 시간의 노력을 해야 '아웃라이어', 굉장히 뛰어난 존재가 된다는 것입니다. 공자도 1만 시간 정도를 투입한 것 같습니다. 그러고 나서 또 10년이 지나니 불혹不惑, 어떤 유혹에도 흔들리지 않는 나이가 되었습니다. 저는 그것을 '멘털mental의 확립'이라고 봅니다. 나이 마흔이 되니 웬만한 자극과 역경이 인생에 큰 영향을 미치지 못할 정도로 당당한 정신적 견고함이 만들어진 것입니다. 이것은 맹자가 그의 나이 사십 대를 부동심不動心이라고 정의한 것과 궤를 같이합니다. 그 다음 또 10년이 지나 50세가 되니 우주 속에 내 존재의 의미, 천명을 알았다〔知天命〕고 합니다. 이 말은 내가 여기서 왜 태어났고 무엇을 해야 하는지에 대한 존재의 의미를 파악하였다는 뜻이 될 것입니다. 그리고 예순이 되니 이순耳順, 귀가 순해졌다는 것은 노여움이 없어졌다는 말이 될 것입니다. 누가 어떤 말을 해도 한 귀로 듣고 한 귀로 쳐낼 수 있습니다. 내 앵글 자체가 다 부서져 있기 때문에 어떤 이야기든 자연스럽게 들어왔다 나가는 나이가 된 것입니다. 그리고 일흔에 종심소욕불유구從心所欲不踰矩라, 마음이 하고자 하는 대로 좇아 행해도 법도에 넘어서지 않았다고 합니다. 마음은 항상 위태롭고 불안한 것인데, 마음대로 해도 어떤 원칙을 넘어서지 않는 자유자재의 경지에 이른 것입니다. 이것이 공자가 자기 인생을 평가한 내용입니다. 공자는 73세에 돌아가셨습니다.

내친김에 공자의 김을 더 빼자면 공자는 신도 아니고 그저 사람일 뿐입니다. 다만 우리보다 처절하게 인생을 시작하였을 뿐입니다. 사실 '공자님'이라고 부를 필요도 없습니다. 그냥 공자라고 불러서 자子자만 붙여도 선생님에 대한 존대를 뜻하는 높임 표현이 됩니다. 사마천은 공자의 어린 시절을 '빈천貧賤'이라고 표현하였고, 공자 역시《논어》속에서 자신의 어린 시절을 '빈천貧賤'이라고 정의함으로써 얼마나 힘든 어린 시절을 보냈는지에 대해 회고하고 있습니다.

물론 공자는 2,500년 동안 핵심core층에 주류로 존재하였습니다. 초기의 공자는 불운하였지만 자신의 부활에 성공함으로써 당대의 새로운 가치를 만들어내고 새로운 가치를 역설하였습니다. 그러나 끝내 뜻을 이루지는 못하였습니다. 훗날 맹자에 의해 공자가 계승되고 한漢나라 때 무제武帝에 의해 급격하게 종교적으로 이데올로기화되면서 공자의 사당들이 세워지기 시작합니다. 멀쩡한 인간을 그때 신으로 만든 것입니다. 송나라 때는 공자가 관념으로 바뀌어버립니다. 인의예지仁義禮智, 즉 부모에게 효도하라는 말이 갑자기 하늘과 우주의 원리로 해석되기 시작합니다. 조선시대에는 사람 잡는 공자가 됩니다. "이놈 무례無禮하다! 저놈을 당장 잡아서 쳐라!" 하면서 봉건제도의 앞잡이처럼 됩니다. 죽어야 할 공자가 생겨나는 것입니다. 요즘 시대에는 공자가 옛 시대를 못 잊는 향수로 남아 있습니다. 아무도 주목하지 않은 사이에 사이비 공자 추종자들이 자신들의 성을 쌓고 있는 실정입니다. 이런 공자들을 모두 지워버려야 합니다.

제가 여러분에게 《논어》를 통해 하고 싶은 이야기는 초기 정신의 공자를 이데올로기화하지 말고, 종교화시키지 말고, 관념화시키지 말자는 것입니다. 처절하게 인생 73년을 열심히 살면서 자신의 역경을 극복해내고 자기 부활을 통해 새로운 꽃을 피워낸, 우리보다 먼저 살다 간 선배 정도로 생각하면 공자가 좀 더 쉽게 다가올 것 같습니다.

지금 이곳에서 의미를 갖는 《논어》의 해석

공자가 얼마나 인간적이었는지에 대해서도 조금 살펴보겠습니다. 《논어》는 총 20개의 챕터〔章〕로 되어 있는데 열 번째 챕터 제목이 마을 향鄕자 동네 당黨자, 향당鄕黨 편입니다. 우리말로 하면 "동네에서 공자 아저씨의 일상" 정도가 될 것 같습니다. 이 장에서는 공자의 여러 일상이 나옵니다. 밥 먹고, 옷 입고, 잠자는 일상까지 여러 가지 일상이 나오는데 그중에 식사 습관이 아주 까다롭습니다.

'할부정割不正 불식不食이라.' 자를 할割자니까, '커팅cutting이 바르지 않으면 드시지 않았다.' 음식을 먹을 때 깍두기가 2센티미터 간격으로 잘라져 있지 않으면 드시지 않은 것입니다. 왜 안 드셨을까요? 정명론正名論이라는 것이 있습니다. 네 이름에 합당하게 살아라. 아버지는 아버지답게, 사장은 사장답게 살아야지, 왜 사장이 사장 자리에 있지 않고 자꾸 다른 자리에서 다른 일을 하느냐는 말입니다. 그것이 공자의 정명론이었다면 식습관도 거기에 따라가지 않았을까 합니다. 음식이 자신의 모습에 합당하지 않으면 안 드셨다는 것입니다.

'부득기장不得其醬 불식不食이라, 그 음식에 맞는 소스를 얻지 못하면 드시지 않으셨다.' 그러니까 돼지고기에 새우젓이 없으면 드시지 않은 것입니다. 이것은 무슨 말입니까? 실제로 이랬다기보다는 공자의 철학을 음식 습관을 통해 이야기한 것이 아닌가 싶습니다. 만나야 될 사람이 만나야지 만나선 안 될 사람이 만나면, 이것은 불의不義라는 것과 같은 맥락으로 해석할 수 있습니다. 세상의 명분 없는 만남을 거부하는 공자의 철학을 이렇게 표현하지 않았을까요?

'육수다肉雖多 불사승식기不使勝食氣라, 맛있는 고기가 비록 많다 하나 그 고기로 하여금 밥의 기운을 이기게 하지는 않으셨다.' 다시 말하면 주객을 전도시키지는 않았다는 말입니다. 밥이 주인이고 고기가 반찬인데, 주인보다 객이 더 맛있다고 객을 더 높인다면 이것 역시 불의不義인 것입니다. 공자는 먹는 것 속에서도 의義와 불의不義, 정正과 부정不正

을 따졌던 것 같습니다.

'유주무량唯酒無量이나 불급난不及亂이라, 오직 술을 드실 때 한량없이 드셨지만 난리에 미치지는 않으셨다.' 술은 많이 드셨는데 난리를 치지는 않으셨다는 것입니다. 그런데 사실 저는 이 구절이 마음에 들지 않습니다. 사람이 술을 마시면 취해야지 취하지 않고 눈 말똥말똥 뜨고 있으면 영 재미가 없습니다. 제가 바라는 공자의 모습은 인간적입니다. 그래서 이렇게 바꾸면 어떨까 싶습니다. '유주무량唯酒無量이나 불급不及이면 난亂하셨다.' '오직 술을 드시매 한량없이 드셨지만 양에 미치지 못하면 난리를 치셨다.' 이 이야기를 조선시대에 하였으면 저는 사문난적斯文亂賊이 될 것입니다. 공자를 욕보였다고 바로 투옥될 것입니다. 참 세상이 좋아졌습니다. 이렇게 《논어》에 마음대로 주를 달아도 누구도 뭐라고 하지 않는 세상, 하긴 《논어》에 어떻게 주를 달아도 아무도 관심 없을 것입니다.

'구분廐焚이어늘 자퇴조왈子退朝曰 상인호불문마傷人乎不問馬 셨다.' '마구간[廐]에 불이 났는데[焚] 공자가 조정에서 퇴근해서 그 말을 듣고 말하기를 "사람이 다쳤는가?" 하시고는 말에 대해서는 묻지 않으셨다.' 자기 집 차고에 불이 났는데 내 차는 어떻게 됐느냐에 대해서는 묻지 않고 다친 사람은 없느냐고 물은 것입니다. 공자는 휴머니스트입니다. 물질은 배격하고 인간을 중시한 인간 중심의 철학자입니다. 그러면 말은 어떻게 되는 것입니까? 공자는 인간만 위하고 물질은 묻지 않았다면, 현실과 공자는 절대 만날 수 없는 것입니까? 과연 공자가 물질을 싫어하였을까요? 그래서 제가 이렇게 바꿔보았습니다. '구분廐焚, 마구간에 불이 났는데, 자퇴조왈子退朝曰, 공자가 퇴근하여 말하기를, 상인

호부傷人乎不(否), 사람이 다쳤느냐 안 다쳤느냐 물으시고, 문마問馬, 말은 어떻게 되었냐고 물으셨다.' 불不자는 부否와 같은 의미로 or not으로도 해석이 됩니다. 이렇게 토를 어떻게 다느냐에 따라 원전의 번역이 달라집니다. 토라는 것은 주석의 굉장히 중요한 한 형식입니다. 토를 달면 주석의 80퍼센트는 끝납니다. 토에도 의미가 있어서 ~하고, ~하니, ~하나, ~니라, 이렇게 뜻을 담니다.

저는 해석학이라는 것은 다양한 토를 달아야 한다고 생각합니다. 어떤 고전text을 새롭게 재해석하고 비평criticism할 때 다양한 토가 나와야 합니다. 그래야 고전이 더욱 다채로워지고 다양한 시대와 환경에 맞는 적합한 고전으로 재해석이 될 수 있습니다. 다산 정약용이 새롭게 토를 달고 해석한 《논어고금주論語古今註》가 참 좋습니다. 실학적 관점을 가지고 역대 논어와 관련된 주석을 모으고 자신의 관점을 반영한 토를 달았습니다. 물론 주자의 토도 좋습니다. 그때그때마다 당대를 사는 사람들의 의문을 해결해줄 만한 방식의 텍스트 비평text-criticism, 이것이 저는 해석학이고 고전 읽기 방법이라고 생각합니다.

학문을 하면서 가장 최악의 경우가 이것이 진실이고 이것만이 옳다고 말하는 것입니다. 지금 시대는 자연과학도 이것만이 옳다고 말하지 못하는데 인문과학은 더 말할 나위가 없습니다. 지금의 상황에 맞는 가장 적합한 방식의 토를 달아 재해석하는 것, 이런 자세야말로 고전을 읽을 때 굉장히 중요한 것이 아닌가 싶습니다. 그래야 고전은 시간과 공간을 넘어 더욱 빛을 발할 수가 있는 것입니다. 그리스 로마 고전에 대한 새로운 토와 해석이 르네상스의 이론적 기초가 되었고, 사서에 대한 새로운 토와 해석이 유교 르네상스의 기초가 되었다는 지난 공부의 이야기를 다시 강조합니다.

《논어》를 읽고 난 후 보이는 네 가지 유형

제가 있는 홍천 서당에 대추나무가 심어져 있었는데 아무리 잘해줘도 열매가 열리지 않았습니다. 옆집에 85세 되신 할머니가 계셨는데 그 분이 하시는 말씀이 대추나무는 그렇게 잘해주면 열매가 열리지 않는 다고 하시더군요. 계속 불안하게, 초조하게 만들라는 것입니다. 그래 서 개나 염소를 묶어두라고 하셨습니다. 개와 염소는 없다고 하니까 그러면 지나가면서 몽둥이로 한두 대씩 때리라고 하셨습니다. 그 다음 부터 지나가면서 작대기로 한두 대씩 툭툭 치니까 다음해에는 정말 대 추가 많이 열렸습니다. 이것이 무슨 원리인가 생각해보면 바로 대추가 궁窮해진 것입니다. 예전에는 편안해서 열매를 안 맺다가 이제는 살아 남아야 되니 종족 번식을 위해 많이 퍼트리자 해서 열매가 많이 열렸 던 것 같습니다.

공자의 정체성을 이야기하면서 공자의 어린 시절의 역경이 그의 사 상 형성에 중요한 역할을 하였다고 하였습니다.《논어》의 구절을 인용 해보겠습니다.

태재문어자공왈大宰問於子貢曰 부자夫子는 성자여聖者與 하기다능 야何其多能也 자공왈子貢曰 고천종지장성固天縱之將聖 우다능야

又多能也 자문지왈子聞之曰 오소야천吾少也賤 고다능비사故多能
鄙事.

태재라는 사람이 자공에게 물어 말하기를 "너희 선생인 공자는 하늘이 내리신 성인인가? 어떻게 그렇게 능력이 많은가?" 자공이 대답하여 말하기를 "진실로 하늘이 우리 선생님 같은 성인을 내리시고 많은 능력도 주셨습니다." 공자가 그 이야기를 듣고 자공에게 말하기를 "나는 어렸을 때 천賤하게 살아서 많은 비천한 일에 대해 능력을 갖게 되었다."

《논어》의 이 구절은 공자를 정확히 알기 위하여 중요한 구절입니다. 누군가 공자를 하늘이 내린 성인이라고 치켜세울 때 공자가 자신은 어린 시절 어렵고 힘든 경험이 있었기에 지금의 경쟁력을 가질 수 있었다고 이야기하는 가운데 공자의 생각이 더욱 분명하게 드러납니다. 인간은 출신과 성분과 배경에 상관없이 누구나 노력하면 위대함의 꽃을 피울 수 있다는 생각, 이것이 유교의 핵심 가치이며 《논어》를 읽을 때 한시라도 잊어서는 안 될 중요한 단서입니다.

예부터 더운 여름에는 《맹자》를 읽고 추운 겨울에는 《논어》를 읽으라고 하였습니다. 왜 그랬을까요? 《맹자》를 읽으면 호연지기가 길러지고 대장부의 기상이 생깁니다. 임금 같지 않은 임금은 바꿔버리고 역성혁명을 일으키라고 합니다. 지도자가 자신의 안위만을 걱정하고 주변 사람들의 고통에 공감하지 못한다면 지도자 자격이 없다는 서슬 퍼런 맹자의 일갈입니다. 그런데 《논어》는 따뜻합니다. '인생을 산다는 것은 좋은 친구를 갖는 일이다. 날마다 배움을 통해 나를 변화시키는 것이 누구에게도 말할 수 없는 나만의 기쁨이다. 누가 무엇이라 하든 연연하지 않고 살아가는 것이 군자다.'《논어》의 구절들은 마음에 굉장히 위안을 주기 때문에 추운 겨울에 읽으면 따뜻한 화로보다도 더 따뜻한 화력을 냅니다. 그래서 예로부터 《맹자》는 여름에 읽으면 시원하고, 《논어》는 겨울에 읽으면 따뜻해진다고 하였습니다. 송나라 원탁의 기사였던 정이천이라는 사람이 《논어》 서문에서 《논어》를 읽고 난 후에 몇 가지 유형의 사람을 정리하고 있습니다.

정자왈程子曰 독논어讀論語에 전연무사자全然無事者하며 기중득일양구희자其中得一兩句喜者라 지호지자知好之者라 직유부지수지무지족지도지자直有不知手之舞之足之蹈之者라.

정자가 말하기를 "《논어》를 읽고 난 후 전혀 아무런 일이 없다는 듯 사는 사람이 있다. 그 다음은 글귀 가운데 한두 구절을 마음속에 깨닫고는 기뻐하는 자가 있다. 그 다음은 《논어》라는 이렇게 좋은 책이 있었다고 깨닫는 자가 있다. 그리고 어떤 사람은 내 손이 춤추고 내 발이 춤추는 것도 알지 못할 정도로 푹 빠지는 사람이 있다."

재미있는 《논어》 독서의 유형입니다. 《논어》를 읽고, 첫째 읽기 전이나 읽고 난 후나 아무 일 없었다는 듯이 예전과 변화가 전혀 없는 사람, 둘째 《논어》의 몇 구절 암기하여 좋다고 자랑하는 사람, 셋째 《논어》가 정말 좋은 책이라고 생각하는 사람, 넷째 《논어》를 읽으면서 손과 발이 춤추며 뛰고 있는지 알지 못할 정도로 푹 빠지는 사람입니다. 저는 여러분들이 《논어》를 읽고 공부한 후 어떤 유형이실지 궁금합니다. 《논어》의 글 중에서 '아는 것[知之]보다 위대한 것은 좋아하는 것[好之]이고 좋아하는 것보다 위대한 것은 즐기는 것[樂之]'이라는 구절이 있습니다. 우리가 어떤 일을 하기 위해서는 지지知之와 호지好之가 아니라 낙지樂之 상태가 되어야 합니다. 완전히 거기에 빠지는 순간 거기서 무언가 새로운 것을 보게 됩니다. 이것을 뭐라고 표현해야 할까요? 지지知之는 머리로 아는 것이고 호지好之는 가슴으로 좋아하는 것입니다. 낙지樂之는 발로 좋아하는 것입니다. 실행이 아니면 그것은 좋아하는 것이 아닙니다. 발로 찾아가야 좋아하는 것이지 사랑한다, 좋아한다, 아무리 가슴으로 느껴도 행行이 안 되면 안 됩니다. 그래서 세상에서 무엇을 하든 발이 가지 않으면 그것은 하는 것이 아닙니다. 실행이라는 것이 그만큼 중요합니다. 푹 빠지는 것입니다. 아무 일 없이 사는 사람, 한두 구절 읽고 좋다고 깨닫는 사람, 《논어》가 좋다고 깨닫는 사람, 내 손과 발이 춤추는 것을 알지 못할 정도로 《논어》에 푹 빠지는 사람. 여러분은 네 번째 유형의 사람이 되길 바랍니다. 그래야 생각이 변하고 틀이 바뀌게 됩니다.

자기 르네상스를 위한 쉼 없는 날갯짓, 군자삼락君子三樂

이제 본론으로 들어가겠습니다. 서설이 너무 길었습니다. 《논어》를 정확히 이해하려면 공자를 정확히 알아야 하고, 성인군자 공자가 아닌 인간 공자의 인식을 해야 하기에 공자의 거품을 빼는 데 많은 시간을 들였습니다. 《논어》에서 저는 '군자君子'라는 인간형에 주목하고자 합니다. 《논어》에 군자라는 단어는 107번 나옵니다. 그러니까 《논어》 1만 6,000여 자의 내용은 군자에서 시작해서 군자로 끝납니다. 군자는 글자 그대로 하면 왕〔君〕의 아들〔子〕(king's son)입니다. 적어도 공자 이전 시대에 군자는 세습된 왕족이나 귀족을 지칭하는 말이었습니다. 그러나 《논어》에서 군자는 세습된 귀족의 모습이 아니라 자기 르네상스를 통해 성숙하고 완숙된 인간형입니다. 내 안에 있는 위대함을 발견하고, 그 힘을 계발하고 우주다움을 추구하여 완성된 인간형이 군자입니다. 타인의 시선이 아닌 자신의 시선으로 내면을 바라보고, 물질적 욕구의 종속에서 벗어나 영혼의 충만함을 기반으로 살아가는 군자의 모습을 통해 우리가 사는 이 시대 어떻게 살아야 할지 그 답을 찾고 싶습니다.

《논어》 첫 구절은 군자에 대한 정의로 시작합니다. 공자가 그토록 갈구하였던 새로운 인간형 군자가 어떤 사람인지에 대한 정의를 원문을 통해 읽어보도록 하죠.

학이시습지學而時習之면 불역열호不亦說乎아? 유붕有朋이 자원방래自遠方來면 불역락호不亦樂乎아? 인부지이불온人不知而不慍이면 불역군자호不亦君子乎아?

배우고 배운 것을 익히고 실천하니 (군자는) 기쁘지 아니한가? 벗이 있어 먼 곳으로부터 나를 찾아오니 (군자는) 즐겁지 아니한가? 타인

이 나를 알아주지 않아도 성내지 아니하니 또한 군자가 아니던가?

　이 《논어》의 첫 구절은 군자에 대한 정의로 탁월한 문장입니다. '군자는 배움을 통해 인식의 지평을 넓혀가고, 배움을 삶에 반영함으로써 지성이 아닌 덕성으로 살아가는 존재이다. 같은 꿈과 가치를 가지고 있는 삶의 동지들과 삶의 목표를 실현하는 존재이다. 타인의 시선과 관점이 아닌 자신의 시선으로 세상을 바라보며 영적 충만함을 추구하는 존재'라는 군자의 정의입니다. 군자는 학습과 실천, 동지와 유대, 독립적 시각으로 세상을 살아가는 사람입니다. 군자는 배우는 사람이고, 배움을 통해 오늘과 다른 내일의 나를 만들어나가는 사람, '일신우일신日新又日新', 날마다 새로운 배움을 통해 나를 성장시키는 사람, 이것이 군자입니다. 저는 이것을 '학습형 인간Homo Academicus'으로서의 군자라고 정의하고 싶습니다.

　배움(學)은 습득(習)을 통해 인간의 삶에 반영됩니다. 지식이 머리에만 있는 것이 아니라 끝없는 실천적 노력(習)을 통해 인간의 삶에 크게 개입한다는 것입니다. 공자에게 있어서 학습의 지향점은 명확합니다. 학습은 지식의 축적과 축적된 지식의 삶의 반영입니다. 지성적 삶이 아닌 덕성적 삶의 추구입니다. 습習은 '우羽'와 '백白'의 합자合字로, 갓 태어난(白) 새가 쉼 없는 날갯짓(羽)을 통해 나는 본능을 그 새의 삶에 반영하여 결국 날아오름(飛)을 실천한다는 것입니다. 인간은 다른 생명체와 차별화된 점이 있습니다. 인간은 지식 습득 과정을 거쳐 자신의 삶을 더욱 고양시키고 의미 있는 삶으로 만들어나가는 존재입니다.

인간은 하늘[天]의 또 다른 모습이며 인간의 내면[性]에는 하늘다움[天性]이 이미 투영되어 있다는 전제 하에, 인간은 학습을 통해 하늘다움의 실현[天人合一], 곧 인간의 완성형인 군자 또는 성현이 되는 것입니다. 앎에 대한 사랑과 무지에 대한 부끄러움을 가지고 학습을 통해 얻은 배움이 반드시 내 삶에 반영되어 실천되는 것이 학습의 위대한 여정입니다.

73년의 인생을 살다 간 공자의 정체성은 학습하는 인간Homo Academicus이었습니다. 스스로 학습을 자신의 평생 프로젝트[憂]로 생각하였고, 살아 있다는 것은 학습을 통해서만 확인될 수 있다고 생각하였습니다.

학學 : 무지로부터 자유.
습習 : 지혜의 실천.

자왈子曰 덕지불수德之不修와 학지불강學之不講과 문의불능사聞義不能徙와 불선불능개不善不能改가 시오우야是吾憂也니라.

나에겐 평생 근심[憂]이 있다. 내 인격이 제대로 수양되지 못하는 것, 배움이 제대로 유지되지 못하는 것, 옳은 것을 학습하고 삶의 실천에 옮기지 못하는 것, 좋지 못하다고 깨달은 것을 내 삶에 반영하여 고치지 못하는 것, 이것이 내 인생에 가장 근심이다.

공자의 이 말 속에는 학습하는 인간의 삶이란 인격의 수양[修德], 학문의 연마[講學], 가치의 실천[行義], 선한 삶의 실천[改善]에 목적이 있다는 뜻이 담겨 있습니다.

군자의 학습		
학습의 항목	내용	의미
수덕修德	인격의 수양	인격
강학講學	학문의 연마	지식
행의行義	가치의 실천	실천
개선改善	선한 삶의 실천	혁신

어린 시절 어려운 환경 속에서 자란 공자는 그의 삶 속에서 학습된 인간이야말로 위대한 인간이라는 새로운 정의를 도출해냈습니다. 고대 문명을 지식이라는 새로운 카테고리로 분류하고, 그 지식을 가공하여 새로운 시대에 적합한 콘텐츠를 만들어 전수하고 전파한 공자야말로 교사(학습의 전파자)라는 직업을 처음 만들어낸 '만세사표萬世師表'의 교육 실천가였습니다. 공자 이후로 학습은 위대한 인간 삶의 여정이 되었으며, 학습의 의미 속에 '평생 학습'이란 뜻은 동양의 독서인들이 평생 잊지 않고 가슴에 복응服膺하는 과제가 되었습니다. 인간의 죽음 뒤에 위패에 새겨진 '현고학생부군신위顯考學生府君神位'라는 글은 '나는 죽어서도 학습하는 인간[學生]'이라는 뜻을 자손에게 알리는 의미를 담고 있습니다. 학습은 평생 삶 속에서 진행되는 평생 학습일 뿐만 아니라 죽어서도 포기될 수 없는 인간의 가치였던 것입니다. 이런 맥락에서 학습은 남에게 보이기 위한 지식의 습득도 아니고, 출세나 이익을 목표로 하는 것도 아니며, 지식을 통해 우월적 권력과 권위를 가

지고자 하는 것도 아니었습니다. 내 안에 있는 영성의 만족, 어제보다 더 나은 미래의 삶을 위한 무지의 깨우침, 보다 성숙하고 세련된 인간관계를 위한 본성의 계발, 지속적인 중용적 삶의 유지를 위한 평생의 학습이었습니다.

내 영혼을 살찌우는 학문, 위기지학爲己之學

'군자의 학습 목표는 내 영성의 만족을 위한 목표를 세워야 한다(爲己之學). 남에게 과시하거나 군림하기 위한 학습이 되어서는 안 된다(爲人之學).'《논어》에 나오는 이 구절은 학습의 목표를 명확하게 설명해주는 글입니다. 타인의 평가나 시선에 맞춘 학습이 아니라 내가 행복해지기 위한 목표로서의 학습은 평생 학습의 핵심 가치이기도 합니다. 노인이 되어 스페인어를 배우거나 예술적 지식을 습득하기 위한 학습의 열정과 노력을 다하는 분들을 보면 진정 '위기지학爲己之學'의 진면목이 보입니다. 그분들에게 학습은 성공의 도구가 아닌 배움의 행복 그 자체입니다. 어디에 써먹을 것인가가 학습의 동기가 되기도 하지만, 그 동기를 지나면 배움 그 자체에서 행복의 에너지를 얻을 수 있는 것입니다. 배움을 통해 위대한 영성의 행복감을 느끼고, 학습의 실천을 통해 끊임없이 변화의 과정 속에 놓여진 나를 발견하는 것이야말로 학습의 위대한 효용성이라고 할 수 있습니다. 자격증을 따고, 졸업 증서를 통해 얻는 학습의 기쁨은 잠깐이고 공허합니다. 타인에게 인정받고자 하는 것이 인간의 본성이기도 하지만, 그 인정에 내 영혼의 만족감이 결여되어 있다면 만족감을 지속시켜줄 수 없기 때문입니다.

조선시대 초기에 어떤 분이 이 구절을 너무 좋아해서 아들의 이름을 시습時習이라고 지었습니다. 매월당 김시습. 시時가 무엇입니까? '언제 나always'입니다. 습習은 무엇입니까? '실행execution'입니다. 학學은 머리로 배우는 것이지만 습習은 몸으로 실천하는 것입니다. 인생을 머리로 살지 말고 몸으로 살아라. 행동하라, 실행하라, 실천하라. 이것이 진정 학습의 완성이니라.

술 먹고 밥 먹을 때 형 동생, 주식형제酒食兄弟

내가 우주의 중심이며 세상의 주체이지만 세상은 나 혼자 살아갈 수 없습니다. 나와 같은 가치를 가지고 눈높이가 같은 사람을 만난다는 것은 인생의 큰 행복입니다. 《논어》의 두 번째 구절은 동지에 대한 군자의 생각입니다.

유붕有朋이 자원방래自遠方來면 불역락호不亦樂乎아?
벗이 있어서 먼 곳으로부터 바야흐로 찾아오니 또한 기쁜 일이 아니던가?

중국에서 개최되는 해외 세미나장 입구에 늘 걸려 있는 구절입니다. '먼 곳으로부터 찾아온 좋은 친구.' 원문에서는 친구를 '우友'라고 안 하고 '붕朋'이라는 표현을 사용하였습니다. '우友'가 이익에 따라 만나는 친구라면 '붕朋'은 이익을 떠나 '뜻[志]'을 같이하는 친구입니다. 동지동지同志라고 표현해야 될까요? 꿈이 같고, 지향점이 같고, 눈높이가 같은 사람입니다. 세상에 많은 것 중에 포기하지 못할 것이 있다면 동지입니다. 나와 함께 이익과 상관없이 평생 같이할 친구가 있다는 것은 그 어떤 것을 소유한 것보다 값어치가 있는 것입니다. 내가 잘나갈 때는 마치 간이라도 빼서 줄 것 같다가도 내가 힘들고 어려울 때 언제 보았냐는 식으로 모른 체한다면 진정한 친구(朋)라 할 수 없을 것입니다. 《명심보감》에 이런 구절이 있습니다.

> 주식형제천개유酒食兄弟千個有라 급난지붕일개무急難之朋一個無니라.
> 술을 먹고 밥을 먹을 때 형 동생 하는 사람은 천 명이나 있지만 급하고 어려울 때 진정 내 옆에 있어줄 친구는 한 사람도 없구나.

참 씁쓸한 이야기입니다. 좋을 때는 친구 하다가 내가 어려움이 닥치면 그 친했던 사람들이 모두 도망가고 없는 현실이 씁쓸합니다. 공자 주변에는 동지들이 있었습니다. 70명의 제자들, 3,000명에 달하는 공자를 따르는 무리들이 공자와 뜻을 함께하였습니다. 공자는 그들을 제자이며 친구라고 생각하였습니다. 예수와 그 제자들, 석가와 그를 따르는 제자들 역시 이상과 생각이 같은 동지들이었기에 그들의 꿈이 빛을 발한 것입니다.

《논어》의 세 번째 문장은 자신의 시선으로 세상을 보는 군자에 대한 이야기입니다.

인부지이불온人不知而不慍이면 불역군자호不亦君子乎아?

남들이 나를 알아주지 않더라도 성내지 아니하니 또한 군자의 모습이 아니던가?

남의 평가에 연연하지 않고 자신의 시선을 유지하며 세상을 살아간다는 것은 쉬운 일이 아닙니다. 남의 평가에 연연하지 않고 내 목표와 내 꿈을 세우고 거기에 매진하는 사람이 진정 군자인 것입니다. 우리는 남의 시선으로 세상을 보고, 남의 평가에 연연하며, 남의 가치로 자신의 가치를 묵살하는 경우가 많습니다. 내 영혼의 소리에 귀 기울이고, 내 영혼이 가고자 하는 곳으로 묵묵히 걸어가는 모습이 진정 이 시대가 꿈꾸는 인간형입니다. 내 자녀의 인생을 자녀의 시각에서 봐주고 타인의 시선에 연연하지 않는 부모, 남과 경쟁하여 이기는 것이 행복이라는 관성에서 벗어나 나의 영혼을 소중히 여기는 사람이 군자입니다.

《논어》 첫머리에 나오는 이 세 가지 군자의 모습을 저는 '군자삼락君子三樂'이라고 부르고 싶습니다. 군자의 세 가지 즐거움. 첫째 배움과 실천을 통해 날마다 새로운 내 모습을 만들어가고, 둘째 나와 꿈과 이상이 같은 사람들과 교류하고 교감하며, 셋째 남의 평가에 연연하거나 타인의 시선으로 세상을 보지 않고 묵묵히 자신만의 발걸음으로 인생을 살아가는 사람, 이것이야말로 성숙된 군자의 모습입니다.

다산 정약용 선생의 인생을 이 군자의 삼락三樂에 대입시켜볼까요? 다산 선생은 1800년 기후박해를 받아 장기로 유배를 갔다가 다시 올라와서 다시 해남 강진으로 유배를 갑니다. 잘나가던 과거 급제자 출신이 나이 사십에 인생이 완전히 무너집니다. 정조대왕이 죽은 후 더 이상 나를 뒤에서 밀어주는 사람도 없고, 더 이상 설 자리가 없는 상황을 맞이한 다산. 이 정도면 대부분 사람들은 자신을 그렇게 만든 사람들을 원망하거나 자신의 불운을 탓하고 술이나 마시며 남은 인생을 보냈을 것입니다. 그런데 다산은 유배지에서 '학습'이라는 군자의 삶을 포기하지 않습니다. 그동안 지식으로만 쌓았던 공부를 현실에 적용하며 그의 학습의 삶을 지속합니다. 그리고 그와 함께할 친구와 동지들을 만듭니다. 궁벽한 시골 동네에서 어떻게 동지와 친구를 만듭니까? 혹시 황상黃裳이라는 조선 후기의 시인을 아십니까? 해남에서 유배 생활 하던 다산의 마당을 쓸던 열네 살짜리 소년이 바로 황상입니다. 다산은 스물다섯 살의 나이 차이를 극복하고 황상을 동지로 만들어서 당대 최고의 지식인으로 키워낸 것입니다. 진정한 동지는 나이와 지위와 배경에 연연하지 않았을 때 다가옵니다. 그리고 자신이 키워낸 제자이자 동지들과 팀을 짜서 새로운 삶의 방식을 구축해나갑니다. 일명 다산 인생의 부활renaissance, 다산학의 탄생입니다. 유배지의 다산은 비로소 자신의 눈과 시각으로 자신을 보기 시작하였습니다. 다른 사람과 비교하지도 않았고 남의 평가에 연연하지도 않았습니다. 오로지 자신의 상황을 정확히 인정하고, 그 상황에서 가장 최적의 자신의 모습을 만들어냈던 것입니다. 다산이 그 제자들과 함께 구축한 600여 권의 저작들은 조선 후기 실학의 기초가 되었고, 새로운 미래를 여는 대문이 되었습니다.

나는 오늘도 학습을 통해 새로운 나를 만들고 있는가? 희망을 함께하는 동지들과 영성이 행복한 삶을 살고 있는가? 남의 평가에 연연하지 않고 내 페이스를 유지하며 내 시각으로 살고 있는가?《논어》첫 구절에 나오는 군자의 모습입니다.

영조가 성균관에 탕평비를 세운 이유, 주이불비周而不比

《논어》두 번째 장 위정爲政 편에 이런 말이 나옵니다. '자왈子曰, 군자君子는 주이불비周而不比오, 소인小人은 비이불주比而不周니라.' 해석은 어렵지 않습니다. '군자의 인간관계는 모든 사람과 친화하되 줄을 세우지 않는다. 반면 소인의 인간관계는 줄을 세우고 사람들과 두루 친화하지 못한다.' 저는 이 구절을 군자의 인간관계의 중요한 문장이라고 생각합니다. 주周는 두루 친화하는 친화형 인간입니다. 비比는 사람 인人 자를 두 개 붙인 것인데, 자신의 생각과 같은 사람들끼리 라인을 만들고 파당을 짓는 것입니다. 나와 같은 학벌, 종교, 생각을 가지고 있는 사람들끼리 규합하여 라인을 만들고 나와 적을 구분 짓는 것이 비比입니다. 일명 줄(線)의 인간형입니다. 주周는 모든 사람들을 존중하고 그들의 생각과 가치를 인정해주는 인간관계입니다. 일명 모든 존재는 그 자체로 위대하다는 점點의 인간관계입니다. 점과 점은 서로 떨어져 있을 때 존중하고 배려하는 관계가 됩니다. 점과 점이 이어져서 선이 되면 적과 동지의 구분이 정확하게 나누어집니다. 군자의 인간관계는 서로 존중하고 배려하되 패거리를 짓지 않고, 소인들은 줄을 만들고 패거리 짓기만 좋아하지 서로 다른 것을 인정하지 못하는 편협함을 지니고 있습니다. 조선조 21대 영조대왕이 당시 노론, 소론, 남인, 서인으로 갈린 당파 싸움을 극복하고자 이 구절을 뽑아서 정책 어젠다agenda를 만들고 탕평책을 만들었습니다. 그리고 국가 경영자들이 당파를 극복하고 나라를 위한 본연의 자세를 회복하자는 의미로 본인이 직접 글을 지었습니다. '주이불비내군자지공심周而不比乃君子之公心이라. 두루 친하고 서로를 존중하며 패거리 짓지 말라. 이것이 군자의 공된 마음이다. 비이부주식소인지사의比而不周寔小人之私意라. 패거리 짓기만 좋아하고 상대방을 인정하지 않으면 이것은 소인의 사사로운 뜻에서 나온 것이다.' 그리고 그 구절을 탕평비에 새겨서 탕평각을 세운 뒤 차세대 리더를 길러내는 국립대학 성균관 정문 들어가는 입구에 세워놓았습니다. 앞으로 국가를 경영할 차세대 리더들에게 학교에 들어가면서 보라는 뜻입니다. "너희들의 시대가 됐을 때 절대 패거리를 짓지 말라. 서로의 가치를 인정하고 상대방을 존중하라!" 참으로 엄중하고 간곡한 영조대왕의 당부가 담긴 탕평비의 내용은《논어》위정 편의 구절에서 나왔습니다. 오늘날 우리는 서로 다르다는 이유만으로 반목하고 갈등하고 투쟁합니다. 세상의 모든 존재는 자기 존재의 방식이 있습니다. 그것이 내 시각에서 낯설고 이상하고 당혹스러워도 관용과 포용으로 인정하는 것이 진정 자기 르네상스에 성공한 사람들의 모습입니다. 세상은 이제 다름에 대한 관용이 당연한 상식이 되고 있습니다. 후천적 성性의 결정, 영혼에 충실한 삶의 선택, 종교와 인종의 다양성이 인정되는 시대에 나와 같은 생각만을 강요하는 '비比'의 인간에서 서로를 존중하는 '주周'의 인간으로 살아가야 합니다.

영국의 브렉시트 결정은 결국 다름을 거부하고 같음을 추구하는 영국 국민들의 결정이었습니다. 난민들에 대한 거부감, 타국인에 대한 혐오, 자신들의 이익을 위해 차별을 인정하는 결정에 찬성한 영국 국민들의 마음이 얽혀 있습니다. 미국의 흑인과 백인의 갈등은 피부색으로 줄을 세우는 사회 현실과 무관하지 않습니다. 기독교와 이슬람과의 대립과 반목, 선진국과 후진국의 차별 등은 인류 문명의 붕괴를 예고하는 징후입니다. 한국은 이제 단일민족에 대한 환상을 깨야 합니다. 우리 민족은 단일민족이니, 토종이니 하는 구별은 없어져야 합니다. 조선족이니, 동남아 노동자니 하는 구별이 결국 우리의 미래를 어둡게 만들 것입니다. 15만 년 전 아프리카 동부 사바나 초원에서 시작한 호모 사피엔스는 차이가 아닌 다름으로 진화하였습니다. 주이불비周而不比, 두루 친화하고 차별하지 말라! 군자는 모든 것을 포용하는 사람이며, 줄을 세우고 차별하는 사람이 되어서는 안 된다는《논어》의 생각입니다.

내 탓이오, 내 탓이로다! 반구저신反求諸身

우리는 살다가 큰일이 닥치면 이 일이 과연 누구 때문인가를 먼저 따지게 됩니다. 결론적으로 말하면 어떤 잘못이든 한 사람에게 모든 책임이 있는 것은 아닙니다. 누구나 조금씩 책임에서 벗어날 수는 없는 것이죠. 이혼한 부부가 서로의 잘못이라고 하지만 어찌 일방적인 어떤 배우자의 잘못만이겠습니까? 물론 서로 잘못이 있다는 양비론은 문제가 있습니다. 결정적인 잘못을 저지른 사람이 분명히 있기는 있습니다. 그러나 적어도 지도자라면, 경영자라면, 자기 부활에 성공한 성숙한 사람이라면 자신에게 먼저 책임을 묻는 것이 진정 용기 있는 사람의 모습입니다. "모든 책임을 나에게 물어라!"《논어》에서 말하는 군자의 책임 의식입니다. 원문을 볼까요?

자왈子曰 군자君子는 구저기求諸己오 소인小人은 구저인求諸人이
니라.

군자는 자신에게 구하는 사람이고 소인은 타인에게 구하는 사람이다.

제諸는 어조사로 사용할 때는 '저'라고도 읽습니다. '~에게'라는 의
미입니다. 해석은 쉽지만 그 뜻은 쉽지 않습니다. 중요한 것은 구求하
는 것이 무엇이냐는 것입니다. 일반적인 해석은 '군자는 모든 잘못의
책임을 자신에게서 구하여 찾고 소인은 모든 책임을 남에게서 구한다'
입니다. 군자는 책임을 지는 사람으로 "내 탓이오!"라고 외치는 사람
이고, 소인은 모든 잘못을 "남 탓이오!"라고 외치는 사람이라는 것이
지요. 우리는 인생을 살다가 일이 잘못되어 낭패를 보는 경우가 많습
니다. 그토록 원하던 목표를 달성하지 못하고 실패한다거나, 갑작스
런 문제가 터져 일이 꼬이거나, 내가 원치 않는 불운이 나에게 찾아와
좌절과 실패를 경험할 때 대부분의 사람들은 그 원인을 남에게 돌리
는 경우가 많습니다. 누군가 자신을 이 지경으로 만들었다고 원망하기
도 하고, 불운한 자신의 인생을 사회 탓으로 돌리기도 합니다. 그러나
정말 힘들고 어려운 일이 생기면 결국 자신에게 돌아와 자신에게 물어
봐야 합니다. 그 문제를 해결할 사람도, 극복할 사람도 결국 자기 자신
이기 때문입니다. '반구저신反求諸身', 나(身)에게로 돌아가(反) 답을 찾
아라(求)! 세상의 모든 답은 내가 가지고 있는데 자꾸만 먼 곳에서 다
른 사람에게 매달리니 그 답이 제대로 나올 리가 없습니다. '불원천不怨
天', 하늘을 원망하지 마라! '불우인不尤人', 남을 탓하지 마라! 결국 모

든 책임은 나에게 있고 모든 답은 나에게 있는 것이다. 《중용》에 나오는 구절입니다. 반구저기反求諸己를 반구저신反求諸身이라고 합니다. 나에게로 돌아와 답을 찾는다는 뜻입니다. 인생을 살면서 어려움은 어쩌면 존재의 방식입니다. 매 순간, 하루하루 끝없는 어려움은 나를 흔들어댑니다. 존재의 주체로서의 나는 그 흔들림에 지치고 고통스러워하기도 하지만 그것 역시 나라는 존재가 살아 있기에 겪는 경험입니다. 나라는 존재가 없으면 어려움도 없겠지요. 그때마다 그 어려움을 종교에 의탁하여 구제받으려고도 하고, 사회적 일탈을 통해 잠시 잊으려고도 합니다. 때로는 남을 원망하며 분노하기도 합니다. 그러나 결국 모든 문제는 나에게 있다는 것을 깨닫고, 나의 내면에 돌아가 그 문제의 답을 구하면 결국 그곳에 답이 있습니다. 추사 김정희 선생은 추사체로 유명하지만 원래는 관료였습니다. 55세에 병조참판에 이를 때까지 한 번도 승진에 누락된 적이 없는 엘리트 관료였던 추사는 제주도 대정이라는 곳에서 8년 7개월간의 유배 생활을 하였습니다. 과연 나의 이 비참한 현실은 누구의 탓일까를 고민하였을 것입니다. 나를 이 지경으로 만든 정적에 대한 분노도 있었을 것이고, 불합리한 하늘을 원망하기도 하였을 것입니다. 그러나 세상은 반드시 합리적으로 해석되는 것은 아닙니다. 하늘을 원망하고 남을 탓해보았자 자신의 처지가 바뀌는 것은 없습니다. 그저 나에게 다가온 운명을 받아들이며 내 영혼에게 답을 찾는 것이 추사의 선택이었습니다. 그리하여 추사체는 완성되었고 김정희는 역사 속에 우뚝 남게 되었습니다. 인생을 살면서 어려운 일이 생기면 남에게 물어보아야 특별한 답이 있지 않습니다. 결국 나에게 물어보면 그 답이 있습니다. 저는 《논어》의 이 문장을 특히 좋아합니다. '어려울 때 남에게 답을 찾으려 하지 말라! 내 영혼에게 답을 찾아라! 그러면 그 안에 답이 있을 것이다!'

백 마디 말보다 한 번의 실천, 눌언민행訥言敏行

《논어》에 나오는 107번의 군자에 대한 언급이 모두 군자에 대한 정의는 아닙니다. 제가 《논어》의 군자에 대한 정의에 관심을 가지고 살펴보는 이유는 앞에서 언급하였지만 공자가 군자를 당시 가장 이상적인 인간의 모습으로 상정하였기 때문입니다. 내면의 소리에 귀를 기울이고 타인의 평가에 연연하지 않으며 실천적 행동으로 삶을 일구어나가는 군자의 삶은 공자가 그토록 꿈꾸던 인간의 부활이었습니다. 물질적 소유의 집착에서 벗어나 경험과 영혼의 울림을 소중히 여기는 군자의 모습은 오늘날 우리가 꿈꾸는 부활의 인간형과 닮아 있습니다. 군자는 말보다는 실천을 더욱 중요하게 생각하는 사람입니다. 말은 실천을 전제로 하지 않는다면 안 하는 것이 낫습니다. 허언虛言과 공언空言은 인간의 품위를 손상시키며 인간의 영혼을 혼탁하게 합니다. 그래서 말보다 말의 실천이 먼저 실행되어야 한다는 것이 늘 밥상머리에서 어머니들이 자식에게 들려주던 교훈이었습니다. 말은 그럴듯하고 얼굴 표정이 멋진 사람들 중에는 진실된 사람이 적다는 이야기도 어머니들의 단골 메뉴였습니다. 그래서 말은 적을수록 좋고, 실천은 빠를수록 좋다는 것이 《논어》의 생각입니다. 살다 보면 참 말 잘하는 사람을 만나게 됩니다. 하는 말인즉슨 다 옳고 논리적이며 반드시 실천할 것 같은 얼굴 표정을 지으며 상대방의 마음을 사로잡는 언변을 가진 사람을 만나게 됩니다. 그러나 천 리를 가봐야 천리마인 줄 알고, 시간이 지나봐야 그 사람의 진면목을 알 수 있다고 했나요? 시간이 지날수록 그 말 잘하던 사람의 본모습에 실망하는 경우가 있습니다. 그래서 말은 적고 어눌하지만 행동은 반듯하고 진실한 사람이 더욱 절실하게 됩니다. '눌언訥言', 말은 어눌해도 좋다. '민행敏行', 행동은 민첩해야 한다. 《논어》의 네 번째 장 이인里仁에 나오는 이 구절은 군자의 행동 방식이 머리가 아닌 몸으로 실천하는 것이라는 의미를 담고 있습니다. 아이디어는 많지만 실행력이 부족한 사람, 생각은 많지만 실천이 없는 사람, 머리로만 생각하고 몸은 따르지 못하는 사람이 잘 들어보아야 할 구절입니다.

> 자왈子曰 군자君子는 욕눌어언이민어행欲訥於言而敏於行이니라.
>
> 군자는 말은 서툴러도 행동에 있어서는 민첩하고자 노력하는 사람이다.

'눌언訥言'이라는 단어는 말이 어눌하고 서툴다는 뜻입니다. 표현력이 떨어지고 말은 잘하지 못하지만, '민행敏行', 행동이 민첩한 사람이 군자라는 것입니다. '눌언민행訥言敏行', 사대부 집안 어디에는 반드시 걸려 있는 구절입니다. 말이 많고 수식이 심하고 화려하다 보면 속 빈 강정처럼 내용이 없는 경우가 많습니다. 얼마든지 할 수 있다고 강하게 다짐하는 말을 조심해야 하는 이유입니다. 실행을 통해 성과로 보여주어야지 말로만 성과를 운운하는 것은 군자의 행동이 아닙니다. 내 인생에서 꼭 하고 싶은 것, 일명 버킷리스트를 작성하고 언젠가 하겠다고 다짐하기보다는 오늘 지금 당장 내 생각을 실천하고 행동으로 옮기는 것이 군자의 실천력입니다. 현장에 가서 현장을 느끼고 보면서 현실적인 대안을 찾아내는 것 역시 군자의 민행敏行입니다. 말과 실천에 대한 거리를 좁히는 것은 《논어》에 자주 등장하는 주제입니다.

'교언영색巧言令色.'

말만 아름답게 꾸미고 얼굴빛만 예쁘게 표정 짓는 사람은 내실이 없다.

'민사신언敏事愼言.'

일 처리는 민첩하게 행하고 말은 신중하게 하는 것이 군자의 참된 모습이다.

'선행기언先行其言 이후종지而後從之.'

말에 앞서 그 말을 실천하고, 실천 후에 말을 해야 한다.

'고자古者 언지불출言之不出 치궁지불체야恥躬之不逮也.'

옛날 사람들은 말을 늘 조심스럽게 하였다. 왜냐하면 자신의 몸이 그 말을 실행에 옮기지 못하는 것을 부끄러워하였기 때문이다.

'인자仁者 기언야인其言也訒.'

진정 사랑이 가득한 사람은 말이 화려하지 않다.

약속도 제대로 지키지 않고 자신이 한 말에 대해 책임감도 없는 사람, 선거 때마다 공약은 많으나 실천하지 못하는 정치인들, 책임도 못 질 일에 대해 호언장담하며 거들먹거리는 사람들이 귀담아들어야 할 구절입니다. 공자는 정말 말만 잘하고 실천이 없는 사람을 미워하였나 봅니다. 《논어》 전반에 걸쳐 실행력 없는 말에 대한 경계를 하고 있습니다. 요즘 내용 없는 수사적 언어만 난무하고 있습니다. 자신의 본질적 삶에 가치를 두고 있지 않고 타인의 시선으로 자신을 평가하고 들여다보는 타율적 삶의 근간에는 '수식적 허언'이 늘 간여하고 있습니다. SNS에는 화려한 말들로 넘쳐나고 내용 없는 편집된 허언이 가득 차 있습니다. 24시간의 단 1초를 편집하여 자신의 모든 모습인양 올리는 SNS는 허언의 대표적인 상징입니다. 《장자》에는 말(言)이란 소통의 도구이지 본질이 아니라고 정의하고 있습니다. '득의망언得意忘言', 소통이 이루어졌다면 소통의 수단으로서 말은 잊어야 한다는 뜻입니다. 말은 소통의 도구로서만 사용되어야지 그 말에 집착하여 본질을 왜곡해서는 안 됩니다.

오케스트라의 아름다운 화음, 화이부동和而不同

어느 기업의 회사 구호 중에 '따로 또 같이'라는 것이 있습니다. 내용의 의미를 따져보면 서로 다른 각자의 길과 방향으로 가되 가치는 공유하자는 뜻인 것 같습니다. 기업이 커지고 계열사가 많아지면 '같음'이라는 구호만으로는 큰 조직을 운영할 수 없습니다. 각 계열사의 특성과 상황에 맞는 '다름'을 인정해야 진정 지속 경영 가능한 큰 기업이 될 수 있을 것입니다. 우리나라 지자체 숫자는 약 250개입니다. 서로 다른 지역적 특성에 맞는 다름의 가치를 인정하는 것이 지방자치 행정의 기본입니다. 가정도 부모와 자식 등 서로 다른 구성원들의 '다름'의 가치를 인정해주었을 때 더욱 화목하고 행복한 가정이 될 수 있음은 당연한 일입니다. 그러나 다름만 강조되고 화합이 없다면 그 '다름'은 폐쇄적 가치가 될 수밖에 없습니다. 중앙정부에서 지역적 특성을 무시하고 예산과 행정력으로 지방자치단체에게 같음을 강요한다면 군자의 리더십이 아닙니다. 부모가 일방적으로 자식의 진로를 결정하고 강요한다면 역시 군자다운 부모가 아닙니다. 관계는 다름을 인정하고 포용할 때 더욱 깊어집니다. 화합에 기초한 다름, 이것이 《논어》에서 말하는 군자의 '화이부동和而不同'입니다. '화합[和]을 추구하며 같음[同]을 강요하지 않는다'는 뜻입니다. 원문을 함께 보겠습니다.

> 군자君子는 화이부동和而不同이오 소인小人은 동이불화同而不和니라.
>
> 군자는 화합을 추구하되 같음을 강요하지는 않는다. 소인은 같음만을 강요하고 화합을 추구하지 않는다.

'화和'는 원래 오케스트라 음악 용어입니다. 서로 다른 소리를 내는 악기들이 만나 서로를 배려하고 양보하면서 어우러지는 순간 만들어지는 음이 '화음和音'입니다. 위대한 오케스트라의 화음은 서로 다른 소리가 서로를 인정하였을 때 가능합니다. 바이올린이 자신만의 소리가 옳다고 주장하고 클라리넷이 상대방의 소리를 인정하지 않는다면, 오케스트라의 화음은 만들어질 수 없습니다. 군자는 오케스트라를 지휘하는 지휘자처럼 서로 다른 소리들을 인정하고 배려하며 이끌어나가는 사람입니다. 다름을 인정하는 사회는 아름다운 사회입니다. 같지 않다는 이유만으로 탄압하고 차별한다면 그 사회는 아름다운 화음을 낼 수 없습니다. 우리나라 국가대표 팀 감독은 왜 외국 감독들을 초빙하여 선임하는가에 대해 의문을 가진 적이 있었습니다. 훌륭한 감독을 초빙하여 국가대표 팀의 전력을 높이는 것이라는 이야기부터 수많은 답을 들었지만, 그중에 가장 인상 깊은 대답은 외국인 감독은 우리나라 어느 학교도 나오지 않았다는 장점이 있다는 대답이었습니다. 그렇기 때문에 출신 학교 라인이 대표 팀에 존재할 수 없다는 것입니다. 자신과 같은 학교를 나왔거나 심지어 같은 종교, 같은 지역 출신이라는 '같음'의 늪에 빠졌을 때 그 조직이 얼마나 위험해질 수 있는지를 우리는 잘 알고 있습니다. 정치권에서는 같은 계열이 당, 계파, 사람, 지역에 이르기까지 복잡하게 얽혀 있고, 기업은 라인에 따라 인생이 바뀌는 일이 비일비재합니다. 서로 다른 것을 인정해주고, 대동大同의 차원에서 같음을 추구한다면 경쟁력은 높아질 수 있습니다. 중국인이 가장 존경하는 인물 중 한 명인 주은래周恩來의 외교정책은 '구동존이求同存異'였습니다. 서로 같은 것을 공유하되 다른 것은 인정하자는 중국 외교정책의 기본 원칙입니다. 세상에 어떻게 같은 것만 있을 수 있겠습니까? 다름을 인정하고 존중하며 화합을 추구한다면 그것이 진정 화합의 철학입니다. '가화만사성家和萬事成'은 한국 사람들이 가장 많이 사용하는 가훈 중에 하나라고 합니다. 여기서 '가화家和'는 아버지, 어머니, 자식이 서로의 다름을 인정하며 가정의 화목을 추구하자는 것입니다. "내가 가장이고 돈을 벌어오니 내 밑에 줄을 서라! 나와 다른 생각을 한다면 가정의 화합을 깨는 행위다!" 요즘 이렇게 말하는 가장은 없겠지만 이것은 진정한 의미의 '가화家和'가 아닙니다. 불교의 '화엄華嚴'

사상은 세상의 모든 존재는 꽃과 같아서 각자의 향기와 색이 있다는 것입니다. 그러니 개체 수만큼의 서로 다른 향기를 인정할 때 그 세상이 바로 화엄의 세상이 된다는 것입니다. 상상해보십시오! 우주 안에 피어 있는 제각각의 아름다운 꽃들을, 어느 하나 예쁘고 향기롭지 않은 것이 없습니다. 우리가 꿈꾸는 세상은 바로 이런 세상입니다. 세상의 모든 사람들이 각자의 향기와 꿈을 가지고 서로를 존중하고 배려하며 사는 세상, 어느 한쪽만이 옳고 다른 한쪽은 그르다는 반목과 갈등이 아닌 화합과 화해의 꽃이 피어 있는 세상 말입니다. 하늘 아래 존중받지 않아야 할 대상은 없습니다. 하늘은 아무런 이유 없이 존재를 만들어내지는 않았을 것입니다. 다름 속에 같음, 따로 또 같이, 화이부동和而不同의 세상이 공자가 꿈꾸었던 부활의 세상이었습니다.

막사발이 국보가 된 이유, 군자불기君子不器

지금으로부터 150여 년 전에 태어나 활동하였던 독일의 사회학자 막스 베버Max Weber가 《유교와 도교Konfuzianismus und Taoismus》를 쓰면서 《논어》의 한 구절을 들어 동양 사회에 대해 심각한 비판을 제기하였습니다. '군자불기君子不器, 군자는 그릇이 되어서는 안 된다.' 이 구절이야말로 중국과 아시아가 왜 경제발전이 안 되었고, 자본주의가 발달하지 못하였는지를 잘 보여주는 구절이라는 것이 막스 베버의 생각이었습니다. 중국은 '기器'의 전문성을 포기하고 오로지 보편적 지식만을 추구하는 사람을 양산하였다는 것입니다. 중국은 전문가를 인정하지 않고 보편적 지식을 추구하였기에 낙후된 사회가 유지되어왔다는 것입니다. 막스 베버가 만약에 지금 살아서 돌아와 스티브 잡스가 만든 애플사를 본다면 아마도 자신의 이론을 수정할 수도 있을 것입니다. 동양의 서체와 서양의 IT의 결합, 인문과 IT 기술의 창조적 통합, 서로 다른 기술들이 어우러져 또 하나의 작품을 만든 애플사의 기술력에, 자신의 이론이 결코 완전하지 않다는 것을 인정하게 될 것입니다. 전문성은 중요하지만 창조는 전문성의 결합입니다. 군자불기君子不器는 어느 한 가지에 몰입되어 다른 경계를 보지 못하는 사람에 대한 공자의 경고입니다. 오로지 한 가지만 담으려는 사람에게는 통합의 창조성이 결여될 수밖에 없다는 것입니다. 이제 어느 한 가지 기술만으로 새로운 것을 창조해내는 시대는 지나간 것 같습니다. 인문학과 자연과학의 만남, 과거와 현재의 융합, 기술과 휴머니즘의 융복합이 새로운 창조의 원천인 시대입니다. 저는 이런 통합적 사고와 역량을 갖춘 새로운 인간형을 한국의 막사발에 비유하고 싶습니다. 막사발은 무엇이든지 담을 수 있는 통합형 그릇입니다. 국이 담기면 국그릇이 되고, 밥이 담기면 밥그릇이 됩니다. 어떤 것을 담는 그릇이라고 규정하지 않기에 어떤 것도 담을 수 있는 통합형 그릇입니다. 문경에 가면 막사발을 만드는 장인이 있습니다. 비록 남이 보기에는 별 볼 일 없어 보이는 작은 사발이지만 그 가격은 상상을 초월합니다. 옛날에는 그저 여염집 그릇으로 쓰였던 그릇이 이제는 그 가치가 엄청나게 상승한 것입니다. 일본은 우리의 막사발을 국보로 지정하고 소중하게 생각한다고 합니다. 비록 시골 어느 집에서 무엇이든지 담는 그릇으로 사용하였던 막사발이었다 하더라도 이제는 통합형 인간을 상징하는 창조적 그릇입니다. 전문가들의 가장 큰 문제점 중 하나는 자신이 알고 있는 지식과 가치에 종속되어 있다는 것입니다. 경계를 넘어선 새로운 지식과 연계하고 융합하기를 포기하고 오로지 자신의 기술과 관성에 매여 있다면, 이 역시 아는 것으로부터의 종속입니다. 언젠가부터인가 '통섭統攝'이라는 말이 유행하였습니다. 새로운 단어라 정확하게 설명할 수는 없지만 경계를 넘나드는 자유로운 창조적 사고의 대명사로 사용되고 있습니다. 미술 용어 중에 '콜라주collage'라는 기법이 있습니다. 다양한 것을 무작위로 이어붙임으로써 또 다른 창조적인 형상을 만들어내는 기법입니다. 비록 서로 다른 이질적인 것들이지만 그것이 모여 또 다른 형상을 만들어낸다는 것이 통섭의 내용과 닮아 있습니다. 전문성과 보편성, 어느 하나만 강조되어서는 안 되는 것입니다. 그러나 경계를 넘나드는 열린 정신과 다름을 인정하는 포용력은 분명 군자의 중요한 삶의 자세입니다. '군자불기君子不器, 군자는 어느 하나만 담는 그릇이 되어서는 안 된다.' 경계를 넘나들며 모든 것을 포용하고 수용하는 통합형 인간이 되어야 한다는 공자의 신新인간형입니다.

빌 게이츠와 새벽 거리의 청소부, 수기안인修己安人

공자는 세상의 평화는 나의 평화로부터 시작되며, 세상의 행복은 나의 행복에서 시작되어야 한다고 생각하였습니다. 내가 행복하지 않은데 세상을 어떻게 행복하게 할 수 있으며, 나 자신의 평화도 이루지 못하면서 어떻게 세상을 평화롭게 만들 수 있겠느냐고 반문합니다.《논어》

에 자로가 공자에게 군자에 대해 묻자 공자는 자신의 완성을 통해 세상을 평안하게 하는 사람이라는 정의를 내립니다. 원문을 같이 읽어볼까요?

자로문군자子路問君子한데 자왈子曰 수기이경修己以敬이니라 왈여사이이호曰如斯而已乎잇가 왈수기이안인曰修己以安人이니라.

자로가 군자에 대해 공자에게 물었다. 공자가 말하기를 "공경으로 자신을 수양하고 완성하는 사람이다." 자로가 말하기를 "이 정도뿐입니까?" 공자가 말하기를 "나의 완성을 통해 세상 사람들을 평안케 하는 자이다."

공자는 제자 자로의 군자에 대한 물음에 자신의 완성을 통해 세상을 평안하게 하는 자라고 정의합니다. 이 문장은 그 후로 유교의 가장 중요한 구절이 됩니다. 자신의 완성인 수기修己와 타인의 행복인 안인安人, 나[己]와 타인[人]의 중요한 맥락입니다. 《대학》에서 명덕明德은 수신修身의 중요한 덕목입니다. 내 안에 있는 위대한 능력을 계발하여 나의 품격과 가치를 높이는 것은, 유교뿐만 아니라 다른 어떤 사상과 종교에서도 공통적으로 제시하는 가치입니다. 나라는 존재를 업그레이드하여 보다 위대하고 완전한 나를 만드는 것은 《논어》에서 강조하는 군자의 중요한 덕목입니다. 그러나 나의 완성에서 끝난다면 그것은 지극히 개인적이고 소아小我적인 발상입니다. 명덕明德을 통해 덕을 베풀고 세상 사람들을 새롭게 만드는 신민新民의 과정이 《대학》에서 말하는 나와 세상에 대한 연결 고리라면, 수기修己를 통해 세상의 사람들을 평안하게 만드는 안인安人의 과정이 《논어》에서 말하는 나와 세상에 대한 연결 고리입니다. 나 혼자만 돈 벌어서 나만을 위해서 쓴다면 군자가 아닙니다. 내가 번 돈을 세상 사람들과 나누고 세상을 보다 평안하게 하는 데 사용한다면 그것이 수기안인修己安人의 기업가입니다. 내가 얻은 지식을 세상 사람들과 공유하고 아름다운 사회를 만드는 데 사용한다면 그것이 수기안인修己安人의 학자입니다. 내가 쌓은 능력으로 세상을 아름답게 만들라! 비록 단순한 말이지만 이것이 공자가 설계한 군자의 미션입니다. 자신의 재산을 1퍼센트만 자식에게 물려주고 나머지는 사회를 위해 쓰겠다고 선언한 빌 게이츠나, 새벽에 거리에 나가 자신의 청소 기술을 잘 사용하여 열심히 길을 깨끗하게 쓸며 기분 좋게 출근할 사람들을 상상하는 청소부나, 모두 자신의 능력을 세상을 위해 사용하는 수기안인修己安人의 군자의 모습입니다.

수도자가 산속에서 도를 닦고 자신을 수양하는 것이 훌륭한 일이지만 그것이 수도자 한 사람을 위한 행위라면 그리 위대한 행위라고 할 수 없습니다. 본인이 도를 닦아 성자가 되든, 해탈의 경지에 이르든 타인의 삶과 큰 연관이 없기 때문입니다. 어떤 기업가가 돈을 많이 벌어서 자신만을 위한 삶에 쓴다면 그것이 위대한 부자의 모습이라고 할 수 없습니다. 수도자의 수도가 자신의 목표를 넘어서 타인에게 새로운 길을 제시하고 영혼의 불을 켜게 한다면 그것은 수기修己와 안인安人의 실천을 한 군자의 모습입니다. 기업가가 돈을 벌어 세상과 나누고 어려운 사람의 삶에 희망을 준다면 그 성공은 진정 수기修己와 안인安人의 성공입니다. 성공은 나눌 때 진정한 성공이며, 깨달음은 함께할 때 진정한 깨달음입니다.

장사는 사람을 남기는 것, 선의후리先義後利

옛날에 유행하였던 연속극 〈상도商道〉는 조선의 개성상인들의 경영 철학을 잘 보여주는 드라마였습니다. 조선의 개성상인 임상옥林尙沃에 대한 이야기가 줄거리로 전개되었는데, 임상옥의 어록 중에 이런 말이 있어 유행한 적이 있습니다. "장사는 사람을 남기는 것입니다!" 비록 이익이 없고 손해를 보더라도 사람에 대한 신의를 잃지 않는 것이 진정 상인의 도리란 의미입니다. 이 말은 우리가 고등학교 수업 시간에 배웠던 기업의 정의와 전혀 다른 말입니다. '기업의 목표는 이윤 추구', 기업은 이윤을 추구하는 조직이며 이익을 위해서는 모든 방법을 다 동원할 수도 있다는 이야기입니다. 한때 너무나도 당연한 말처럼 생각되었던 이 이야기는 이제 더 이상 설 자리를 점점 잃고 있습니다. 수단과 방법을 가리지 않고 얻은 이익은 더 이상 이익이 아니라 탐욕이라는 사회적 공감대가 형성된 것입니다. 비록 아직도 수단과 방법을 안 가리고 이익만을 추구하는 기업이 많지만, 적어도 공생과 상생을 저버리고 타인의 피해를 기반으로 이익을 얻는다면 그 이익은 더 이상 아무도 박수를 쳐주지 않는 이익입니다. 분식 회계를 해서 투자자들을 속이고, 비자금을 조성하여 개인을 위해 착복하고, 정치와 결탁하여 옳지 않은 방법으로 기업을 운영하여 매출을 늘리고, 개인의 이익을 얻는다면 그 기업은 절대로 지속할 수 없습니다. 언젠가는 진실은 드

러나기 때문입니다. "기업의 목표는 사람의 마음을 얻는 것이다." 이
것이 어찌 기업의 목표뿐이겠습니까? 정치도 결국 민심을 얻는 것이
고, 사회도 사람이 가장 중요한 판단 기준이 되어야 합니다. 《논어》에
서 군자는 이익보다 더 중요한 의義를 가지고 있는 사람이라고 정의합
니다. 일명 '선의후리先義後利'의 정신, '군자는 이익[利]보다 의로움[義]
을 추구한다'는 공자의 군자 철학입니다.

> 자왈子曰 군자유어의君子喩於義오, 소인유어리小人喩於利니라.
> 군자는 의義를 깨달은 자이다. 소인은 이익을 깨달은 자이다.

직역은 좀 우습네요. 의리도 깨달음이요, 이익도 깨달음이라! 군자
는 의義를 깨달아 의義의 원칙을 지키며 사는 사람이고, 소인은 이利에
밝아 모든 판단 기준을 이익에 부합되느냐에 따라 결정하는 사람이라
는 뜻입니다. 우리는 어떤 일을 하거나, 사람을 만나거나, 어디를 갈
때 늘 고민합니다. 이것이 나에게 이익이 되는 일인가? 아니면 이것이
내 영혼이 진정 원하는 것인가? 그리고 때로는 이익에 따라 결정하기
도 하고, 때로는 명분에 더욱 충실하게 결정을 하기도 합니다. '의義'는
'옳다'는 뜻입니다. 내 영혼이 옳다고 생각하는 것을 믿고 실천하는 사
람이 군자입니다. 아울러 사회적 공의公義를 무엇보다도 소중하게 생
각하는 사람입니다. 소인에게는 영혼이 없습니다. 그저 이익에 따라
판단하고 결정하는 사람입니다. 오로지 이익만을 기준으로 행동하기
에 때로는 해서는 안 될 일을 하기도 하고, 그 결과 남에게 피해를 입
히거나 손해를 끼치기도 합니다. 어느 자동차 회사가 배기가스 배출량

을 조작하고 연비를 조작하여 사회적 지탄을 받은 일이 있었습니다. 그런데도 아무런 죄의식을 느끼지 않는다면 이체를 절대 가치로 생각하며 운영되는 회사입니다. 갑의 권력을 이용하여 을에게 압력을 행사하고 이익을 갈취하는 사건도 많이 있습니다. 이 모두 오로지 이익이라는 관점에서 행한 행동이기에 결국 사람들을 실망시키고 마음이 떠나게 만듭니다. '견리사의見利思義', 내 눈앞에 이익이 있다면 그 이익이 진정 모두가 인정하는 이익인지를 먼저 고민하라! '견득사의見得思義', 나에게 다가온 이익이 진정 옳은 것인지를 고민하라! '불의이부차귀不義而富且貴 어아여부운於我如浮雲', 옳지 못한 부귀영화는 나에게 뜬구름과 같아서 잠시 왔다가 사라지는 것이다. 《논어》에서 선의후리先義後利의 군자 철학은 너무나 강조되는 항목입니다. 저는 오늘날 옳은〔義〕 것이 무엇인지를 고민해봅니다. 세상에는 어떤 것도 완벽하게 옳은 것은 없습니다. 시대와 공간에 따라 옳음은 변하고, 입장에 따라 의義는 바뀌게 됩니다. 그렇다면 옳음은 무엇일까요? 그것은 내 영혼의 울림입니다. 내 영혼 속에서 울려나오는 옳음의 가치가 보편성으로 인정받을 때 옳음은 비로소 옳은 것이 됩니다. 오늘 하루도 다시 한 번 고민해봅니다. 나는 지금 이익과 상관없이 내 영혼의 울림을 충실히 따라가고 있는가? 내가 하고자 하는 일에 최선을 다하고, 내가 만나고 있는 사람에게 영혼에 부끄러움 없이 만나고 있는가? 오로지 돈을 벌기 위해 직장에 나간다면 참 힘든 직장 생활이 될 것입니다. 나에게 이익이 된다는 이유로 사람을 만나면 그 만남은 소모적 만남일 수밖에 없습니다. 어쩔 수 없이 영혼의 울림을 외면하는 행동은 나를 상처 나게 합니다. 공자는 군자에게 가장 중요한 최상의 원칙은 '의義'라고 강조합니다. '군자의이위상君子義以爲上', 군자는 의義를 인생에 가장 중요한 원칙으로 삼는다! 저는 이《논어》의 문장을 이렇게 번역합니다. '군자는 자신의 영혼의 울림을 가장 중요한 삶의 기준으로 삼는 자이다.' '양羊'과 '아我'의 합자로 되어 있는 '의義'자에 '나'라는 뜻의 '아我'가 들어간 것이 우연이 아닌 듯합니다. 세상의 모든 부모들은 자기 자식이 가장 예쁘다고 생각합니다. 사회적 기준이 어떠하든 부모의 본성은 자기가 낳은 자식이 가장 예뻐 보이기 때문입니다. 고슴도치도 자기 새끼는 예쁘다고 하듯이, 세상의 옳음의 가치는 결국 자신의 영혼이 판단하는 것입니다. 이제 '우리'의 시대에서 '나'의 시대로 전환되는 시기입니다. 우리들의 기준이 아닌 나의 기준이 더욱 중요하고, 타인들의 시각이 아닌 나의 시각이 우선되는 시대입니다. '우리'가 참 소중한 가치라고 해도 '나'를 배제하고 '나'를 소외시키는 어떤 이데올로기나 가치도 설 자리가 더 이상 없습니다. 세상의 모든 '나'들이 각자의 울림을 소중하게 생각하는 세상, 진정 이것이 의義를 소중히 여기는 군자의 철학입니다.

백화점 직원과 욕쟁이 할머니, 문질빈빈文質彬彬

우연히 받은 선물을 뜯다 보면 포장은 그럴듯한데 내용은 별 볼 일 없는 것도 있고, 포장은 별 볼 일 없는데 내용은 훌륭한 것도 있습니다. 도대체 포장이 더 중요할까요? 아니면 내용물이 더 중요할까요? "사랑해!"라고 하루에도 수십 번 외치면서 실제로 아무런 선물도 안 주는 사람과 사랑한다는 표현은 안 해도 나에게 다정다감하게 해주는 사람

중 어떤 사람이 진정 나를 사랑해주는 사람일까요? 욕심 많은 사람이라면 이렇게 대답할 겁니다. 포장도 예쁘고 내용물도 좋고, 사랑한다고 말도 해주고 나에게 잘해주는 사람. 정말 금상첨화라고 할 수 있죠. 《논어》에서 말하는 군자는 바로 이런 사람입니다. 겉과 속이 모두 알찬 사람, 일명 문질빈빈文質彬彬의 인간형입니다. '문文'은 '문紋'과 같은 뜻입니다. 겉모습, 무늬, 형식이란 뜻입니다. '질質'은 내용, 바탕, 본질이라는 뜻입니다. 빈빈彬彬은 '섞여 있다'는 뜻입니다. 그러니까 '문질빈빈文質彬彬'은 바깥으로 보이는 외형과 내면의 본질이 잘 어우러져 섞여있는 군자의 모습을 형용한 것입니다. 겉으로 세련되고 내면도 성숙된 사람, 좋은 매너와 내면의 진실성을 갖춘 사람, 말과 행동이 잘 일치하는 사람, 안과 밖이 잘 어우러져 있는 사람이 군자의 모습입니다. 원문을 볼까요?

질승문즉야質勝文則野오 문승질즉사文勝質則史니 문질빈빈연후군자文質彬彬然後君子니라.

본질이 외형보다 지나치게 강하면 촌스러운 것이다. 반대로 외형이 본질보다 지나치게 강하면 꾸미는 것이다. 외형과 내면이 잘 어우러져 있는 사람이 군자이다.

우리는 전통적으로 말 없고 표현 없이 내면의 충실함만 있으면 좋은 사람이라고 착각하였습니다. 그러나 외형과 내면, 어느 한쪽으로만 기울어져 있고 치우쳐 있다면 균형감 넘치는 군자의 모습은 아닙니다.

넘치지도 모자라지도 않고, 기울거나 치우치지 않는 중용의 균형은 군자의 중요한 모습입니다. 옷만 잘 입고 내면의 질은 떨어지는 사람도 문제고, 내면의 질이 아무리 좋더라도 외형에서 그 내면의 모습이 제대로 표현되지 못하는 것도 문제입니다. 우스갯소리로 인사하는 각도로 한중일 사람들을 비교하기도 합니다. 일본 사람은 90도 각도로 인사를 하지만 겉으로만 그럴 뿐 내면의 마음은 전혀 다르다는 것입니다. 일명 본래 마음 '혼네本音'와 외형적 표현 '다테마에建前'의 불일치라는 것입니다. 아무리 공손한 외모로 대해도 속 안의 마음은 전혀 다를 수 있다는 것입니다. 《논어》의 정의에 의하면 꾸밈(史)입니다. 중국 사람들은 겉으로는 투박하고 친절하지도 않지만 속마음은 진실이 있다는 것입니다. 중국 사람들이 인사할 때는 머리를 끄덕이기만 할 뿐 정중한 태도를 보이지 않는다는 것입니다. 꼭 그런 것은 아니지만 중국 사람들의 불친절은 알아줍니다. 물론 사회주의 국가의 경험에서 우러나왔다고는 하지만 제가 유학할 때만 해도 손님에게 잔돈을 줄 때 거의 던지다시피 주는 경험을 많이 하였습니다. 그러나 겉으로는 그래도 속은 안 그렇다는 주장입니다. 《논어》에서 말하는 촌스러움(野)입니다. 그에 비해 한국 사람들은 넘치지도 모자라지도 않는 인사, 45도 정도 숙이고 형식과 내면이 잘 어우러져 있는 균형 잡힌 군자의 예절을 행한다고 합니다. 백화점 주차장 입구에서 찾아오는 손님에게 아름다운 옷을 입고 90도 인사를 하며 반가운 미소로 맞이하는 직원을 만날 때면, 정말 저 직원은 진심으로 반가워서 저렇게 인사를 하며 나를 맞이하는 것일까 하는 의문이 들기도 합니다. 하루에도 수천 명의 사람들을 저렇게 진심으로 반갑게 맞이하기란 쉽지 않을 것이란 생각 때문입니다. 혹시라도 서비스 훈련을 받아서 거짓으로 미소를 짓고 있다는 상상을 하면 등골이 오싹해지기도 합니다. 반면 가끔 유명한 음식점 중에 욕쟁이 할머니집이란 별칭이 붙은 음식점이 있습니다. 찾아오는 손님에게 욕을 하지만 진심은 고객이 반가워서 그렇다는 생각에 욕을 먹어도 기분이 나쁘지 않은 그런 음식점입니다. 《논어》의 관점에서 보면 마음에도 없는 거짓 인사를 하는 백화점 직원은 꾸미는 것이고〔史〕, 찾아오는 손님에게 욕을 하는 것은 촌스러운 것〔野〕입니다. 겉모습도 친절하고 마음도 진정으로 손님에 대하여 소중한 마음이 있다면 문질빈빈文質彬彬, 형식과 내면의 조화, 외형과 본질의 균형을 이룬 군자의 모습입니다.

대추 한 알이 맺히기까지, 군자고궁君子固窮

《논어》에는 107번에 걸쳐 '군자君子'라는 단어가 나옵니다. 그 구절들 중에서 저는 '군자고궁君子固窮'이라는 정의를 가장 좋아합니다. 군자는 어려울수록〔窮〕 더욱 단단해지는〔固〕 사람이라는 뜻입니다. 참으로 멋지고 멋진 군자에 대한 정의입니다. 대부분의 사람들은 상황이 좋을 때는 군자처럼 살다가 조금 힘들고 어려운 일이 닥치면 바로 소인의 모습을 유감없이 보여줍니다. 그래서 사람은 힘들고 어려운 상황에서 어떻게 처신하고 행동하는지를 보아야 진정 그 사람의 진면목을 알 수 있다고 하였습니다. 존재는 역경의 시험을 거쳐야 그 가치의 차이가 드러납니다. 천 리를 가봐야 천리마의 진가를 알 수 있듯이 세월이 지나며 수많은 역경을 겪어봐야 그 사람의 본질을 파악할 수 있는 것입니다. 좋은 때는 형이니 동생이니 하면서 살갑게 대하다가 어려운 일이 생겨 힘들 때는 눈도 마주치지 않으려고 하는 사람들이 세상에 많습니다. 자신에게 조금이라도 피해가 간다고 생각하면 언제 그랬냐 는 듯이 눈길을 외면하기도 합니다. 들에 피어 있는 꽃 한 송이도 어려 운 역경 속에서 견뎌내야 비로소 향기를 발할 수 있습니다. 군자는 어 려울수록 더욱 정신적으로 육체적으로 단단해지는 사람이란 뜻의 군 자고궁君子固窮은 공자와 제자 자로의 대화 속에 등장합니다. 공자는 제 자들과 함께 고난의 14년 주유천하周遊天下 장정을 떠납니다. 죽을 고 비를 몇 번이나 넘기면서 때로는 배고픔과 추위에 시달려야 하였습니 다. 그러나 그런 고난의 장정이 있었기에 공자의 철학은 더욱 깊어지 고 넓어질 수 있었습니다. 하루는 공자와 그의 제자들이 진陳나라에 있 을 때 배고픔에 모두 아사 직전까지 간 적이 있습니다. 그를 따르던 제 자들은 굶주림에 일어날 힘조차 없었습니다. 이때 다혈질 제자 자로가 공자에게 따집니다. "선생님! 선생님이 그토록 꿈꾸던 군자의 모습이 결국 이런 배고픔의 인간입니까?" 자로의 이 질문 속에는 공자를 믿 고 따라온 제자들이 이렇게 어려운 상황에 처한 것에 대한 원망이 가 득 담겨 있었습니다. 새로운 시대의 인간형인 군자에 대한 희망과 꿈 을 가지고 선생님을 선택하여 평생을 따라다닌 결과가 결국 배고파서 죽는 것이냐는 절망이 담긴 질문이었습니다. 공자는 자신의 꿈을 공유 하며 인생을 건 제자들에게 미안하기도 하였을 것입니다. 어쩌다 자신 의 줄에 선 제자들이 겪어야 하는 역경에 얼굴을 들 수 없을 것이었습 니다. 그러나 공자는 자로에게 한마디로 잘라 말합니다. "군자와 소인의 차이는 역경 속에서 분명히 드러나는 것이다! 군자고궁君子固窮, 군자는 어려울 때 더욱 단단해지는 사람이고, 소인궁사람小人窮斯濫, 소인들은 어려워지면 바로 넘치는 사람이다!"참으로 명쾌한 답변입니다. 공자가 꿈꾸는 군자의 모습은 어떤 역경 속에서도 흔들리지 않는 멘탈과 소신을 유지하는 사람이며, 소인들은 어려움이 닥치면 분노하고 절규하고 원망하는 사람들이라는 것입니다. 추사 김정희는 55세 나이에 병조참판의 지위에 있다가 제주도 8년 7개월의 유배 생활을 통해 더욱 성숙한 인간으로 변모하였습니다. 비록 궁벽하고 힘든 삶이었지만 흔들리지 않는 정신과 포기하지 않는 희망으로 그 어려움을 극복하고 추사체를 만들어 서예의 대가로 우뚝 설 수 있었습니다. 그가 제주에서 1844년에 그려서 그의 제자 이상적李尙迪에게 보낸〈세한도歲寒圖〉에는《논어》의 구절을 모티프로 그려낸 군자의 대표적인 철학이 담겨 있습니다. '세한연후지송백지후조歲寒然後知松栢之後凋.'세월이 추워져봐야 소나무 잣나무가 얼마나 늦게 시들고 푸른지 알 수 있다는《논어》의 구절은 결국 어렵고 힘든 역경 속에서 군자의 진면목이 드러난다는 군자고궁君子固窮의 구절과 맥을 같이합니다. 자신이 물려받은 수저 색깔이 흙수저라서, 아무리 머리가 좋아도 금수저로 태어난 사람들과 경쟁해서 이길 수 없는 불합리한 사회구조를 받아들일 수 없다고 유서를 쓴 후 목숨을 끊은 어느 명문대생의 이야기가 떠오릅니다.《논어》의 이 구절이 더욱 절실하게 이 시대에 필요한 이유입니다. 아픔과 역경은 인간의 존재 방식이며, 그 역경을 넘어가는 과정 속에서 인간의 위대함이 더욱 극명해집니다. 아프지만 그 아픔을 견디고 극복하는 과정이 인간의 생존 역량입니다. 인류는 그렇게 진화해왔고, 앞으로 그런 인간들이 진화하여 영속할 것입니다. 장석주 시인의 〈대추 한 알〉이란 시를 함께 읽어보겠습니다.

대추 한 알

저게 저절로 붉어질 리는 없다
저 안에 태풍 몇 개
저 안에 천둥 몇 개
저 안에 벼락 몇 개

저게 저 혼자 둥그러질 리는 없다
저 안에 무서리 내리는 몇 밤
저 안에 땡볕 두어 달
저 안에 초승달 몇 낱

저는 이 시를 읽으면 정말 시인은 일반인과 전혀 다른 관점에서 사물을 바라본다는 생각을 하게 됩니다. 어떻게 대추를 바라보면서 이런 시를 지을 수 있었을까요? 저는 대추를 보면 그저 대추로 보이는데 시인은 대추 속으로 들어가 대추가 되어 이야기하는 것 같습니다. 대추가 이렇게 말합니다. "내가 그냥 가을에 붉어지고 둥그러지는 줄 알아? 나도 힘들고 어려운 일 다 겪었어! 여름에 태풍 칠 때는 무서웠고,

장석주 지음, 《붉디 붉은 호랑이》, 애지. 2005년.

천둥 칠 때는 두려웠어. 벼락 칠 때는 아팠어! 무서리 내릴 때 추웠고, 땡볕에 얼마나 더웠는지, 초승달 뜬 저녁에는 외로웠어. 지금 와서 얘기지만 내가 그냥 시간이 지나서 대추 한 알이 된 것이 아냐!"

저는 《논어》에서 군자라는 인간형을 정리하면서 오늘날 우리의 모습을 겹쳐봅니다. 과연 나는 우주의 중심에서 어떻게 살고 있는가? 힘들고 어려울 때 포기하지 않고 그 역경을 기꺼이 받아들이며 새로운 나를 만들고 있는가? 남에게 보여지는 나와 내면의 나는 얼마나 일치하며 내 삶을 채워가고 있는가? 눈앞의 이익에 흔들리지 않고 영혼의 떨림을 소중히 여기며 사회적 공의公義를 실천하고 있는가? 나의 삶이 내 것만이 아닌 우리의 목표와 얼마나 일치하고 있는가? 편협한 고집과 아집에서 벗어나 다른 것과 소통하고 수용하며 통섭의 삶을 살고 있는가? 다름을 인정하고 차이를 포용하며 화합의 가치를 실현하고 있는가? 백 마디 말보다 삶의 실천을 소중히 여기며 행동하는 인간으로 살고 있는가? 두루두루 남과 친화하며 같음을 강요하지 않는 삶을 살고 있는가? 학습을 통해 새로운 나를 만들고, 나와 뜻을 같이하는 사람들과 함께 타인의 평가에 연연하지 않고 묵묵히 내 길을 가고 있는가? 이것이 공자가 《논어》에서 꿈꾸었던 새로운 인간형의 모습입니다. 구습의 나를 버리고 자기 부활을 꿈꾸며, 새로운 패러다임의 세상을 꿈꾸었던 시대마다 왜 《논어》가 그 중심의 역할을 할 수밖에 없었는지를 저는 다시 확인하게 됩니다.

사람의 눈으로
세상을 보는 정담 情談,
《논어》2

《논어》가 제시하는 인간관계 4계명

이번에는《논어》속으로 좀 더 들어가보겠습니다. 지난 시간에는 공자
가 당시 새롭게 제시한 인간형 군자에 대해 집중적으로 이야기했습니
다. 군자는 타인의 시각이 아닌 자신의 시각으로 세상을 보는 사람이
며 학습을 통해 새로운 나를 만들어나가는 사람입니다. 남의 평가에
연연하지 않고 같은 꿈을 가진 동지들과 교감하며 세상을 살아갑니다.
다름을 인정하고 차이를 구별하지 않습니다. 말보다는 행동과 실천으
로 삶을 살아가며, 나의 완성을 통해 세상을 이롭게 하는 사람입니다.
고집과 편견에 집착하지 않고 경계를 넘나들며 소통을 추구하고, 모든
책임을 자신에게 묻고 모든 문제의 답을 자신에게서 찾는 사람입니다.
외면과 내면의 균형을 추구하며 어떤 역경이 닥치더라도 정신적으로
흔들리지 않는 영성을 가진 사람이 공자가 꿈꾸던 새로운 인간형 군자

입니다.

《논어》를 보면 인간관계에 대한 이야기들이 참 많습니다. 부모와 자식, 상사와 부하 직원, 친구 간의 관계는 인간의 삶에 많은 부분을 차지합니다. 어쩌면 인간은 평생 동안 관계를 어떻게 유지하며 살아갈 것인가에 대해 고민하고 살아갑니다. 저는 《논어》에서 이야기하는 '대인 관계 4계명'이라는 주제로 이야기를 시작할까 합니다. 좋은 인간관계를 유지한다는 것은 행복한 삶을 살기 위하여 무엇보다도 중요한 과제입니다. 아무리 성공하고 돈을 많이 벌어도 주변 사람들과 관계가 좋지 않으면 행복감은 떨어지게 됩니다. 지구와 태양의 관계가 안 좋다면 우주가 혼란에 빠지는 것과 같은 이치입니다. 《논어》에는 좋은 인간관계를 유지하기 위한 지혜가 있습니다.

첫 번째는 '공감'입니다. 내가 아프면 상대방도 아플 것이란 공감, 내가 힘들면 상대방도 힘들 것이란 공감은 군자의 인간관계에서 가장 중요한 덕목입니다. 내가 받고 싶지 않은 선물을 상대방에게 선물하는 것은 군자의 모습이 아닙니다. 내가 싫어하는 것을 상대방에게 강요하거나 내가 가고 싶지 않은 곳을 상대방에게 가라고 한다면, 어찌 아름다운 관계가 유지될 수 있겠습니까?

기소불욕己所不欲을 물시어인勿施於人하라.
내가 하고 싶지 않은 것을 타인에게 강요하지 마라.

《논어》 안연顏淵 편에 나오는 문장입니다. 공자의 제자 중에 중궁仲弓은 천민 출신이었습니다. 부모가 모두 악행으로 소문이 났었고, 그 집

안에서 자란 중궁은 자신의 가정환경을 극복하고 공자의 제자가 되어 공자에게 큰 사랑을 받게 된 사람입니다. 어느 날 중궁이 군자의 인仁에 대해 물었습니다. 공자는 중궁의 질문에 이렇게 대답하였습니다. "집에서 나가는 순간 만나는 모든 사람을 나의 귀중한 손님처럼 대하여야 한다. 밑에 사람을 부릴 때는 마치 큰 제사를 받들듯이 신중하게 결정해야 한다." 내가 지금 만나고 있는 사람이 세상에서 가장 귀한 손님이라고 생각하면 모든 사람에게 최선을 다하게 됩니다. 혹시 내가 윗사람이어서 다른 사람에게 일을 시킬 때도 제사를 받들듯이 신중하게 공경을 다하여 한다면, 상대방은 기꺼이 그 일에 최선을 다할 것입니다. 이런 공자의 대인 관계 원칙 속에는 '공감'이라는 구조가 있습니다. 상대방 기분의 공감, 아픔의 공감, 고통의 공감, 불쾌함의 공감이 있다면 상대방을 어떻게 대해야 하는지 명확해집니다. 참 중요한 인간관계의 가르침입니다. 기업은 "내가 쓰고 싶지 않은 물건을 남에게 팔지 마라"로 바꿔보았습니다. 내가 별 볼 일 없다고 생각하는 물건을 왜 남에게 팝니까. 내가 정성을 다해 물건을 만들고 진정 내가 쓰고 싶은 물건이라고 생각할 때 고객에게 팔면 고객은 감동하게 됩니다. 공감은 상대방과 나를 이어주는 중요한 인간관계의 핵심입니다.

공감은 상대방 입장에서 고민하는 것입니다. 내가 싫으면 남도 싫은 것입니다. 윗사람이 내게 하는 어떤 행동이 싫다면 나 또한 아랫사람에게 그렇게 하면 안 되는 것입니다. 아랫사람이 내게 대하는 태도가 정말 싫다면서 왜 똑같은 모습으로 윗사람을 대하는지 돌아보아야 합니다. 자식에게 바라는 것으로 부모를 섬기고, 부모에게 바라는 것으로 자식을 대하라. 역지사지易地思之, 입장을 바꾸어 생각하면 너무나 자명하게 상대방을 어떻게 대해야 할지 그 답을 알 수 있습니다.

인간관계의 두 번째는 '선행先行'입니다. 내가 원하는 것을 상대방에게 먼저 행하는 것이 선행先行입니다. 남이 나를 알아주기를 바라지 말고 내가 먼저 상대방을 알아주는 것이 선행先行입니다. 선행先行은 적극적인 인간관계 이론입니다.

> 불환인지불기지不患人之不己知요, 환부지인야患不知人也니라.
> 남이 나를 알아주지 않는다고 근심하지 마라. 내가 먼저 상대방을 알아주지 못함을 근심하라.

부모가 내 마음을 알아주지 않는다고 원망하지 말고 내가 먼저 부모를 알아주는 자식이 되어야 합니다. 직장에서 왜 나 같은 인재를 알아주지 않고 승진도 안 시키고 대우도 시원찮은지 투덜대지 말고, 내가 먼저 회사가 어떤 인재를 원하는지를 고민하는 것이 선행되어야 합니다. 배우자들이 겪는 많은 갈등 중 하나가 왜 내 마음을 몰라주느냐는 것입니다. 부인은 남편이 자기 마음을 몰라준다고 하고, 남편 역시 부인이 남편의 마음을 헤아리지 못한다고 합니다. 내가 배우자의 마음을 헤아리고 그 마음의 빈 곳을 채우고자 노력하면 상대방은 결국 나를 인정하고 나에게 최선을 다할 것입니다. 인간관계의 선행先行은 결국 관점의 전환입니다. 내 관점에서 상대방 관점으로 전환하여 상대방의 마음을 먼저 감동시키는 것이 관건입니다. 남이 나에게 무엇을 해줄 것인가를 바라지 말고 내가 먼저 무엇을 해줄 것인가를 고민하는 것이 선행先行입니다. 성공하는 기업의 대부분은 고객의 관점에서 고민하고 고객의 니즈에 맞는 제품과 서비스를 공급하는 기업입니다. 내가 아무리 물건을 잘 만들었다고 하더라도 상대방이 인정하지 않는다면 그 제품은 좋은 제품이라고 할 수 없습니다. 주방에서 아무리 음식을 잘 만들었다고 해도 손님이 맛이 없다고 느끼면 그 음식은 맛이 없는 것입니다. 그러니 손님이 맛을 모르는 무식한 손님이라고 비난하기 전에 그 손님의 니즈를 선행적으로 충족시키지 못한 나를 탓하는 것이 순서입니다.

세 번째는 '인정'입니다. 인간관계는 언제나 완벽할 수 없습니다. 때로는 작은 말실수를 하여 상대방 가슴에 상처를 주기도 하고, 내 의도와 상관없이 상대방 기분을 상하게 할 수도 있습니다. 문제는 잘못을 저지르는 것이 문제가 아니라 그 잘못을 인정 못하는 것입니다. 내 잘못을 인정하고 시인하는 순간 잘못은 눈 녹듯이 사라질 수 있습니다. 도요타와 폭스바겐은 끝까지 자신의 잘못을 인정하지 않고 은폐하려다 결국 소비자들의 신뢰를 잃고 말았습니다. 한번 잃은 신뢰는 그 신뢰를 쌓은 기간에 비해 수십 배의 시간과 노력이 필요합니다. 관계의 핵심인 신뢰는 쌓기는 어려워도 무너지기는 쉬운 것입니다. 인간관계에서 잘못을 인정하면 더 이상 인간관계에 해를 끼치지 않습니다. 인정하고 사과하는 사람에게는 적어도 용서와 관용이 기다리고 있기 때문입니다.

過則勿憚改니라.
지금 잘못을 저질렀다면 고치는 데 주저하지 마라.

잘못에 대한 인정과 사과, 개선을 통해 좋은 인간관계를 유지할 수 있습니다. 기업 중에는 자신의 잘못을 시인하고 막대한 손해를 감수하며 소비자들에게 배상하여 더 큰 신뢰와 신용을 쌓은 기업이 많습니다. 그들의 용기 있는 잘못의 시인은 오히려 돈으로 비교할 수 없는 기업의 자본이 되어 축적되는 것입니다.

공자는 《논어》에서 독백처럼 세상이 점점 격이 떨어지는 이유를 잘못을 시인하지 않은 사람들을 들어 지적하고 있습니다.

이의호已矣乎! 오미견능견기과이내자송자야吾未見能見其過而內自訟者也!

이제 세상은 더 이상 어찌할 수 없는 세상이 되어버렸구나! 요즘 사람들은 자신의 잘못을 알고도 스스로 인정하고 고치려는 사람이 없구나!

세상이 더 이상 어찌할 수 없는 지경에 이른 가장 명확한 사실은 사람들이 잘못을 인정하지 않는다는 데 있다는 것입니다. 인간은 분명 실수도 할 수 있고 잘못도 저지를 수 있습니다. 그러나 그 잘못을 반성하고 인정하고 개선해나가는 것이 인간의 발전이고 미래입니다. 많은 사람들과 끊임없이 부딪치고 만나는 과정에서 실수와 잘못을 인정한다는 것은 용기 있는 군자의 인간관계입니다. 공자는 자신의 제자 중에 안회顏回(안연)를 그토록 아끼고 사랑하였습니다. 공자가 안회를 어떤 이유 때문에 아꼈는지에 대한 《논어》의 이야기가 있습니다. 하루는 공자의 조국 노나라 왕 애공이 공자의 제자 중에 어떤 제자가 가장 선생의 가르침을 열심히 배우며 실천하는 제자인지를 물었습니다. 공자는 안회를 꼽으면서 이렇게 말합니다.

"안회라는 제자가 있었습니다. 그는 정말 배운 것을 실천에 옮기기를 좋아하던 제자였지요. 그는 자신의 분노를 남에게 옮기거나 화풀이를 하지 않았습니다. 그리고 자신의 잘못을 두 번 반복하지 않았습니다. 그런데 하늘은 그를 일찍 데려갔습니다. 명이 짧아 일찍 세상을 떠났지요. 이제 내 제자 중에는 그만큼 나의 가르침을 따르는 제자는 없는 것 같습니다."

공자가 안회를 그토록 아꼈던 이유는 그가 자신의 잘못을 인정할 줄 아는 사람이었다는 것입니다. 인간은 실수와 잘못을 통해 발전합니다. 수많은 시행착오를 통해 성장하는 것이지요. 인간관계에서 잘못과 실수의 인정, 정말 힘들지만 꼭 필요한 덕목입니다. 잘못을 안 하는 분도 훌륭하지만 해놓고 인정한 후에 고치는 분은 더 훌륭한 것 같습니다.

네 번째는 '관용'입니다. 관용은 상대방의 다름에 대한 포용입니다. 《논어》 전반에 걸쳐 성숙된 인간의 기본 중 다름에 대한 인정은 자주 나오는 구절입니다. '화이부동和而不同', 다름을 인정하고 같음을 강요하지 마라. 전에 배웠던 군자의 철학입니다. 우리가 자주 사용하는 말 중에 이단異端이라는 말이 있습니다. 사전적으로 참 다양한 뜻을 가지고 있습니다. 하이레시스hairesis, 이단은 선택choice이나 의견opinion이라는 뜻도 가지고 있습니다. 그러니까 어떤 정통에 대한 다른 선택과 의견이 이단이 가지고 있는 뜻입니다. 종교와 사상은 이단에 가차 없는 비판을 가합니다. 기독교는 복음에 대한 이단에 대해 극도로 혐오감을 보이고, 불교 역시 부처님의 가르침에 위배되는 분파의 의견에 고운 눈길을 주지 않습니다. 우리 사회에서도 사회가 선택하고 있는 이데올로기나 국가 체제에 반하는 모든 사상과 생각에 대해 호의적으로 대하지 않습니다. 이렇듯 이단은 시대를 초월하여 그 시대에 정통이라고 여겨지는 것들로부터 비판의 대상이 되어왔습니다. 《논어》에도 이단에 대한 언급이 있습니다.

자왈子曰 공호이단攻乎異端 사해야이斯害也已인저.

참 해석이 난감한 문장입니다. '이단을 공격하면 이것은 곧 손해를 볼 것이다.' 이 문장의 직역만으로 보면 나와 다른 생각을 가지고 있는 사람과 그 가치에 대해 함부로 공격하지 말라는 뜻입니다. 역대 유교 학자들은 이 문장이 굉장히 곤혹스러웠을 것입니다. 공자님의 말씀과 다른 사상을 존중하고 인정하라는 뜻으로 해석하기에는 당파주의가 용납하였을 리가 없었죠. 특히 12세기의 주자는 이 구절에 대해 매우 난처해하였습니다. 왜냐하면 주자가 신문명을 건설하는 과정에서 가장 먼저 해야 할 일이 이단 척결이었기 때문입니다. '불교, 도교와 같은 종교들이 인간의 기본 정신을 유린하고 있다. 인간의 존엄과 가치를 신의 영역 밑에 놓은 내세 중심의 종교를 몰아내고 인간 중심의 현실 세계를 회복해야 한다.' 이런 생각을 가진 주자가 이 구절을 그냥 놔둘 리가 없었죠. 주자의 성리학은 서양의 십자군과 비슷합니다. 불교라는 외래 종교를 쳐부숴야 한다는 강한 정통주의orthodoxy를 가졌던 사람이 바로 주자입니다. 주자가 이것을 어떻게 할지 고민하다가 이 공攻자에서 오른쪽을 빼고 왼쪽만 남겨놓았습니다. '원래 공격한다는 뜻의 공攻은 공부한다는 뜻의 공工이다. 그래서 공호이단工乎異端, 이단을 공부한다면 이것은 해가 될 뿐이다.' 이렇게 바꿔버렸습니다. 나와 다른 의견과 선택을 공부하는 것은 결국 나에게 손해를 끼칠 것이란 해석입니다. 기가 막히게 비켜나간 해석입니다. 그러나 저는 이 공攻은 공격한다는 뜻 그대로 해석해야 한다고 생각합니다. 《논어》의 모든 전반적인 흐름은 다름에 대한 관용입니다. 나와 다르다는 생각만으로 그들을 공격하고 매도하는 것에 대해 공자는 부정적인 생각을 가지고 있었습니다. 우리는 이제 다르다는 이유만으로 돌을 던지고 매도하는 일은 없어야 할 것입니다.

이해를 돕기 위해 지금까지 제시한 인간관계에 대한 항목을 표로 만들었습니다. 인간관계 4계명. 공감, '기소불욕己所不欲 물시어인勿施於人, 내가 하고 싶지 않은 일을 남에게 시키지 마라.' 선행先行, '불환인지不患人之 불기지不己知, 다른 사람이 나를 알아주지 않는다고 근심하지 마라.' 인정, '과즉물탄개過則勿憚改, 내가 상대방에게 잘못을 저질렀으면 고치는 데 두려워하지 마라.' 관용, '공호이단攻乎異端 사해야이斯害也已, 나와 다른 관점에 서 있는 사람을 공격하는 것은 해가 될 뿐이다.'

인간관계 4계명		
	원문	해석
공감	기소불욕물시어인 己所不欲勿施於人	내가 하기 싫은 일을 남에게 시키지 마라.
선행先行	불환인지불기지 不患人之不己知	남이 나를 알아주지 않는다고 근심하지 마라. 내가 먼저 상대방을 알아줘라.
인정	과즉물탄개 過則勿憚改	잘못이 있다면 고치기를 두려워하지 마라. 잘못을 인정하라.
관용	공호이단사해야이 攻乎異端斯害也已	남을 공격하면 이것은 나에게 해가 될 뿐이다. 다름을 포용하라.

신뢰는 마지막 히든카드, 무신불립無信不立

도요타와 폭스바겐, 옥시 같은 세계적인 대기업들이 시장에서 점점 경쟁력을 잃게 되는 이유 중 하나가 신뢰의 부재입니다. 잘못을 인정하지 않고 끝까지 버티다가 결국 회사의 경쟁력도 잃고 시장의 신뢰마저 잃어버리는 실수를 범하게 된 것입니다. 기업의 생존에서 신뢰를 잃으면 얼마나 힘들어지는지 우리는 경험을 통해 많이 알고 있습니다. 우리 인생도 마찬가지입니다. 친구로부터 신뢰, 가족의 신뢰 등 신뢰는 그 사람의 삶에 깊이 관여하게 됩니다. 돈이 많고 힘이 세도 신뢰가 없으면 더 이상 삶의 질이 높아지지 않습니다. 그 사람을 더 이상 믿지 못하게 된다는 것은 그 사람의 존재를 부정하는 것이기 때문입니다. 공자의 제자 자공子貢이 공자에게 정치에 대해 묻는 수업 장면이 《논어》에 나옵니다. 아마도 정치학 수업 시간이었던 것 같습니다. 자공의 정치란 무엇이냐는 질문에 공자는 세 가지 정치의 요소로 대답합니다. "정치는 백성들이 먹고살게 해주어야 하고〔足食〕, 군사력을 키워 방어를 통해 생존이 가능해야 하고〔足兵〕, 백성들의 신뢰가 있어야 한다〔民信〕." 요즘 정치학에 대입해도 통찰력 있는 공자의 답변입니다. 국민들을 배불리 먹일 수 있는 경제력을 갖추고, 군대의 자위력을 통해 외적의 침입을 억제할 수 있는 국방력과, 국민들의 신뢰를 가장 중요한 정치의 목표라고 한 것입니다. 경제력〔食〕, 군사력〔兵〕, 사회적 신뢰〔信〕. 그런데 자공은 공자가 말한 세 가지 정치 요소가 그렇게 마음에 와 닿지 않았나 봅니다. 자공은 공자의 제자 중에서도 상인 출신의 재벌이었기 때문입니다. 자공은 사마천의 《사기》중 재벌들의 이야기인

〈화식열전貨殖列傳〉에도 등장합니다. 사마천은 자공이라는 사업가가 없었다면 공자가 이름을 널리 알리지 못하였을 것이라고 합니다. 자공이 당시에 워낙 잘 알려진 사업가였기 때문에, 자공이 존경하는 선생이라니까 사람들이 관심을 가져 결국에 공자가 유명해졌다는 것입니다. 자공은 사업에 눈이 밝았고 현실적인 사람이었습니다. 그러나 공자는 자신의 자금을 대주고 뒤에서 보필하는 자공을 탐탁지 않게 생각합니다. 지나치게 돈에 집착하는 자공에 대해 약간의 멸시감까지도 가지고 있었습니다. 그런데 공자가 죽고 나서 제자들이 3년간 공자의 무덤 옆에서 시묘할 때 자공만이 6년 동안 시묘를 하였습니다. 어떻게 보면 공자가 죽고 나서 가장 충성심을 보인 사람은 자공입니다.

《논어》에는 자공에 대한 이야기가 많이 나옵니다. 공자 아카데미에 돈이 떨어지면 돈을 대는 사람이 바로 자공이었습니다. 공자 아카데미는 당시 다양한 신흥 계층들이 모여 만든 집단이었습니다. 조폭 출신인 자로에서 상인 출신인 자공, 천민 출신인 중궁, 정말 답답하지만 지독하게 공자의 말을 실천하려고 노력한 안연까지 다양한 제자들이 있었습니다. 자공은 공자에게 다시 묻습니다. 자공이 재차 공자에게 물었던 까닭은 무엇이었을까요? 결국 경제력이 가장 중요하다는 말을 듣고 싶었을 것입니다. 그래서 정치의 세 가지 요소가 무엇이냐고 물었을 때 공자가 "정치는 배불리 먹이는 경제력이다"라고 대답해주기를 바랐을 것입니다. 그런데 공자가 국방력과 사회적 신뢰를 함께 이야기하니 성에 차지 않았겠지요.

필부득이이거必不得已而去인데 어사삼자於斯三者에 하선何先이리오?

반드시 부득이해서 하나를 빼야 한다면 이 세 가지 것 중 어느 하나를 먼저 빼야 하겠습니까?

경제력, 국방력, 사회적 신뢰 중 우선순위를 정한다면 어떤 것이 가장 아래인지를 물었던 것입니다. 공자는 자공이 원하는 대답을 하지 않았습니다.

왈거병曰去兵이니라.
군대를 포기해야 한다.

부득이해서 세 가지 중에 하나를 포기한다면 군대를 포기해 다른 방식으로 생존을 추구하겠다는 말입니다. 자공은 집요하게 계속 물었습니다. "선생님 그러면 경제와 신뢰 중 어떤 것이 우선입니까?" 이제부터 공자의 고민이 시작됩니다. 여러분들의 생각은 어떻습니까? 인생을 살면서 먹는 것과 신뢰, 둘 중에 하나를 고르라면 무엇을 선택하시겠습니까? 글쎄요, 제가 이런 질문을 받는다면 먹는 것을 가장 포기하지 못할 것이라고 대답할 것 같습니다. 사람은 결국 먹고살 수 있는 물질적 토대가 있어야 신뢰도 있고 명분도 있는 것 아니겠습니까? 공자는 단호히 대답합니다.

왈거식曰去食이니라! 자고개유사自古皆有死나 민무신불립民無信不立이니라!
먹는 것을 포기하겠다. 어차피 인간은 언젠가 죽어야 하는 존재다. 신뢰가 없다면 살아도 산 것이 아니기 때문이다. 국가가 백성들의 신뢰가 없다면 존립 기반이 없어지게 된다.

'무신불립無信不立.' 신뢰야말로 조직 존립에 가장 중요한 기초라는 것입니다. 이 《논어》의 구절에 동의하지 않는 분들이 많이 있을 것입니다. 먹고살 것이 없는데 무슨 신뢰가 의미가 있는가? 《관자管子》에서도 '창고가 가득 차야 예절을 알고, 등이 따뜻하고 배가 불러야 체면과 명예를 안다'는 구절이 있습니다. 예절이나 체면은 결국 물질적 풍요를 전제로 한다는 것이지요. 그러나 공자가 말하고자 하는 뜻은 약간 다릅니다. 결국 정치의 핵심은 신뢰이며 신뢰를 잃어버리면 권력의 존립 기반이 없어지니, 정치가들은 백성들의 신뢰를 저버리지 않아야 한다는 준엄한 경고입니다. 정치가들이 국민들의 신뢰를 잃었을 때 결국 정치권력은 무너지고 맙니다. 민주주의든 독재국가든 국민들이 더 이상 신뢰하지 않으면 표로 권력을 무너트리든 혁명으로 권력을 바꾸든 결국 권력의 존립 기반이 붕괴됩니다. 그래서 조직의 가장 중요한 기반이 바로 신뢰라는 것입니다.

저는 요즘 신뢰가 타인으로부터 나오는 것이 아니라 나로부터 나오는 것이라는 생각을 합니다. 내가 나를 믿고 확신해야 다른 사람들도 나를 믿고 확신할 것이라는 생각입니다. 내 영혼이 나를 믿고 확신하면 그 사람의 존립 기반은 단단합니다. 나에 대한 신뢰가 있으면 어떤 역경에서도 흔들리지 않습니다. 수천만 명의 사람이 나를 비난해도 내가 나를 믿는다면 그 사람은 부동심의 상태를 유지할 수 있을 것입니다. 우리 시대는 내가 나를 신뢰하지 못하는 시대입니다. 내가 하는 일, 내가 만나는 사람, 내가 하는 결정을 신뢰하고 무소의 뿔처럼 당당하게 살아간다면 그 사람의 기반은 흔들리지 않는 바위와 같습니다. 내가 나를 흔들지 않으면 누구도 나를 흔들어댈 수 없습니다. '무신불립無信不立.' 내가 나를 믿지 못하면 내 존재의 존립 기반은 없어질 것이란 해석을 해봅니다.

인仁, 요리사는 고객을 위해 요리해야 한다

인仁은 《논어》에서 많이 등장하는 글자입니다. 공자는 스스로 인仁이야말로 인간의 가장 중요한 씨앗이라고 인정하였습니다. 인간이란 바로 인仁이란 생각입니다. 인仁은 사람 인人에 두 이二가 합하여 만들어진 글자입니다. 나 혼자만이 아니라 상대방이 있음을 인정해주는 공감과 배려가 인仁의 본래 뜻입니다. 인仁은 하늘이 인간에게 부여한 인간다움의 씨앗입니다. 《논어》에 나오는 인仁에 관한 공자의 생각들을 정리하면 아마도 우리가 이 시대에 어떻게 인간다움을 구현하고 살아야 할지 답을 찾을 수 있을 것 같습니다. 먼저 공자의 제자 중 천민 출신이었던 중궁이 공자에게 인仁에 대해 묻는 장면부터 살펴보도록 하죠.

중궁문인仲弓問仁한데 자왈子曰 출문여견대빈出門如見大賓하라 사민여승대제使民如承大祭하라 기소불욕己所不欲이어든 물시어인勿施於人하라.

중궁이 군자의 덕목인 인仁에 대해서 물었다. 공자는 대답하였다. "네가 문 밖을 나서는 순간 만나는 모든 사람을 큰 손님 뵙듯이 존중하라. 아랫사람에게 일을 시킬 때는 마치 큰 제사를 받들듯이 상대방을 공경하며 일을 시켜야 한다. 네가 하고 싶지 않은 일을 상대방에게 전가하려 하지 마라. 이것이 진정 인仁을 행하는 사람이다."

인仁은 한마디로 상대방에 대한 존중과 배려입니다. 상대방이 길을 가다 우연히 마주친 사람이든 나의 아랫사람이든 인간은 누구나 위대한 존재이며, 그 존재를 대하는 나는 최대한 상대방을 존중하고 배려하는 마음을 가지고 대하는 것이 진정 인仁을 행하는 사람의 자세라는 것입니다. 물론 이런 생각의 중심에는 인간에 대한 믿음이 있습니다. 인간은 우주의 위대한 영성을 갖고 태어난 존재라는 것입니다. 인仁은 관념이 아닙니다. 높은 자리에 있는 사람이 머리로만 세상 사람을 사랑하고 아끼는 관념적 사랑과 인자함이 아니라, 삶의 현실 속에서 진심에서 우러나오는 인간에 대한 사랑과 실천이 인仁입니다. 상대방의 입장에서 고민하고, 상대방의 관점에서 사실을 바라보는 습관은 인仁을 실천하는 사람의 습관입니다. 저는 인仁이야말로 경영의 핵심이라는 생각이 듭니다. 무엇을 만들더라도 그것을 사용하는 고객의 관점에서 생각해보는 것이 따뜻한 인仁의 마음입니다. 요리사가 정말 요리를 잘한다면 그 요리를 먹는 손님의 입장에서 만드는 것입니다. 이처럼 먹는 사람의 관점에서 생각해보고 만드는 것이 인仁입니다. 인仁을 가지고 있다면 최고의 요리사로서 최고의 식단을 꾸릴 수 있습니다. 다시 한 번 강조하지만 인仁은 관념이 아닙니다. 실행practicing입니다. 실행하지 않는 머릿속의 인仁은 인仁이 아닙니다. 인仁을 질문하였던 중궁이라는 제자는 공자의 제자 중 가장 천민 출신입니다. 누군가가 공자에게 와서 왜 천민 출신인 중궁을 제자로 받아들이는가 하고 따지자 공자는 "얼룩소가 황소를 낳았다고 산천이 그 소의 제사를 받아들이지 않겠는가?"라고 답합니다. 얼룩소, 즉 어미는 별 볼 일 없는 소라고 해도 새끼소가 황소라면 그 황소를 봐야지 부모를 볼 필요는 없습니다. 그 사람이 능력만 있다면 그 사람의 출신 성분과 배경을 가리지 않고 받아들여야 한다는 공자의 사람 보는 관점입니다. 공자의 이런 생각은 인간은 누구나 위대한 하늘다움을 갖고 태어났기에 그의 출신과 성분 배경과 상관없이 노력만 하면 얼마든지 위대한 나를 만들 수 있다는 인간관입니다. 저는 《논어》의 이 구절을 읽을 때마다 공자가 꿈꾸었던 세상을 상상해봅니다. 소수 권력과 다수 민중의 이중적 대립의 시대를 고민했던 공자는 인간이 인간을 당연하게 지배하고 속박하는 것에 대해 반감을 가졌습니다. 모든 인간은 누구나 위대한 천성天性을 가진 존재라는 전제가 공자 생각의 기반이었습니다. 살면서 만나는 모든 인간에 대한 존중, 나보다 아랫사람에 대한 배려는 신분제 자체를 부정한 것은 아니지만 최소한 인간의 권리는 강력하게 주장한 것입니다. 비록 세상의 모든 인간은 평등하다는 법체계 속에 살고 있는 요즘이지만, 1퍼센트와 99퍼센트의 차별이 여전히 존재하고, 계층 간의 차별과 단절이 사회문제로 늘 이야기되기에 공자의 인간에 대한 존엄과 배려의 사상은 여전히 우리 문제를 해결하는 단초가 될 수 있습니다.

인仁, 냉장고가 없어도 행복한 삶

공자의 제자 중 공자가 가장 아끼던 제자는 단연 안연이었습니다. 자신보다 어쩌면 더 배움을 실천하는 제자 안연을 보고 공자는 마음속 깊이 제자에 대한 존경의 마음까지 품었을 것입니다. 사실 아무리 스승이라고 해도 자신이 한 말을 다 지키며 살기란 쉽지 않습니다. 그러나 안연은 공자의 가르침을 공자보다도 더 실천하며 살았습니다. 그런데 안연은 서른 살 무렵에 죽었습니다. 갑자기 머리가 하얗게 세서 죽었다고 합니다. 안연에 대한 일화는 많습니다. 특히 그의 역경을 극복하는 자세는 그 누구보다도 월등하였습니다. 공자는 안연의 역경에 대한 흔들리지 않는 정신 자세를 이렇게 평가하였습니다.

> 일단사一簞食와 일표음一瓢飲으로 재루항在陋巷을 인불감기우人不
> 堪其憂어늘 회야불개기락回也不改其樂하니 현재회야賢哉回也여!
>
> 한 그릇의 대죽 그릇의 밥을 먹고 한 표주박의 물을 마시며 누추하고
> 궁벽한 마을에 살아가는 것은 일반적인 사람들은 그 어려움을 견디
> 지 못하는데 안회는 자신의 즐거움을 잊지 않고 유지하니 현명하구
> 나, 안회야!

일반적인 사람은 배고픔과 어려움이 다가오면 자신의 가치와 삶의 방식이 무너지는 경우가 많습니다. 그러나 안연은 어떤 어려움 속에서도 자신의 즐거움[樂], 삶의 가치를 잃지 않고 유지할 수 있었스

는 공자의 경탄에 가까운 칭찬입니다. 이것이 진정 공자가 감탄한 수제자 안연의 강점입니다. 행복이 영혼의 떨림대로 사는 것이라면, 영혼이 지치고 힘들 때 행복도 함께 지치고 무너집니다. 갑작스런 불행이 마음을 흔들기도 하고, 관계의 악화가 인간의 마음에 상처를 주기도 합니다. 그럴 때 세상은 귀찮아지고 삶이 흔들리게 됩니다. 그런데 안연은 아무리 어려운 상황이라도 자신의 영혼을 지키며 살았다는 것입니다. 제가 아는 분 중에 도시를 떠나 농촌에서 최소한의 노동과 최소한의 돈으로 인생을 살아보겠다고 시도하는 분들이 있습니다. 더 많은 것을 가지려면 더 많은 노동을 해야 하기에 최소한의 노동과 돈으로 살아본다는 결심입니다. 냉장고를 없애니 잔여 음식 재료가 저절로 없어지게 되었고, 찬물을 받아서 밖에 놔두면 태양의 열을 받아 미지근하게 되어 더운물로 사용합니다. 핸드폰은 있으나 SNS는 하지 않고 최소한의 기본료만 내며, 난방은 나무를 주워 난로에 때서 한다고 합니다. 이렇게 하니 한 달에 몇 십만 원이면 지낼 수 있게 되었고, 자신의 노동도 그 액수에 맞추게 되니 남은 시간은 본인 영혼의 떨림을 소중히 여기며 지낸다는 것입니다. 현대사회에서 참으로 실행하기 어려운 삶의 방식이지만 부족과 결핍이 자신의 삶에 상처를 주지 않는다는 전제만 있으면, 그런 삶 역시 행복을 유지하는 데 전혀 지장을 주지 않을 것이란 생각을 해봅니다. 집, 가전제품, 자동차 등의 물건을 할부로 사서 유용하게 사용하지만 그것을 유지하기 위해서는 더욱 강도 높은 노동을 할 수밖에 없고, 그래서 영혼의 떨림을 느낄 수 있는 시간을 갖지 못하는 악순환이 반복되는 삶과 비교하면 어떤 것이 진정 행복한 인생인지는 함부로 재단할 수 없을 것 같습니다. 분명한 것은 많은 소유가 곧 행복이 아니라는 것은 확실합니다. 소유와 풍요를 행복으로 전환시키는 능력이 부족하다고 합니다. 그런데 안연은 부족과 결핍의 생활 속에서도 자신의 행복(樂)을 놓치지 않고 살았기에 공자가 그토록 안연에 대하여 감탄하는 것입니다.

안연과 경쟁하던 공자의 제자 자공은 안회와 자신을 비교하면서 안연은 하나를 들으면 열을 아는 사람(聞一知十)이지만 자신은 하나를 들으면 둘 정도 아는 사람(聞一知二)이라고 평가하기도 하였습니다. 그만큼 안연은 동료와 스승에게 모두 인정받았던 사람이었습니다.

어느 날 안연이 인仁에 대해 공자에게 물었을 때 공자는 이렇게 대답합니다.

극기복례위인克己復禮爲仁.

자신을 이기고 예를 회복하는 것이 인仁이다.

극기복례克己復禮, 많은 분들이 들어본 유교의 핵심 가치이지만 극기훈련 할 때 '극기克己'를 떠올리시는 분이 많을 것입니다. 여기서 극복해야 할 나(己)는 '육체적인 나'보다는 '이기利己적인 나'입니다. 남을 배려하지 않는 이기적인 나를 극복해야 된다는 것입니다. 그리고 '복례復禮'는 '사회적 정의(禮)를 회복하라'는 뜻입니다. 이기적인 나를 극복하고 사회 관계망의 정상적인 가동을 위해 상호 상생하는 예禮를 다시 복구하자는 것입니다. 요즘 우리의 고민은 강자 독식의 세상이 아닌 강자와 약자가 상생 공존하는 세상입니다. 자본이 어느 한 계층과 집단만을 위해 존재한다면 그 자본은 척결해야 할 대상입니다. 이익은 공유되어야 하며, 자본은 모든 사람들을 위해 존재해야 합니다. 갑을 위한 을의 일방적인 희생이 아니라 갑과 을의 각자 상황에 맞는 공존과 상생의 원리가 예禮입니다. 아이들이 절을 하면 부모는 절값으로 세뱃돈을 주는 것이 예禮입니다. 노동자가 노동력을 투입하여 자신의 인생을 할애하였다면 반드시 그 대가를 지불하는 것이 예禮입니다. 상대방에게 받기만 하고 주지 않는 것은 무례無禮한 것입니다. 공자가 안회의 인仁에 대한 질문에 '극기복례克己復禮'라고 대답한 것은, 인仁은 인간에 대한 존중과 배려이며 그 존중은 상호 공생과 상생에 기반하고 있다는 뜻입니다. 공자가 살던 시대는 승자 독식의 시대였습니다. 백성들은 귀족들의 전쟁에 동원되는 병사들이고, 세금의 근원이며, 부역의 대상이었습니다. 공자는 귀족들이 자신들의 이기심을 극복하는 것이 인仁이라고 정의하고, 모든 지도자들은 인仁의 정치를 해야 한다고 주장하였습니다. 공자가 요즘 자본가들이 자본의 증식을 위한 수단으로 노동자와 직원들을 대하는 것을 보았다면 무례無禮라고 하였을 것입니다. 상생과 주고받는 대등의 관계를 통해 사회가 안정될 수 있다고 본 것입니다. 공자는 인仁의 정치를 하면 결국 천하의 모든 사람들이 그에게 모여들 것이며, 그 인仁의 주체는 남이 아닌 나로부터의 혁명이어야 한다고 강조하였습니다.

일일극기복례一日克己復禮면 천하귀인언天下歸仁焉이니 위인유기 이유인호재爲仁由己而由人乎哉아?

만약 하루만이라도 너의 이기심을 극복하고 상생의 예禮의 정치를 시행한다면 천하의 모든 인심이 너의 사랑의 정치에 모여들 것이다.

사랑의 정치를 하는 것은 나에게서 시작되는 것이지 타인의 눈을 의

식해서 시작하는 것이겠는가?

《논어》에서 가장 많이 언급되는 인仁은 나의 이기심을 버리고 타인

과 상생의 삶을 추구하는 자기 혁명의 중요한 과제입니다.

인仁, 공자의 운전기사의 질문

《논어》에 인仁에 대해 가장 많은 질문을 한 사람은 번지樊遲라는 공자

의 운전기사였습니다. 공자의 수레를 몰았던 번지는 비록 다른 제자처

럼 뛰어나지는 않았지만 배움에 대한 욕구는 대단하였습니다. 그래서

마차를 운전하면서 공자에게 자주 직접적인 질문을 합니다. 번지가 운

전하다가 물었습니다. "선생님, 제자들이 선생님에게 자꾸 인仁이 무

엇이냐고 묻는데, 대체 인仁이 무엇입니까?" 이 번지의 물음에 공자가

가장 짧은 대답을 합니다.

　　인자仁者는 애인야愛人也라.

　　인은 사람을 사랑하는 것이다!

정말 짧고 강력한 대답입니다. '인仁은 사람에 대한 사랑이다!' 여기

서 애愛는 동사이고 인人은 목적어입니다. 동양 고전에서 사람 인人자가 나오면 대부분 타인으로 번역합니다. 나를 제외한 타자를 인人이라고 합니다. 인仁은 타인에 대한 사랑이라는 것입니다. 여기서 사랑도 남녀 간의 사랑 같은 느낌을 줄 수 있어서 보통은 아낄 애愛로 번역합니다. 사랑은 아끼는 마음에서 시작됩니다. 아끼기에 사랑이 깊어집니다. 새로 산 자동차를 닦고 광내고 하는 것은 아끼기 때문입니다. 내 자식을 사랑하고 아끼고, 나아가 타인의 아이까지 아끼고 사랑한다면 인仁의 확장입니다. 아끼는 사람에게 맛있는 음식을 만들어주고 편안한 잠자리를 제공해주고 싶은 것은 당연한 일입니다. 공자의 수레를 몰던 번지에게 공자는 타인에 대한 사랑과 아낌이 인仁이라고 말해줌으로써 질문에 답하였습니다.

인仁은 관념이 아니라 실천입니다. 인仁은 내 부모와 내 자식에 대한 사랑과 배려에서 시작합니다. 그것을 확장하면 이웃 아이들에게, 더 나아가 이 세상 모든 아이들에게까지 확장해나갈 수 있습니다. 사랑은 확장입니다. 어디서부터 시작합니까? 가까운 데서부터입니다. 제일 가까운 곳은 어디입니까? 바로 나입니다. 나부터 사랑하는 것입니다. 나는 우주의 위대한 하늘다움[天性]을 가지고 태어난 존재입니다. 그런 나를 사랑하지 않는다는 것은 나의 존재를 부정하는 것입니다. 맹자는 '자포자기自暴自棄'하지 말라고 말합니다. 위대한 나에게 포악하거나 스스로를 버리지 말라는 것입니다. 나를 막 대하지 말라는 것입니다. 나는 사랑받아야 될 존재라는 것입니다. 나에 대한 사랑에서 시작해서 그 사랑의 충만함이 내 자식, 부모, 이웃, 형제, 그리고 온 세상에까지 나아간다면 그것이야말로 인仁의 가장 훌륭한 경로라고 할 수 있습니다.

　한번 돌아보십시오. 스스로를 사랑하고 있는지. 내 가족들, 가까운 친척들, 내 주변 사람들에게 내가 할 수 있는 배려와 존중을 다하고 있는지. 만약 그렇다면 타인에 대해서도 얼마든지 인仁을 실천할 수 있습니다. 유교에서 제일 싫어하는 것이 가까운 사람에게는 못하고 밖에 있는 사람에게만 잘하는 것입니다. 밖에 나가서 누군가에게 경배하고 물을 떠 올리기 전에, 먼저 본인의 부모님에게 밥을 차려주고 나가라고 합니다. 바깥에서부터 시작하지 말라는 것입니다. 이것이 유교의 인仁의 확장애주의擴張愛主義입니다. '수신제가치국평천하修身齊家治國平天下'가 무엇입니까? 안에서부터 시작해서 밖으로 확장해나간다는 것입니다. 절대로 바깥에서부터 들어오는 것이 아닙니다. 인仁은 가까운 데서부터 시작해서 먼 데까지 확장해나가는 것입니다.

공자의 도, 일이관지一以貫之

73세까지 인생을 살았던 공자의 꿈[道]은 그의 제자 증자에게 전해집니다. 공자에게는 수많은 후계자가 있었지만 결국 공자의 뒤를 이어 도통의 맥을 전달받은 사람은 증자였습니다. 증자는 다른 제자에 비해 월등한 실력을 인정받은 제자는 아니었지만 꾸준하게 공자의 도를 실천한 제자였습니다. 공자가 증자에게 자신의 도를 전달하는 장면이 《논어》에 나옵니다. 부처가 자신의 제자 가섭迦葉에게 불법을 전하는 장면과 너무 유사합니다. 원문을 옮겨봅니다.

자왈子曰 삼호參乎아! 오도吾道는 일이관지—以貫之니라 증자왈曾子曰 유唯라 자출子出커늘 문인門人이 문왈問曰 하위야何謂也오 증자왈曾子曰 부자지도夫子之道는 충서이이의忠恕而已矣니라.

공자가 말하였다. "증자야, 내 도는 일관된 것이 있느니라." 증자가 대답하였다. "알고 있습니다." 공자가 문을 나서거늘 제자들이 증자에게 가서 물었다. "네가 알고 있다는 선생님의 도는 무엇인가?" 증자가 말하였다. "선생님의 도는 충서忠恕일 뿐이다!"

수많은 공자의 제자 중에 결국 후계자로 꼽힌 사람은 가장 우둔하고 머리가 나쁘며 하나를 가르쳐주면 하나밖에 모르는 증자였습니다. 원문에서 '삼參'이 바로 증자의 이름인데 《대학》을 썼다고 알려져 있습니다. 공자의 직계 제자이면서 공자 아카데미의 2대 총장으로 등극합니다. 공자, 증자, 자사子思子, 맹자, 이것이 공자의 도통 계보입니다. 공자가 자신의 도통을 이어줄 사람을 발표하는 자리에서 모든 제자를 제치고 증자에게 질문을 합니다. 자신이 평생 동안 추구하였던 일이관지—以貫之, 일관된 도를 물었습니다. 이것은 공자가 평생 동안 추구하였던 도의 일관성이 있는데 증자가 그것을 안다면 자신의 자리를 물려주겠다는 뜻이었을 것입니다. 부처님도 영산靈山에서 설법을 하시며 자신의 도통을 받을 제자를 물색하고 있었습니다. 부처님이 꽃 한 송이를 땄을 때 제자들은 당황하였습니다. 그런데 그때 가섭이라는 제자가 미소를 지었습니다. 결국 부처님의 도는 그의 제자 가섭에게로 이어졌습니다. 유명한 염화미소拈花微笑의 이야기입니다. 공자의 약간은 선禪적인 질문에 증자는 wei(唯), "예!" 하고 짧게 대답하였습니다. 잘 알고 있다는 긍정의 대답이었습니다. 다른 제자들은 깜짝 놀랐을 것입니다. '아니, 저 별 볼 일 없는 친구가 어떻게 선생님께서 한평생 추구한 일관된 도를 함부로 안다고 선뜻 대답하는 것인가?' 공자는 아무 말 없이 그 자리에서 나갔습니다. 증자가 정확히 자신의 일관된 도를 알고 있다는 긍정의 표시였습니다. 그 자리가 얼마나 술렁거렸을까요. 공자의 후계자가 정해지는 순간 당황한 사람들이 많았을 것입니다. 공자가 나가고 제자들은 증자에게 모여들어 다그치듯 물었습니다. "무엇이냐? 네가 안다고 대답한 스승의 평생 일관된 도가?" 그때 증자는 제자들에게 한 마디로 공자의 도를 '충서忠恕'라고 정의하였습니다. 그 후부터 모든 제자들은 증자를 공자 문하의 2대 후계자로 모셨습니다.

충서忠恕에 대한 다양한 해석이 많습니다. 분명한 것은 충忠은 우리가 알고 있는 국가에 대한 충성의 충忠은 아니라는 것입니다. 충忠은 나 자신의 모든 능력을 다하는 것입니다. 군인이 국가를 위해 최선을 다해 싸우는 것도 충忠이지만 커피 한 잔을 끓이더라도 최선을 다하는 것이 충忠입니다. 공장에서 진심을 다하여 제품을 만드는 것도 충忠입니다. 충忠은 어떤 일이든 내 안의 모든 능력을 동원하여 최선을 다하는 것입니다. 충忠을 다하여 물건을 만드는 기업은 흥할 것입니다. 나사 하나를 조일 때도 최선을 다할 것이니 그 충忠은 명품을 만들어낼 것입니다. 한 땀 한 땀 최선을 다하는 것, 그것이 충忠입니다. 충忠이라는 것은 쉽지 않습니다. 왜냐하면 늘 상대방을 배려하는 인仁의 실행 방식이기 때문입니다. 이렇게 최선을 다하는 것이 충忠이라면 서恕는 무엇일까요? 최선을 다한 내가 확장하여 타인에게 미치는 것이 서恕입니다. 내 안의 위대한 능력을 밝히는 것이 명덕明德의 충忠이라면, 그 능력을 확장하여 동시대 사람들을 새롭게 하고 그들과 함께 새로운 세상을 만드는 것이 신민新民의 서恕입니다. 나를 수행하고 단련하는 수기修己의 충忠이 있으면 수행된 나를 확장하여 세상 사람들을 행복하게 하는 안인安人의 서恕가 있습니다. 나의 성공을 이웃과 함께 나누는 것이 바로 충서忠恕입니다.

우리는 우주의 중심에서 나와 이웃과 함께 공존하고 있습니다. 이런 전제 하에 나만이 아닌 우리의 목표를 공유하고 함께할 때 우리는 진정 우주적 존재라고 할 수 있을 것입니다. '참여형 인간', 이것은 유교뿐만 아니라 다양한 사상과 종교에서도 공통적으로 지향하는 가치입니다. 나 혼자 도를 닦고 완전한 인간으로 되는 것뿐만 아니라 이웃도함께 그 기쁨과 경지를 맛보게 해주는 것이 종교의 근본 원리입니다. 때로는 지나친 사회참여와 간섭으로 타인을 자신의 생각으로 재단하고 규제하는 폐단이 있지만, '나와 이웃의 공존'이라는 의도 자체는 나쁘지 않습니다. 돈을 벌어 성공한 사람이 세상 사람들과 그 부를 나누고 공유한다면 충서忠恕의 도를 실천하는 사람입니다. 내가 배운 지식과 경험을 나 혼자만이 아닌 사회와 나누려는 사람이라면 충서忠恕를 실천하는 사람입니다. 산속에 틀어박혀 오로지 자신의 즐거움만 즐기고, 세상사와 격리되어 나와 상관없다고 하는 사람은 충서忠恕와는 거리가 먼 사람입니다. 공자는 14년간 유랑 생활을 통해 자신의 생각을 세상에 알리려고 하였습니다. 많은 고난과 박해가 있었지만 자신에게 주어진 소명을 포기하지 않았습니다. 이런 충서忠恕의 정신은 동아시아 지식인들에게 많은 영향을 끼쳤으며, 동아시아의 노블레스 오블리주라고 불릴 만한 가치였습니다. 세상과 유리되지 않고 공존과 상생을 추구하는 사회참여 가치입니다. 저는 충서忠恕야말로 이 시대의 유교, 나아가 아시아적 가치가 갖는 굉장히 중요한 덕목이라고 봅니다.

도덕적 자각과 법 시스템 사이의 균형점

동양의 후진성을 논할 때 《논어》의 사례로 많이 드는 것이 아버지의 절도를 고발한 젊은 아들의 이야기입니다. 어느 귀족이 공자에게 찾아가서 자신이 사는 곳에 정직한 젊은이가 있는데, 그 이유는 아버지가 양을 훔친 것을 관가에 고발하였기 때문이라고 말하였습니다. 공자는 그 말을 듣고 정색을 하며 반대 의견을 냅니다. '내가 아는 정직은 자식이 부모의 잘못을 덮어주고 부모가 자식의 허물을 덮어주는 것'이라는 것입니다. 형식적으로만 보면 공자는 부모와 자식이 서로 범법 행위를 덮어주고 불법행위를 하는 것을 정당화하는 사람입니다. 그러나 공자가 꿈꾼 이상적인 세상은 법을 통한 질서 유지보다는 덕과 예를 통해 유지되는 사회였습니다. 음주 단속을 통해 음주운전 행위를 금지하는 것은 중요한 방법이지만, 문제는 단속만 피하면 아무런 죄의식이 없다는 것입니다. 쉽지 않은 이야기지만 운전자가 자발적으로 음주 후에 운전대를 잡지 않는 정신적 수준만 있다면, 그런 사회가 가장 이상적인 사회일 것입니다. 인간을 어떤 관점에서 보느냐에 따라 법과 규칙을 통해 단속해야 하는 대상인지, 아니면 자발적 도덕심에 의해 자기 규율을 지켜나가는 존재인지 구분됩니다.

《논어》에는 덕치와 법치라는 말이 자주 나옵니다. 덕으로 유지되는 세상과 법으로 유지되는 세상에 대한 구분입니다. 법만으로 통치되는 사회는 도덕적 자각의 결여와 법망을 피하는 방법에 대한 다양한 강구 때문에 오히려 힘없는 사람들이 피해자가 될 수 있습니다. 도덕적 자각과 덕으로 통치되는 사회는 자발적 질서 유지는 가능하지만 모든 인간이 다 도덕적일 수 없다는 문제가 있습니다. 《논어》에 나오는 공자의 생각을 원문을 통해 읽어보겠습니다.

> 자왈子曰 도지이정道之以政하고 제지이형齊之以刑이면 민면이무치民免而無恥니라 도지이덕道之以德하고 제지이례齊之以禮면 유치차격有恥且格이니라.
>
> 공자가 말하였다. "백성들을 법으로 인도하고 형벌로 통제하면, 백성들은 법과 형벌만 피하면 부끄러움이 없는 사람들이 된다. 지도자가 덕으로 그들을 인도하고 예禮로써 통제하면 사람들은 자신의 잘못된 행위에 대해 부끄러움을 느끼고 선에 이르고자 노력할 것이다."

요즘 로스쿨 제도가 정착되면서 1년에 몇 천 명의 법률가들이 배출되고 있습니다. 법률 전문가가 많아지면 법률 서비스의 양도 증가하게 됩니다. 옛날에는 서로 양보나 조율로 해결될 수 있던 문제들도 고소와 고발을 통해 문제를 해결하려 하고, 잘잘못을 따지기 전에 돈을 많이 가진 사람이 법률적 승자가 되어 오로지 돈에 의해 정의가 결정되는 폐단도 있게 됩니다. 사람들은 법망만 피하면 아무런 부끄러움을 느끼지 못하게 되고, 법망에 걸리면 자신의 운수를 탓하는 병폐가 만연하고 있습니다. 과속 카메라 앞에서만 속도를 줄이고 피해 가면 아무리 과속을 해도 죄책감이 없다는 것입니다. 자신의 지위를 이용하여 재산을 불리거나 부도덕한 행위를 하는 것이 법에 걸리지만 않는다면 어떤 부끄러움도 느끼지 못하는 사회는 불행합니다. 삶의 주체적 자각보다는 사역당하는 인생을 살기 때문입니다. 반면 도덕적 자각에 의해 유지되는 사회는 사람들이 늘 자신의 행위에 대해 돌이켜보고 반성과 개선을 자율적으로 하게 됩니다. 법이 아닌 자신의 양심으로 살아가기에 늘 성찰과 교정의 삶을 살게 됩니다.

도덕적으로 자각된 인간형을 만들 것인가, 아니면 시스템으로 다스려서 그 시스템만 빠져나가면 된다는 사람을 만들 것인가라는 질문에서 공자는 덕치를 강조합니다. 자발적이고 도덕적인 자각심에 의해 조직이 움직여야지 법과 시스템만 가지고는 안 된다는 것이지요.

그런데 도덕적인 자각심이 그냥 내버려둔다고 생겨날까요? 그래서 저는 어떤 한쪽을 강조하는 것보다는, 덕치와 법치라는 두 가지 통치 체제에 있어서 법치만 가지고는 안 된다는 의미로 받아들이고 싶습니다. 물론 법은 중요합니다. 그러나 거기에 자각적 도덕심이 없다면 아무리 시스템으로 사람들을 다스린다고 해도 될 일이 아닙니다. 법으로 막는다 해도 법을 피할 수 있는 방법이 나오기 때문입니다. 중국말에 이런 것이 있습니다. "쌍여우쩡츠어上有政策 시아여우뚜웨이츠어下有對策. 당이 정책을 만들면 우리는 대책을 만든다." 아무리 시스템을 만들어도 빠져나갈 구멍을 만들어내고야 만다는 것입니다. 어쨌든 덕치와 법치 사이에서 법만 가지고는 안 된다는 것을 말하고 있습니다.

제사상의 디저트 라인

유교에서 예禮는 중요한 덕목입니다. 그런데 우리가 아는 유교의 예禮는 약간 편향적입니다. 절의 종류와 절하는 방법, 복잡한 상례 절차, 다양한 복식과 제사 의식 같은 것은 예禮의 에티켓에 관한 부분입니다. 예禮는 그런 형식과 절차를 넘어서 사회적 관계에 관한 이야기입니다. 그러니 부모 자식 간에, 상사와 부하 직원 간에 예禮가 있는 것이고, 이것은 관계에 있어서 매우 중요한 소통 방식입니다. 예禮에는 일방적인 것이 없습니다. 상호 대등하다는 것입니다. 예를 들어 어떤 어린아이가 여러분에게 와서 인사를 하였을 때 나는 어른이니까 당연히 어린 사람한테 인사를 받아야 한다고 생각하고 답례하지 않는다면 무례한 것입니다. 지하철에서 자리를 양보받은 노인이 고맙다고 인사하는 것도 중요한 예禮의 소통입니다. 예禮는 일방적인 것이 아니라 반드시 소통이 뒤따라야 합니다. 아이가 절을 하면 하다 못해 덕담이라도 한마디 하는 것이 절을 받은 어른으로서의 예禮입니다. 내가 나이가 많으니까, 지위가 높으니까, 돈이 많으니까 받기만 하는 것은 예禮가 아닙니다. 다만 처한 상황에 따라 경중은 있습니다. 어른이니까 더 많이 줄 수 있고 아이니까 더 많이 숙일 수는 있습니다. 경중이 있을지언정 일방적인 예禮는 없습니다. 이것이 《논어》에서 말하는 예禮에 대한 굉장히 중요한 부분입니다.

예禮는 시대를 반영합니다. 시대에 따라 예禮의 형식과 절차가 바뀌는 것은 너무나 당연합니다. 저희 집은 1월 1일에 새해를 시작합니다. 요즘 신정과 구정이라고 나뉘었지만 새해가 시작되는 시간은 시대마다 모두 달랐습니다. 중국 하나라, 주나라, 은나라 정권이 바뀔 때마다 일 년의 시작은 모두 달랐습니다. 따라서 새해를 1월 1일로 정하고 있는 요즘 시대는 양력 1월 1일이 새해의 시작이며, 이때 모든 의식과 형식이 진행되어야 합니다. 예禮라는 것은 고정된 가치가 아니라 시대에 따라 얼마든지 변할 수 있기 때문입니다. 물론 많은 사람들이 음력 1월 1일을 새해의 시작으로 한다면 또한 바뀌어야겠죠.《논어》에서는 박물관 속의 예禮가 아니라 시대에 따라 변하고 살아 있는 예禮를 강조합니다.

> 자왈子曰 마면麻冕이 예야禮也이어늘 금야今也에는 준純하니 검儉이라 오종중吾從衆하리라.
>
> 공자가 말하였다. "옛날에는 마麻로 만든 모자를 쓰는 것이 예禮였지만 요즘에는 생사로 모자를 만들고 있으니 이것이 검소하다. 그러니 나는 요즘 대중들이 하는 방법인 생사 모자 쓰는 예禮를 따르겠다."

공자는 시대에 따라 예禮의 형식이 변화하며, 그 변화의 기준은 대중성과 검소함을 따르겠다는 것입니다. 옛날 모자를 마로 만드는 것이 예禮였다면 요즘 생사로 만드는 모자가 더 검소하기 때문에 대중성을 따르겠다는 것입니다. 모자를 쓰는 것은 오래된 예禮이지만 어떤 재료로 만들어야 하는 것은 시대에 따라 변화가 있기 때문입니다. 어떤 분이 제가 한복을 입고 구두를 신고 다니는 것을 보고 예禮가 없다고 지적한 적이 있습니다. 그러면 한복에 어떤 신을 신어야 예禮인가를 물었습니다. 그랬더니 한복에는 당연히 고무신이라고 하였습니다. 고무신이 언제부터 들어온 것입니까? 말레이시아의 고무나무에서 일제강점기에 고무가 들어온 것 아닌가요? 원래대로 따지자면 오히려 가죽신을 신어야 합니다. 그러니까 구두가 오히려 가죽신에 가깝다고 할 수 있습니다. 전통은 시대에 따라 변하는 것이며, 그 변화는 상식과 대중성에 기반을 두고 있습니다. 그렇다고 해서 무작정 대중성을 따르자는 것은 아닙니다. 때로는 대중들이 모두 원하더라도 전통을 따르기도 합니다.

> 배하拜下가 예야禮也나 금배호상今拜乎上이니 태야泰也야 수위중雖違衆이나 오종하吾從下하리라.
>
> "옛날에는 손님이 오면 아래로 내려가는 것이 예禮였지만 요즘은 위에서 손님을 맞이하여 절하는 것이 예禮라고 하니, 너무 태만하다. 비록 대중과 거리가 있겠지만 나는 내려가서 절을 하고 손님을 맞이하는 옛날 예禮를 따르겠다."

손님을 맞이할 때 아래 내려가서 직접 마중하는 것이 전통적인 예禮였는데 시대가 변하여 위에서 마중하는 예禮를 행하고 있다면, 그것이 아무리 대중들이 하고 있는 예禮라고 해도 몇 걸음 더 밑에 내려가 손님을 맞이하는 공손함을 다하겠다는 것입니다. 《논어》를 배우면 사람이 유연해져야 됩니다. 《논어》를 읽고 고전을 읽는데 딱딱해지면 안 됩니다. 잘 모르니까 딱딱해지는 것입니다. '홍동백서紅東白西', '동조서율東棗西栗'. 제사상 앞줄에 과일 놓는 것에도 집집마다 달리하는 예禮가 있습니다. 남의 집 제사에 감 놔라 대추 놔라 한다는 말이 있지만 모든 예서禮書를 찾아봐도 '홍동백서', '조율이시棗栗梨柿'라는 말은 없습니다. 제사상 상차림은 보통 다섯 줄로 구성되어 있습니다. 맨 앞의 줄은 디저트 줄입니다. 식사를 하고 마지막에 디저트를 먹지 않습니까. 그것이 맨 앞에 있는 것입니다. 그러니 그 시절에 좋은 디저트를 내놓으면 됩니다. 거기에 무슨 홍동백서가 있고 동조서율이 있겠습니까. 유교를 자꾸 신비화하고 종교화해서는 안 됩니다. 저희 집은 동東바나나 서西파인애플입니다. 우리 어머니가 파인애플을 좋아하셨습니다. 된장찌개를 끓여 올려도 됩니다. 가장 편하게, 가장 현실적인 시의성을 따르는 것이 예禮다. 이것이 《논어》의 가르침입니다.

가장 어려운 효도는 부모에게 표정을 관리하는 것

언제인가 TV에서 돌아가신 부모님 묘소 옆에 여막을 지어놓고 3년간 시묘하는 어느 아들의 효행을 보여준 프로그램이 있었습니다. 오늘날 누구도 하지 못하는 일이라 신기해서 방송하였겠지만 참으로 안타까운 일입니다. 부모님 옆에서 3년간 시묘를 하는 것이 효라고 하는 순간 효는 엽기가 되고 맙니다. 자신의 살을 떼어 아픈 부모님에게 올렸더니 그것을 먹고 하늘도 감동하였는지 병이 나았다는 것도 효를 국가 이데올로기로 이용한 최악의 엽기입니다. 충효忠孝는 유교의 중요한 덕목이지만 그렇게 엽기적인 행각은 아닙니다. 정권 차원에서 충효를 강조하여 지배층들이 자신들의 권력을 유지하기 위한 수단으로 사용한 경우가 많습니다. 부모에게 효도하는 것과 나라에 충성하는 것을 같은 선상에 놓아 무조건적인 복종과 희생을 강조하는 이념이 지난날 충효 교육이었습니다. 효는 상식적인 것이고, 공감적인 것이고, 상호 간의 소통을 전제로 합니다. 《논어》에서 효를 이야기한 구절 몇 개를 살펴보겠습니다.

맹무백문효孟武伯問孝한데 자왈부모유기질지우子曰父母唯其疾之憂 신저.

맹무백이라는 귀족의 아들이 공자에게 효를 물었다. 공자가 말하기를 "부모는 자기 자식이 아픈 것을 가장 힘들어한다(그러니 아프지 않은 것이 효도이다)."

자유문효子游問孝한데 자왈금지효자子曰今之孝者는 시위능양是謂能養이니 지어견마개능유양至於犬馬皆能有養이라 불경하이별호不敬何以別乎리오?

제자 자유가 공자에게 효를 물었다. "요즘 사람들의 효도는 부모에게 하는 물질적 봉양만 효도라고 하는데, 그런 물질적 봉양은 자신이 아끼는 개나 말에게도 할 수 있는 것이니 부모를 공경하는 마음이 없이 물질적 봉양만 한다면 개나 말을 먹이는 것과 무슨 차이가 있겠는가?"

자하문효子夏問孝한데 자왈색난子曰色難이니 유사제자복기로有事

弟子服其勞하고 유주사선생찬有酒食先生饌이 증시이위효호曾是以
爲孝乎아?

제자 자하가 공자에게 효를 물었다. 공자가 말하기를 "부모에게 표
정 관리를 하는 것이 어려운 일이다. 일이 생겼을 때 젊은이들이 부
모의 어려움을 대신하고 술과 음식이 있을 때 어른에게 먼저 올리는
것, 원래 이것을 효라고 생각하느냐?"

《논어》 위정 편에 연이어 나오는 제자들의 효에 대한 물음과 공자의
대답은 유교의 효에 대한 생각을 잘 보여주고 있습니다. 일단 효도에
대한 공자의 대답은 일관적이지 않습니다. 첫째, 아프지 마라. 부모는
자식이 아픈 것을 가장 마음 아파하신다. 둘째, 물질적인 봉양만 하고
공경하는 마음이 없다면 개나 말을 사랑하는 것과 다를 것이 없다. 그
러니 부모를 공경하는 마음이 효도다. 셋째, 아무리 힘들어도 부모에
게 표정 관리를 잘해라. 그저 술과 음식을 잘 대접한다고 효도를 다하
였다고 생각하지 마라. 부모님 마음이 상하지 않게 늘 표정을 잘 관리
해야 한다. 저는 공자의 효도에 대한 대답을 통해 효의 원리 하나를 뽑
아내고 싶습니다. 효도는 부모의 마음을 헤아리는 것이다! 아픈 사람
은 빨리 나아서 건강하게 지내는 것이 부모의 마음을 행복하게 해주는
것이고, 돈만 주면 부모에게 효도한다고 생각하는 사람은 공경하는 마
음을 다하는 것이 부모의 마음을 편안하게 해주는 것이고, 밖에서 힘
든 일 있다고 부모 앞에서 짜증 부리는 사람은 부모님에게 표정 관리
를 잘하여 부모 마음 헤아리는 것이 효도라는 것입니다. 그렇습니다.

효도는 할 수 없는 일을 부모에게 해주는 엽기 행각이 아니라 지금 상황에서 부모의 마음을 헤아려 가장 쉽게 행할 수 있는 것부터 행하는 것입니다. 효도는 무조건적인 복종이나, 자해적 봉양이나, 특별한 행위가 아니라 부모의 마음을 잘 헤아려 순간순간 자식으로서 할 수 있는 것을 고민하고 실천하는 것입니다.

몸짓을 다해 춤추고 목청 높여 노래하라

우리는 《논어》 공부를 통해 박제화된 유교 이데올로기를 부술 필요가 있습니다. 충忠은 국가에 대한 충성만이 아니라 내가 하는 일에 최선을 다하는 것이 진정한 충忠입니다. 인仁은 머릿속의 관념이나 지식이 아니라 남을 배려하고 존중하는 실천적 행동입니다. 효는 할 수 없는 것을 하고 무조건적인 복종을 하는 것이 아니라 부모의 마음을 잘 헤아려 할 수 있는 것을 하는 것이 효입니다. 예禮는 머리를 숙이고 몸을 굽히는 것이 아니라 이기심을 버리고 상호 간의 상생을 추구하는, 상대방에 대한 배려의 실천입니다. 저는 《논어》를 통해 이런 가치들을 배울 수 있어야 진정 새로운 나의 부활이 가능할 수 있다고 생각합니다. 제가 《논어》에서 참 좋아하는 구절이 있습니다. 인생은 지식으로 살기보다는 마음으로 살고, 마음으로 살기보다는 실존으로 살아야 한다는 구절입니다.

자왈子曰 지지자知之者는 불여호지자不如好之者오 호지자好之者는
불여락지자不如樂之者니라.

공자가 말하였다. "머리로 아는 자는 가슴으로 좋아하는 자만 못하
고, 가슴으로 좋아하는 자는 몸으로 실천하여 그 실존을 즐기는 자만
못하다."

지식은 앎의 정보일 뿐 그 자체로 존재하거나 의미를 지니지 못합니
다. 지식으로 사는 사람은 지식을 소유하고 있을 뿐 경험과 실존이 결
여되어 있습니다. 그저 좋아한다는 것만으로는 삶의 질이 높지 않습니
다. 하고 싶을 뿐 실천하지 않는 삶은 실존이 결여되어 있기 때문입니
다. 낙樂은 실존이며 몰입입니다. 소유와 생각이 아니라 실존과 경험
입니다. 밥 먹는 것에 몰입하고, 친구 만나는 것에 최선을 다하고, 부
모와의 관계를 즐기는 것 등은 진정 실존을 중요시 여기는 삶의 태도
입니다. 10년 뒤가 아닌 바로 지금, 더 많은 소유보다는 지금의 경험,
머릿속의 아이디어보다는 실천이 진정 우주적 삶의 모습입니다. 인간
은 태어날 때부터 우주의 위대한 정기를 타고 태어났습니다. 그렇다면
인간은 우주적 실존을 경험할 수 있는 가능성을 가진 존재입니다. 우
주는 지식이 아닌 실천으로 존재하며, 소유가 아닌 경험으로 존재합니
다. 저는 실존과 실천이야말로 《논어》의 위대한 핵심 가치라고 생각합
니다. 인생을 아는 것에 매여 허비하지 마십시오. 멀리서 바라보며 좋
다고 박수만 치지 마십시오. 과감하게 무대에 올라 할 수 있는 모든 몸
짓을 다해 춤추고 목청 높여 노래하십시오. 다른 사람의 눈에 나를 매

여놓지 말고 내 눈으로 나를 똑바로 보면서 지금의 실존에 몰입(樂)하는 사람이 진정 부활에 성공한 사람입니다. 《논어》에는 인간의 새로운 부활을 꿈꾸었던 어느 지식인의 생각이 그대로 담겨 있습니다. 그 내용이 후세에 어떻게 변형되고 활용되었을지라도 그 본질은 인간의 위대한 하늘다움의 실현입니다.

내 안의 위대한
힘을 깨워라!,
《맹자》1

네 번째 대문

내 안의 위대한
힘을 깨워라!
《맹자》1

무더운 여름에 읽는 책 《맹자》

네 번째 대문은 《맹자》의 대문입니다. 무더운 여름에는 《맹자》를 읽어야 한다고 옛날 분들은 말씀하셨습니다. 맹자가 당시 귀족들과 벌이는 한판 설전을 읽고 있노라면 뼛속까지 시원해지기 때문입니다. 정치를 제대로 하지 못해 백성들이 굶어 죽고 이산가족이 되어 사방으로 흩어지는 현실을 외면하는 당시 귀족들에게 외치는 준엄한 맹자의 일갈은 가슴을 시원하게 합니다. "백성들이 굶어 죽는 것이 당신들의 잘못된 정치와 아무 상관 없다고 얘기하는 것은 사람을 죽여놓고 내가 안 죽이고 칼이 죽였다고 변명하는 강도와 같습니다!" 아마도 당시 귀족들은 맹자를 만나보기가 껄끄러웠을 것 같습니다. 왕 앞에서 눈 하나 깜짝하지 않고 잘못된 정치를 거침없이 말하고, 백성들을 위한 정치를 하지 않는 왕은 얼마든지 갈아치울 수 있다고 외치는 맹자는 그들에게 버거운 상대였을 것입니다. 내 앞에서 좋은 소리만 하고 칭찬만 늘어놓는 간신배에 익숙했던 당시 귀족들에게 맹자는 등용하여 쓰기 힘든 지식인이었을 것입니다. 그래서 맹자와 그의 집단은 많은 나라를 돌아다녔지만 크게 등용되어 쓰이지 못하였습니다. 호연지기浩然之氣와 부동심不動心으로 무장한 대장부 맹자, 그는 전국시대 이단아였고 개혁가였으며 휴머니스트였습니다. "당신은 소가 도살장에 끌려가는 것을 보고 불쌍하게 생각하면서 당신의 백성들이 헐벗고 굶주리는 것에 대하여는 어째서 조그만 연민도 보여주지 않는 것입니까?" 이런 맹자의 외침 속에는 99퍼센트의 불행을 외면하는 1퍼센트에 대한 엄중한 경고가 담겨 있습니다. 그래서《맹자》는 폭염주의보가 내렸을 때 읽으면 시원한 온도 하강을 느낄 수 있습니다. 반면《논어》는 겨울에 읽어야 제맛이라고 합니다. 평범하지만 따뜻하고 섬세한 이야기로 가득 차 있는《논어》속에서 따뜻한 인간의 온기를 느낄 수 있기 때문입니다. 여하간 유교 경전의 핵심인 사서를 읽을 때《대학》→《논어》→《맹자》→《중용》의 순으로 읽는 것이 일반적입니다. 특히《맹자》는 공자의《논어》를 읽은 뒤에 봐야 합니다. 왜냐하면《논어》의 가치를 공자가 죽은 후 100여 년 뒤에 태어난 맹자가 더욱 확대하여 해석하고 있기 때문입니다. 예를 들어《논어》에서 인仁을 중심으로 새로운 춘추시대 인간형을 제시하였다면 맹자는 의義라는 관점에서 새로운 전국시대 인간형을 제시하였습니다.《논어》가 끊임없이 이야기하는 이상적인 리더의 모습을 '군자君子'라고 하였다면 맹자는 '대장부大丈夫'라는 새로운 인간형을 제시합니다. 물론《맹자》에도 인仁의 개념이 많이 나오고 군자를 역설하지만, 대장부는《논어》에서는 한 번도 언급된 적이 없는《맹자》의 개념입니다. 군자와 대장부의 차이가 무엇일까요? 이것은 유교의 변천 과정을 밝히고, 공자가 살던 춘추시대와 맹자가 활동하던 전국시대의 차이를 규명하는 데 중요한 단서가 됩니다. 《논어》에서 공자는 스스로 군자를 자청하며 어떤 유혹에도 흔들리지 않는 정신적 안정감을 '불혹不惑'이라고 하였습니다. 어떤 외부적 충격에도 혹惑하거나 흔들리지 않는 강한 정신적 기반을 말합니다. 나를 흔들리게 하는 인생의 다양한 충격들, 성공과 영화, 가난과 실패, 유배와 격리, 걱정과 근심 같은 것은 인간의 삶을 뒤흔드는 요소들입니다. 갑작스런 권력과 성공은 한 인간을 파멸로 몰아넣기도 합니다. 실패와 좌절 역시 인간을 힘들게 하는 충격입니다. 유배와 격리 역시 인간의 삶을 흔들어대고 갑작스런 불행과 사고는 인간에게 공포와 불안을 가져오기도 합니다. 그러나 자기 부활에 성공한 위대한 인간은 그 충격에 흔들릴지언정 무너지지는 않습니다. 내 시각으로 세상을 보기에 세상 사람들의 관점에 연연하지 않기 때문입니다. 공자는 그런 정신적 기반을 만들 수 있는 나이를 사십 대라 하였고, 그 상태를 불혹不惑이라고 정의하였습니다. 공자 사후 100년 뒤 맹자는 '부동심不動心'이라는 말로 표현하였습니다. 공자가 나이 사십 대에 불혹의 경지를 완성했다고 했다면, 맹자는 자신의 나이 사십 대를 부동심이라고 정의한 것입니다. 젊은 시절 성공과 실패, 칭찬과 비난에 흔들리던 자신이 사십 대에는 그 충격을 흡수할 정도의 정신적 완성을 이루었다는 뜻입니다. 저는《논어》와《맹자》를 연이어 읽으면서 그들이 사십 대를 정의했던 불혹과 부동심의 동질성에 주목하고자 합니다. 한 인간이 우주의 중심에서 인생을 살면서 정신적 안정감이야말로 우주적 삶의 기반일 수 있다는 생각을 해봅니다. 인생을 살면서 겪게 되는 수많은 충격에서 얼마나 자신을 완충할 수 있느냐가 결국 공자와 맹자가 고민하던 새로운 인간형, 군자와 대장부의 가장 큰 특징이라고 생각합니다. 고치기 힘든 병, 경제적인 파산, 친한 관계와의 결별, 단절과 고립, 갑작스런 성공 등이 파도처럼 밀려올 때 사람들은 흔들리고 상처를 받게 됩니다. 맹자는 대장부야말로 어떤 파도가 닥쳐도 흔들리지 않는 정신을 소유한 사람이라고 강조합니다.

거천하지광居天下之廣居하고
입천하지정위立天下之正位하고
행천하지대도行天下之大道하리라!
득지여민유지得志與民由之하고
부득지독행기도不得志獨行其道하리라!
부귀불능음富貴不能淫하고
빈천불능이貧賤不能移하고
위무불능굴威武不能屈이니
차지위대장부此之謂大丈夫니라!

나는 천하의 가장 넓은 곳에 거하리라!
나는 천하의 가장 바른 자리에 서리라!
나는 천하의 가장 큰 길을 걸어가리라!
내 뜻을 세상이 알아주면 백성들과 함께 그 뜻을 함께 실현할 것이요,
세상이 나를 알아주지 않는다면 나 홀로 나의 길을 걸으며 살리라!

부귀영화도 나를 속되게 할 수 없고,

가난과 역경 속에서도 내 뜻을 바꾸지 않을 것이며,

어떤 위협과 협박에도 굴복하지 아니하리니,

이렇게 사는 사람의 인생을 대장부라 한다.

저는 《맹자》의 이 구절을 읽을 때마다 역사 속에서 얼마나 많은 사람들이 이 구절을 보며 자신을 돌아보았을지 상상을 해봅니다. 이 구절을 읽은 이순신 장군은 1576년 무과 시험에 합격하고 발령을 조용히 기다리며 이렇게 자신의 심정을 읊었습니다.

장부출세丈夫出世하여

용즉효사이충用則效死以忠이오

불용즉경야족의不用則耕野足矣리라!

장부가 세상에 태어나서

나라가 나의 능력을 써준다면 죽음을 다해 나라를 위해 최선을 다할 것이요,

만약에 나의 능력을 알아주지 않는다면

그저 고향에 돌아가 밭을 갈며 산다 해도 여한이 없다.

다른 급제자들이 좋은 보직을 받기 위해 동분서주 뛰어다니며 로비를 벌일 때 대장부를 자처하는 이순신 장군은 초연히 부동심의 삶의

태도를 이렇게 읊었던 것입니다. 세상을 살면서 남의 시선이 아닌 나의 시선으로 세상을 보고, 남의 평가에 연연하지 않고 나의 만족을 추구하며 사는 군자와 대장부의 인생철학의 중심에는 불혹과 부동심이 자리하고 있습니다.

《맹자》 전편의 글자 수는 한자로 3만 5,000여 글자가 됩니다. 그 양이 《논어》보다 두 배가 훨씬 넘습니다. 아마도 공자보다 맹자가 할 말이 더 많았나 봅니다. 아니면 공자가 살았던 춘추시대보다 맹자가 살았던 전국시대가 훨씬 더 복잡한 사회구조를 가지고 있었을 것입니다. 공자와 맹자는 시대는 다르지만 태어나서 자랐던 지역은 그리 멀리 떨어져 있지 않습니다. 공자는 산동성 곡부曲阜가 고향이고 맹자는 그곳에서 30여 킬로미터 떨어진 추성鄒城이 고향입니다. 둘 다 산동성 출신입니다. 요즘은 길이 좋아져서 차로 20분도 안 걸리는 거리입니다. 둘은 세 살 때 아버지를 잃고 홀어머니 밑에서 자랐다는 공통점이 있습니다. 아마도 맹자는 그의 인생에서 공자를 자신의 롤모델로 여기며 성장하였을 것입니다. 비슷한 어린 시절의 가정환경은 더욱 맹자의 마음을 공자에게로 향하게 하였을 것입니다. 그래서 공자와 맹자는 함께 이야기해야 합니다. 유교를 공맹孔孟 철학이라고 말할 때 맹자는 분명 공자의 아류亞流입니다. 사람들은 공자를 대성大聖이라고 부르는데 맹자는 아성亞聖이라고 부릅니다. 여기서 아亞는 버금 아亞자로 두 번째라는 뜻입니다. 첫째와 둘째의 차이는 어마어마합니다. 공자의 고향인 산동성 곡부에 가보면 공자의 사당인 공묘孔廟가 어마어마하게 크게 만들어져 있습니다. 그런데 맹자의 고향인 추성鄒城에서 20분 떨어진 곳에 세워진 맹자의 사당은 공자 사당의 10분의 1도 안 됩니다. 이것이 첫째와 둘째의 차이입니다. 맹자 사당에 가면 조용한데 공자 사당에 가면 전 세계에서 관람객이 몰려와 시끌벅적합니다. 공자와 맹자의 차이를 보면 1등과 2등의 차이가 이렇게 크다는 것을 실감할 수 있습니다.

사실 제가 볼 때 공자보다 맹자가 훨씬 더 뛰어난 논리를 가지고 있었고 더 구체적이고 실천적이며 대중적입니다. 그럼에도 불구하고 맹자가 공자를 뛰어넘지 못하는 무엇인가가 존재합니다. 그것은 창시자와 계승자의 차이입니다. 무엇을 만든 사람과 그것을 계승한 사람은 비록 같은 능력을 가지고 있었다 하더라도 그 차이는 비교할 수 없을 정도로 큽니다. 공자가 꿈꾸었던 인간형, 군자의 핵심 가치는 사랑(仁)입니다. 인간 내면의 위대한 씨앗, 사랑(仁)의 씨앗을 틔우고 발아시키는 것이 인간의 가치라고 생각하였습니다. 전국시대 맹자는 인간 안에 있는 사랑의 씨앗인 인仁을 의義라는 사회적 관계의 가치로 확장시켰습니다. 인仁이라는 근본적인 사랑의 감정, 아직 분화가 되기 이전의 감정을 확장시켜 사회적 관계로 확장한 것입니다. 이것이 군자와 대장부의 차이라고 보면 춘추시대와 전국시대의 차이만큼, 대성과 아성의 차이만큼 확연히 구분될 것이라고 생각합니다.

맹자는 추鄒나라 사람입니다. 아주 작은 나라였습니다. 앞서 공자와 맹자의 여러 공통점들 중에서 특히 중요한 것이 홀어머니 밑에서 자랐다는 점이었다는 말씀을 드린 바 있습니다. 훌륭한 성현들 뒤에는 위대한 어머니가 있었습니다. 물론 훌륭한 아버지 밑에 훌륭한 자식이 있을 수 있지만 어머니의 힘이 아버지보다 자식에게 영향력이 큰 것 같습니다. 우리가 맹자의 어머니를 말할 때 자식을 위하여 세 번이나 이사를 하였다는 맹모삼천지교를 함께 말합니다. 어머니가 자식을 위해 세 번이나 교육 환경을 바꾼 이야기는 아시아에서 어머니가 자식의 교육을 위해 어떻게 해야 하는지를 보여주는 유명한 문화 코드로 자리 잡았습니다. 처음에는 공동묘지 옆이 집값이 싸니까 그곳의 큰 집에서 살았습니다. 그런데 맹자가 매일 상례 치르는 모습을 보고 통곡하고 우는 흉내를 내니 맹자의 어머니가 안 되겠다 생각하고 새로 이사한 곳이 시장 거리입니다. 시장에 오니 이번에는 맹자가 "싸요, 싸요" 하고 상인 흉내를 냅니다. 그래서 마지막으로 옮긴 곳이 학교 옆, 요즘 말로 강남 8학군입니다. 얼마 전 중국 정부는 맹모삼천지교의 이야기를 학교 교육에서 금지한 적이 있습니다. 한 사람의 성공이 환경에 의해 영향을 받는다면 결국 인간의 능력은 의미 없다는 논리 때문입니다. 인간은 어떤 환경이든 열심히 노력만 하면 얼마든지 성공할 수 있다는 인간관이 사회주의 교육체계에 더욱 부합되었나 봅니다. 그런데 저는 이렇게 생각합니다. 맹자의 엄마가 세 번이나 이사를 한 것은 자식 교육을 위한 맹자 엄마의 계산된 교육 행위였지 않을까 생각합니다. 공동묘지 옆에서 죽음이라는 문제를 접해보게 하고, 시장 거리에서 처절한 생존의 삶이라는 것을 확실히 체험하게 해본 것입니다. 시장에서 얼마나 처절하게 지지고 볶으며 삽니까? 이렇게 사는 것과 죽는 것, 생사의 문제를 몸에 익힌 다음에 공부를 시킨 것이 아닌가 생각합니다. 너무 곱게 안정된 길만 걸은 사람들은 다른 것들에 대한 안목이 생기지 않습니다. 좋은 환경에서 자라고 명문 학교를 나오고 좋은 곳에서만 살아본 사람이 학문을 하면 입으로만 외우는 지식의 학문을 할 것이고, 장사를 하면 오로지 내 이익만 추구하는 이익의 장사를 할 것이며, 공직에 있으면 다른 사람의 고통과 슬픔을 외면하는 군림의 공무원이 될 것입니다. 달동네에 가서 지지고 볶으며 살아보고, 시장통에서 아이들과 돌아다니며 지내보는 것이 맹자의 어머니가 생각하였던 중요한 교육과정이 아니었을까 합니다.

교육이라는 것은 공맹 사상의 핵심입니다. 인간을 변화시키는 데 교육만큼 위대한 것은 없습니다. 공부하는 것, 이것은 평생을 두고 해야 할 숙명 같은 것입니다. 맹자 사당 옆에는 이런 말이 쓰어 있습니다. '맹모단기처孟母斷機處', 맹자의 어머니가 베틀(機)을 끊은(斷) 곳(處)이라는 이야기입니다. 이것은 전설상의 이야기입니다. 맹자를 공부시키라고 보내놓았더니 맹자가 힘들다고, 어머니가 보고 싶다고 돌아왔습니다. 맹자의 어머니가 어떻게 하였을까요? "그래, 우리 자식 왔구나!" 하였을까요? "이놈, 해야 할 공부가 남았는데 어찌 중도에 그만두었느냐?" 하고 본인이 짜던 베틀의 베를 칼로 확 찢었다고 합니다. "아무리 많이 노력을 해도 완성하기 전까지는 완성이 아니니 돌아가라." 이렇게 맹자의 어머니가 맹자에게 미친 영향은 상당하였던 것 같습니다.

천하를 컨설팅하는 맹자 집단

이런 어머니의 확실한 교육 철학에 영향을 받은 맹자는 공자를 인생의 롤모델로 생각하며 성장하였습니다. 그리고 공부에 성공한 맹자는 한 개인이 아니라 큰 집단을 거느리며 세상을 종횡무진 하였습니다. 맹자는 식솔과 제자들을 포함해 따라다니던 사람들이 수백 명이 넘었다고 합니다. 그래서 옮겨 다닐 때마다 수백 대의 수레가 움직였습니다. 공자가 그의 몇몇 제자들과 세상을 유랑하던 차원하고 비교도 되지 않을 정도로 집단화에 성공합니다. 요즘으로 보면 큰 컨설팅 그룹을 이끄는 리더라고 할 수 있을까요? 그 당시 양혜왕梁惠王이 다스리던 위魏나라, 그리고 제齊나라, 초楚나라, 송나라, 등滕나라 등을 다니면서 왕에게 자신이 이끄는 집단을 스카우트하라고 제안하였습니다. 《맹자》의 대부분 내용은 당시 지도자와 맹자의 대화로 채워져 있습니다. 귀족들의 이해관계와 맹자의 철학이 대립적으로 전개되고 있습니다. 대부분 맹자를 만난 귀족들은 맹자 집단을 채용하기 전에 어떻게 하면 자신들을 더욱 강하게 할 수 있을 것이냐고 물었습니다. 전쟁에서 이기는 방법, 국가의 부를 늘리는 방법, 백성들을 순종하고 복종하게 만드는 방법, 외교적 이익을 쟁취하는 방법 등이 귀족들이 맹자에게 물었던 질문들입니다. 이것은 요즘 컨설팅업체에게 기업의 오너들이 묻는 질문과 비슷합니다. 다른 기업과의 경쟁에서 이기는 방법, 재정 확충과 인재 등용, 소비자를 충성 고객으로 만드는 방법 등 그 내용은 근간이 같은 질문입니다. 그런데 맹자는 다른 컨설팅 집단과는 전혀 다른 관점에서 대안을 말합니다. 백성들의 복종을 원하면 먼저 그들을 존중하라. 이익을 얻으려면 먼저 신의를 실행하라. 좋은 신하를 얻으려면 먼저 그들을 배려하라. 이웃 나라의 신임을 얻으려면 먼저 그들을 신임하라. 천하를 얻으려면 칼과 방패가 아닌 민심을 얻어야 한다. 민심을 얻으려면 그들과 함께 동고동락하라. 그들의 어려움을 방관하지 말고 직접 나서서 그들과 함께 어려움을 극복해야 한다. 이렇게 답하는 맹자에게 선뜻 자리를 주고 그 집단을 초빙하기는 어려웠을 것입니다. 결국 맹자는 당시 귀족들과 만날 기회는 많았지만 실제로 그 나라의 직책을 얻어 정책을 실현할 기회는 아주 적었습니다. 귀족들은 맹자의 철학과 제안이 너무 비현실적이라고 생각하였습니다. 결국 맹자는 한곳에 정착하지 못하고 이곳저곳을 유세하며 지냈습니다. 《맹자》를 보면 제자들이 진심으로 그 부분에 대해 안타까워하는 말이 많이 나옵니다. "선생님, 먼저 왕이 좋아하는 말을 해서 일단 자리를 잡고 그때 선생님의 꿈과 비전을 실행하면 되지 않겠습니까? 무엇 때문에 초빙되기도 전에 자신의 철학과 비전을 너무 강력하게 말해서 취직의 기회조차 얻지 못하십니까?" 그럴 때마다 맹자는 강력하게 말합니다. "나는 내 소신을 꺾고 밥 먹기 위해 취직하고 싶지는 않다. 만약 잠시 내 소신을 접고 우회하여 자리를 얻는다 해도 결국 월급만 받고 내 철학이 담긴 정책을 시행 못하는 사람이 될 것이기에 나는 그런 삶을 거부한다." 맹자의 확고한 생각에 맹자의 제자들은 선생을 잘못 만나 줄을 잘못 섰다고 생각하였을 것입니다.

덩샤오핑이 춘추전국시대를 벤치마킹한 이유

이쯤에서 공자와 맹자가 살던 춘추전국시대를 한번 점검하고 넘어가 겠습니다. 춘추전국시대는 중국 역사상 가장 경쟁이 치열하였던 시대였습니다. 군소 제후국들은 오로지 생존을 담보로 싸워야 했고, 마지막 생존자가 되기 위하여 열국들은 대안을 찾는 데 부심하였습니다. 공자가 쓴 자신의 조국 노나라 242년간의 기록인 《춘추》의 이름을 따서 후대 역사가들은 그 시대를 춘추시대라고 불렀고, 《전국책戰國策》이라는 책의 이름을 따서 전국시대라 불렀습니다. 500여 년간 계속된 춘추전국시대에는 수많은 나라들이 흥망성쇠를 거치며 부침을 거듭하였습니다. 불확실성uncertainty으로 규정되는 이 시대는 생존의 불확실성이란 측면에서 우리가 사는 이 시대와 닮아 있습니다. 우리는 이미 IMF 이후 처절하고 냉혹한 현실을 겪어보았고, 이런 경험들은 난세에 흥망은 누구도 예측할 수 없고 피해 갈 수 없는 일임을 몸소 깨닫게 하였습니다.

춘추시대에 주나라 황실 천자의 지위가 떨어지면서 오늘날 계열 회사라고 할 수 있는 제후들의 권위가 강화되어 이미 천자의 통제력이 제후들에게 미치지 못하였습니다. 천자는 힘이 없어지고 피를 나눈 제후들은 시간이 지나고 대代가 바뀌면서 혈연관계는 점점 묽어지고 있어 더 이상 공조와 협조가 쉽지 않은 시대가 되었던 것이죠. 윗대에는 사촌이었는데 지금은 팔촌이 되어버린 이웃 나라 제후와 나는 반드시 협조와 예의를 다해야 할 의무도 명분도 없어진 것입니다.

중국 역사가 곽말약郭沫若은 이 시대를 평가하기를 "시대는 그토록 암울하였고, 민중은 그토록 고통스러웠고, 정치는 그토록 혼란하였지만, 오히려 춘추전국시대는 중국 역사상 가장 많은 대안이 쏟아져 나온 시대이다"라고 하였습니다. 곽말약의 이 말 속에는 아픈 만큼 성숙해진다는 뜻이 숨어 있습니다. 국가나, 사회나, 개인 모두 어쩌면 가장 힘들고 어려울 때 탁월한 대안이 나올 수 있다는 것입니다. 개혁 개방을 외쳤던 159센티미터 키의 덩샤오핑鄧小平은 1978년 개혁 개방의 시작을 알리면서 춘추전국시대를 벤치마킹할 가장 중요한 시대라고 정의하였습니다. 역동성, 다양성, 그리고 실제성을 강조하는 개혁 개방의 이념은 춘추전국시대의 화두였기 때문입니다. "백화제방百花齊放! 수없이 많은 꽃들이여, 함께 피어라! 검은 고양이든 흰 고양이든 쥐만많이 잡으면 훌륭한 고양이다! 이제 자본주의와 사회주의라는 이념적틀에서 벗어나 민생을 위한 모든 방법을 강구해야 할 때이다. 이 목표를 실현할 수 있는 모든 의견을 내놓아라. 이념에 구애받지 않고 방법을 찾아내라!" 덩샤오핑에게 춘추전국시대는 그의 개혁 개방과 가장부합하는 매력적인 역동의 시대였습니다.

보통 인간의 위대한 부활, 대장부

맹자가 그토록 살고 싶어 하였던 인생, 대장부 이야기로 돌아가보겠습니다. '대장부' 하면 가장 먼저 떠오르는 것이 '사내대장부'라는 단어인데 이 단어만큼 귀에 거슬리는 말이 없습니다. 지극히 남성 중심적사고를 갖고 있는 이 단어는 유교가 가장 왜곡된 단면을 보여줍니다. '사내대장부'라는 말은 유교 경전 어디에도 나오지 않는 단어로 남성중심적인 조선의 유교적 가치관에서 날조된 단어로 보여집니다. 물론뜻은 어떤 어려운 역경에도 흔들리지 않고 남성적인 근성으로 용기를갖고 있다는 의미이지만, 여하간 맹자가 제시한 대장부를 심하게 오염시킨 말입니다. 저는 《맹자》에서 대장부가 갖춰야 할 다섯 가지 덕목을 뽑아 정리해보았습니다. 이것은 맹자가 살고자 하였던 인생의 모습입니다. 어쩌면 이 시대를 사는 우리들이 늘 고민하며 살아야 할 모습이기도 합니다.

첫째는 옳은 것을 먼저 추구하고, 이익을 나중에 생각하는 선의후리先義後利의 정신입니다. 이익보다 더 소중한 가치가 있다는 생각입니다. 돈보다 더 중요한 가치, 비록 손해가 나더라도 나의 영혼만큼은 양보하지 않겠다는 정신입니다. 개성상인은 이것을 경영의 화두로 삼아 '장사는 손해를 보더라도 사람을 남기는 것'이라는 철학을 갖고 있었습니다. 아울러 시대를 이끌었던 지도자들은 인생의 가치관으로 삼아 비록 내 인생에 손해가 된다고 해도 공익의 가치를 위해 자신의 재산을 내놓거나 심지어 자신의 목숨까지도 기꺼이 내놓았던 것입니다.

둘째는 흔들리지 않는 마음, 부동심不動心의 소유자입니다. 맹자는 자신의 나이 사십 대를 부동심의 나이로 정의하였습니다. 성숙된 사람은 어떤 상황에도 흔들리지 않는 강한 정신을 갖고 살아가는 사람입니다. 나의 삶을 흔들어대는 어떤 고난과 역경이 다가와도 흔들리지 않겠다는 굳은 마음가짐이 부동심입니다. 불의不義의 돈과 성공 앞에서 흔들리지 않는 마음, 천만 명 앞에서 내가 옳다고 생각하면 기꺼이 상대할 수 있다는 마음이 부동심입니다.

셋째는 내 안에 있는 강한 정신적 에너지 호연지기浩然之氣를 갖고 있는 사람입니다. 호연지기는 인간이 가지고 있는 정신적 에너지로 이것이 없으면 정신적 굶주림을 겪게 됩니다. 호연지기는 내면의 영성을 강화하여 생기는 대장부의 에너지로 온 우주에 가득 차 있는 기운입니다. 이 에너지는 단순히 산에 올라간다고 생기는 것이 아니라 옳음의 가치를 실천하는 가운데서 배양되는 것입니다. 호연지기가 있는 사람은 뱃심이 두둑합니다. 자신의 영혼 에너지가 가득 차 있기 때문입니다.

넷째는 나와 동시대를 사는 사람과의 상생 철학, 여민동락與民同樂의 철학입니다. 세상은 나 혼자만이 사는 것이 아니라 주변 사람과 함께 즐거움과 고통을 나누어야 한다는 인생철학입니다. 나 혼자 좋은 곳에서 맛있는 것을 먹는 것이 행복이 아니라 타인과 함께 그것을 즐길 때 차원을 달리하는 만족감이 들 수 있습니다. 노블레스 오블리주, 세상의 불행과 행복을 함께할 수 있는 리더의 공감 능력입니다.

다섯째는 남의 불행을 차마 두고 보지 못하는 마음, 불인지심不忍之心입니다. 남의 불행이 공감이 될 때 진정 아름다운 인생이라는 것입니다. 나와 아무 상관 없는 사람이라도 그들의 고통을 차마 두고 보지 못하는 마음이 측은지심惻隱之心입니다. 맹자는 이 마음을 인仁이라 하였고, 이것이 인간이 태어날 때부터 본능적으로 갖고 있는 인간다움의 핵核입니다.

자, 그럼 저와 함께 전국시대 맹자가 그토록 이상적으로 생각하였던 인간형 대장부의 다섯 가지 덕목을 찾아 여행을 떠나보도록 하겠습니다. 비록 오래된 이야기지만 어쩌면 우리 미래의 답일 수 있습니다. '오래된 미래', 《맹자》의 대장부를 통해 오늘날 우리의 모습과 비교하여 나를 성찰하는 계기가 되기를 기원합니다.

지속 가능한 성공의 조건, 선의후리先義後利

"장사는 사람을 남기는 것이옵니다. 이익은 내가 남긴 사람들이 나에게 저절로 갖다 주는 것이지요." 한창 유행하였던 드라마 〈상도〉에 나오는 개성상인 임상옥의 대사 한 구절입니다. 기업의 목표는 이윤 추구라고 배웠던 우리들에게 꽤 충격을 안겨주었던 대사로 기억됩니다. 이윤은 기업과 인간이 모두 추구하는 본능에 가깝습니다. 이 본능을 부정한다면 자본주의는 성립되지 못할 것입니다. 그러나 아무리 이익이 중요해도 그보다 더 중요한 것이 있다는 것이 맹자의 생각입니다. 부정한 방법으로 이익을 얻는다면 그것은 이익이 아니라 탐욕입니다. 손해를 보더라도 정의를 위해서는 아낌없이 나를 던져 의義를 추구하였던 이순신 장군이나 안중근 의사는 개인의 이익보다 의義의 가치에 충실하였던 분들입니다. 인간이 추구하는 가치 중에 이익을 포기하고 의義를 선택한다는 것은 쉬운 일이 아닙니다. 특히 요즘처럼 개인의 이익이 무엇보다 중요하다고 생각되는 시대에 손해를 감수하고 의義를 선택하는 것은 더욱 어려운 일입니다. 나에게 손해가 나는 일이라도 손해의 액수보다도 더 중요한 가치가 있다는 것이 대장부들의 삶의 방식입니다. 대장부들의 계산법은 일반적인 사람들과 다르기 때문입니다. 내가 지금 의義를 선택하는 것이 영혼을 떨리게 하고 더 행복하다면 손해는 더 이상 손해가 아닙니다. 그런데 손해를 감수한 의로운 선택이 결국 나에게 어떤 방식으로든 이익이 되기도 합니다. 비록 당장은 손해처럼 보여도 결국 나에게 이익이 돌아오게 되는 것입니다. 비록 내 목숨을 조국을 위해 초개와 같이 버렸지만 후손들은 그분의 의로운 결정을 잊지 않고 존경심을 갖습니다. 비록 물질적인 손해는 있었지만 정신적인 이익은 손해가 아닌 것입니다. '의義를 먼저 추구하라! 그러면 이익은 뒤에 따르리라.' '선의후리先義後利'의 뜻입니다. 여기서 이익은 우리가 알고 있는 일상적인 이익이 아닙니다. 마음의 만족도 이익이고, 영혼의 행복도 이익입니다. 비록 물질적인 손해를 입었더라도 영혼의 만족감은 더욱 높아질 수 있습니다. 정의와 이익의 선택에 대한 이야기는 《맹자》 첫 구절에 나옵니다. 맹자가 제자들을 이끌고 위魏나라에 도착해서 양혜왕을 만났을 때 이 문제에 관한 설전이 벌어집니다. 양혜왕은 맹자에게 이익을 얻기 위한 방법을 요구하였고, 맹자는 이익보다 우선하는 가치가 있다고 맞섭니다. 이 설전이 그 유명한 맹자와 양혜왕의 논쟁입니다. 《맹자》 첫 구절에 나오는 원문을 같이 읽어보시면서 이利와 의義에 대한 논쟁 속으로 들어가보겠습니다.

맹자견양혜왕孟子見梁惠王하신대 왕왈수불원천리이래王曰叟不遠千里而來하시니 역장유이리오국호亦將有以利吾國乎잇가 맹자대왈孟子對曰 왕王은 하필왈리何必曰利잇고 역유인의이이의亦有仁義而已矣니이다 왕왈하이리오국王曰何以利吾國고 하시면 대부왈하이리오가大夫曰何以利吾家오 하며 사서인왈하이리오신士庶人曰何以利吾身고 하여 상하교정리上下交征利면 이국위의而國危矣리이다.

맹자가 양혜왕을 만났을 때 왕이 말하였다. "그대가 천 리를 멀다 않고 이곳까지 오셨으니 또한 과인의 나라에 이익이 되는 방법을 당연히 알고 있겠죠?" 맹자가 대답하였다. "왕께서는 하필 이익에 대해 물으십니까? 저는 인의仁義에 대한 철학만 있습니다. 왕께서 어떻게 하면 내 나라를 이롭게 할까 말한다면, 당신의 대부들은 어떻게 하면 내 집을 이롭게 할까 말할 것이고, 그 밑에 전사들과 일반 서민들은 어떻게 하면 내 몸을 이롭게 할까 말할 것입니다. 이렇게 온 나라

의 윗사람과 아랫사람들이 다투어 이익을 추구한다면 결국 이 나라
는 위태롭게 될 것입니다.”

《맹자》를 펼치면 제일 첫 편에 나오는 첫 구절입니다. 맹자가 살던
시대는 오로지 부국강병을 통한 이익 추구가 보편적인 귀족들의 가치
였습니다. 양혜왕 역시 맹자를 만나서 부국강병과 관련된 대책을 듣고
싶었을 것입니다. 먼 곳에서 온 맹자와 한 인터뷰 중에 첫 번째 질문은
당연히 이익과 관련된 질문이었습니다. 사실 맹자가 양혜왕에게 등용
되어 위나라에 머무르려 하였다면 이 질문은 예상했어야 했고, 그 답
도 미리 준비했어야 할 것입니다. 컨설팅업체에게 기업의 오너가 듣고
싶은 것이 기업의 이익 증대 방법이라는 것은 너무나 당연한 것입니
다. 맹자가 취직을 하고 싶었다면 어떻게 말하였을까요. 이 회사가 발
전하려면 여섯 가지 방안이 있는데 첫째, 직원들을 쥐어짜라. 둘째, 신
마케팅 기법을 이용해서 객장 단가를 높여라. 아마도 이런 말들이 나
왔겠지요. 그런데 맹자가 대뜸 하는 말이 뭐였습니까? “왕이시여, 어
찌하여 반드시 이익이란 단어를 입에 담습니까? 왕께서는 어째서 입
만 떼면 돈, 돈, 돈, 돈, 이利, 이利, 이利, 이利만 말씀하십니까? 그보다
더 중요한 것이 있다는 생각해본 적이 없으신가요? 저한테 그런 질문
을 하시려면 묻지도 마십시오. 저는 이익 증대에 대한 대책은 모릅니
다. 저에게는 그보다 더 우선적으로 중요한 지도자의 사랑과 정의의
리더십에 관한 철학과 대책이 있습니다.” 저는 《맹자》에 왜 이익 논쟁
이 첫 구절에 편집되었는가를 생각해본 적이 있습니다. 맹자는 분명히

이익에 우선하는 사랑(仁)과 정의(義)의 리더십이 있다는 것을 강조하였습니다. 백성들을 존중하고 배려하는 사랑의 정치를 행하라. 정의에 대한 신념을 꺾지 마라. 이런 맹자의 생각에 양혜왕이 동조할 리 없었습니다. 그러나 맹자는 인의(仁義)의 정치 결과는 오히려 더 큰 이익, 천하를 얻을 것이라고 강조합니다. 맹자는 이익 자체를 부정하는 것이 아니라 이익을 얻기 위해서는 이익을 추구하지 말고 오히려 정의를 추구하는 것이 정답이라고 생각한 것입니다. 기업 컨설팅 회사가 고객의 신뢰를 얻기 위해서는 지금은 손해가 나더라도 문제가 있는 물건을 반드시 리콜하고, 잘못 만든 제품은 폐기하라고 말한다면 맹자와 같은 생각을 가지고 있는 것입니다. 세금을 아끼려고 부정을 저지르지 말고, 옳지 않은 방법으로 회사를 키우려 하지 마라! 맹자의 철학은 이익의 부정이 아닌 이익을 위한 새로운 방법의 제시입니다. 그것이 '선의후리先義後利'의 본뜻이며 맹자의 철학이 이 시대에도 의미 있을 수 있는 이유입니다. 세상에 성공한 사람은 많습니다. 성공한 사람 중에는 두 부류가 있습니다. 다른 사람들이 성공을 인정하고, 박수 쳐주고, 또한 그 성공이 오랫동안 지속되는 것입니다. 올바른 방법으로 성공을 이루었기에 누구나 인정하는 성공입니다. 반면 앞에서는 성공을 칭찬하다가 돌아서면 그 성공을 부정하고 시기하는 성공이 있습니다. 부정한 방법으로 성공을 이루었기에 오래가지도 못합니다. 성공은 하는 것보다 어떻게 성공하는 것이 더 중요한 것 같습니다.

의義에 대해 《맹자》는 다양한 방식으로 설명하고 있습니다. 내가 어떤 이익을 얻더라도 그 이익이 정의롭지 못한 이익이라면 과감하게 포기하겠다는 맹자의 이야기 속에서 인간의 본능과 싸워 이기는 대장부의 기개가 느껴집니다.

　　행일불의行一不義하고 살일불고이득천하殺一不辜而得天下라도 개
　　불위야皆不爲也니라.

　　단 한 건의 정의롭지 못한 일을 행하고, 단 한 사람의 죄 없는 사람을
　　죽여 천하를 얻는다고 하더라도, 나는 그 일을 하지 않겠다.

　내가 천하를 얻고, 황제가 되기 위해 단 한 가지 불의를 행하고, 단
한 사람의 피해자만 있다고 해도 그 일을 하지 않겠다는 맹자의 다소
강한 논조 속에는 맹자의 정의에 대한 신념이 담겨 있습니다. 몇 명의
피해자 정도는 개의치 않고 기업을 운영하는 기업가들은 이 말뜻을 이
해할 수 없을 것입니다. 많은 사람을 죽이고 혁명을 일으켜 권력을 잡
은 권력자들은 비웃을 수도 있을 것입니다. 대大를 위해서는 소小를 희
생해도 상관없고, 대업을 이루는 데는 반드시 조그만 피해가 뒤따른
다고 생각하는 사람에게 어찌 맹자의 이 구절이 가슴에 들어오겠습니
까? 여기서 맹자는 현실을 모르는 관념의 철학자라고 비난할 수도 있
을 것입니다. 그러나 제가 계속 강조하지만 맹자는 이익을 부정하고,
천하 통일을 거부하며, 오로지 정의만 진리라고 생각한 사람이 아닙니
다. 맹자는 이익을 얻고 천하를 얻는 방법에 있어서 불의와 결탁하는
순간 그 일을 이루지도 못할 것이고, 설령 이루었더라도 오래가지 못
할 것이란 확신이 있었습니다. 소비자를 속이고 하청업체를 힘들게 하
여 이익을 얻는 기업이 과연 지속 가능한 기업으로 영원히 존속할 수

있을지, 나아가 세계적인 존경받고 경쟁력 있는 기업으로 성장할 수 있을지를 생각해본다면, 당장 조그만 불의에 눈감는 행위의 결과는 그리 순탄하지 못할 것입니다. 설사 대를 위해 소를 희생하는 것이 현실이라 해도 인간이란 존재가 우주의 중심이라고 생각한다면, 의義에 대한 맹자의 믿음과 기준이 우리의 판단 기준에 언제나 개입한다는 여지만 있어도 인간은 세상의 중심 자격이 있을 것입니다.

의義에 대한 《맹자》의 이야기는 참 많습니다. '의義는 인지안로야人之安路也니라.' '의롭게 산다는 것은 사람들이 가는 편안한 길이다.' 의義를 행하고 사는 사람은 언제나 마음이 편안하고 앞길이 평안합니다. 불의를 선택하지 않았기에 늘 행복한 마음으로 삶을 살 수 있다는 것입니다.

군의君義면 막불의莫不義니라.
한 조직의 리더가 의롭다면 그 밑에 있는 사람들이 의롭지 아니함이 없을 것이다.

한 조직의 리더가 갖고 있는 의義에 대한 확신과 신념은 조직 전체 문화로 확장될 수밖에 없다는 것입니다. 반대로 말하면 한 조직을 이끄는 리더가 불의를 행하면 밑에 있는 사람들도 불의하게 된다는 것입니다. 절대로 옳은 것은 포기하지 않겠다는 리더의 신념과 확신이 조직 전체의 철학이 되고, 훗날 좋은 결과가 나올 수 있을 것입니다.

대인자大人者는 언불필신言不必信이며 행불필과行不必果며 유의소재惟義所在니라.

대인이라는 사람은 어떤 사람인가?

말을 함에 있어서 어떤 것이 옳다고 확신해서는 안 된다.

어떤 일을 할 때 반드시 과감하게 행해서도 안 된다.

오로지 대인은 정의를 기준으로 말하고 행동하는 사람이다.

지도자의 말과 행동은 그 사람의 가치와 철학을 그대로 보여줍니다. "믿는다! 반드시 하겠다!" 이런 리더보다는 의義의 준칙에 어긋나지 않게 말하고 행동하는 리더가 진정 대장부 리더라는 것입니다. 의義는 기계적이지 않습니다. 상황과 인식 여하에 따라 의義의 소재는 늘 바뀌고 변화합니다. 그러기에 의義는 판단도 어렵고 실천도 쉽지 않습니다. 그러나 자신의 믿음과 편견에 연연하지 말고 오로지 의義의 실천을 말과 행동의 중심에 둔다면 일관성 있는 리더의 모습을 보여줄 수 있을 것입니다.

정의의 실천에서는 어떤 말과 행동인가보다는 그것이 의로운가? 아닌가? 이것이 가장 중요합니다. 지금 상황에서 가장 옳은 것이 무엇인지 고민하고, 그에 따라 결정하면 대인이라는 것입니다. 논란의 여지가 있을 수 있습니다. 잘못하다 보면 말만 번복할 수 있고 편한 것이 의義가 되어버릴 수 있습니다. 하지만 맹자는 누가 봐도 납득할 수 있는 상식적인 옳음의 가치가 있다고 말합니다. 인간에게는 선천적으로 의義를 판단하고 실행할 수 있는 인의예지仁義禮智의 사단四端이 있습니다. 맹자는 그것을 추호도 의심하지 말라고 합니다. 인간이기 때문에 그것을 가지고 있는 것입니다. 성선性善이기 때문에, 하늘로부터 위대한 판단의 기준을 받았기 때문에 그것을 가지고 있습니다.

비기의야非其義也 비기도야非其道也면 녹지이천하祿之以天下라도 불고야弗顧也며 계마천사繫馬千駟라도 불시야弗視也니라 비기의야非其義也오 비기도야非其道也면 일개一介라도 불이여인不以與人이며 일개一介라도 불이취저인不以取諸人이니라.

내가 생각해서 그것이 의롭지 못하고 정당한 방법이 아니라면, 천하를 얻는 성과급을 받더라도 절대 돌아보지 않겠다.
그것이 의롭지 못하고 정당한 방법이 아니라면, 내게 말 천 마리가 끄는 마차에 앉는 지위를 주더라도 눈길도 주지 않겠다.
그것이 의롭지 못하고 정당한 방법이 아니라면, 의義가 아니고 도가 아니라면, 단 하나라도 남에게 줄 수 있는 명분은 없으며, 단 하나라도 남에게 받을 수 있는 명분도 없다.

천하를 얻는 이익, 높은 자리에 오르는 성공, 남에게 베푸는 은혜, 남에게 받는 명분, 이 모든 행위의 근간에는 의義가 판단 기준이 된다는 것입니다. 그만큼 맹자에게는 의義가 모든 판단, 생각, 실천의 기준입니다. 저는 기업이 의義를 기준으로 경영한다면 반드시 경쟁력 있고, 차별화된 기업이 될 수 있을 것이라 확신합니다. 세계 모 업계 1위이며 연 1억 개 이상의 모자를 만드는 한국의 모 기업의 회장실에는 이런 경영 원칙이 걸려 있다고 합니다. "정직과 원칙을 지키자! 비자금 탈세를 하지 말자!" 참 간단하지만 의로운 경영 철학입니다. 이런 경영 원칙을 갖고 기업을 하면 반드시 성공할 수 있다는 신념을 갖고 있는 기업가입니다. 정치인이 의義를 믿고 실천하면 반드시 사람들의 신뢰를 얻을 것이라고 생각합니다. 정치인이 수단과 방법을 가리지 않고 오로지 유권자의 표심을 자극하여 자신의 자리를 유지한다고 생각하면 그 자리는 오래갈 수 없을 것입니다. 남의 평가에 연연하지 않고 묵묵히 의로운 길을 가는 사람은 비록 그 결과가 나오지 않더라도 의義를 실천하는 영혼이 행복하기에 여한이 없을 것입니다. 나라를 위해 소중한 목숨을 던지신 역대 의로운 의사들이나 돈과 명예 때문에 의를 포기하지 않았던 진정한 대장부들이 있었기에, 이 나라는 그래도 지금까지 유지해왔다고 할 것입니다.

사십 대 나이의 마음, 부동심不動心

살다 보면 마음이 흔들릴 때가 있습니다. 이유는 다양합니다. 공포와 불안한 상황이 내 마음을 흔들기도 하고, 부귀와 성공 앞에서 마음이 부대끼기도 합니다. 예쁘고 잘생긴 사람을 보면 마음이 움직이고, 심지어 맛있는 음식 앞에서 마음은 어쩔 줄 몰라 합니다. 그래서 세상에서 가장 경영하기 힘든 것이 마음 경영이라고 합니다. 흔들리는 마음을 그냥 내버려두자니 어디로 갈지 모르고, 마음을 붙잡자니 쉬운 일이 아니고, 이래저래 마음을 경영하는 것은 무엇보다 힘들고 어려운 일입니다. 《대학》에서는 정심正心을 수신修身의 기반이라고 하였습니다. 정심正心은 정심定心입니다. 어떤 상황에도 흔들리지 않고 안정[定]된 마음이 정심正心입니다. 정심正心은 어떤 외물의 변화에도 쉽게 흔들리지 않는 안정된 마음 상태입니다. '정심응물定心應物, 마음을 확고하게 안정시키고 세상 모든 만물의 변화에 대처하라'는《명심보감》에 나오는 글귀입니다. 공자는 자신의 사십 대를 마음이 흔들리지 않는 불혹不惑의 시대라고 정리하고 있습니다. 힘들고 어렵게 73년의 인생을 살다 간 공자는 자신의 인생을 이렇게 회고하고 있습니다. "나는 15세에 배움에 뜻을 두었다〔志學〕. 그리고 15년 후 삼십 대에 나는 비로소 내 분야에 홀로서기를 할 수 있었다〔立〕. 내 나이 사십 대에는 확고한 나의 마음이 정해져 어떤 것에도 마음이 유혹당하지 않게 되었다〔不惑〕. 그리고 오십 대에는 내가 이 세상에 태어난 이유에 대해 비로소 정확히 알게 되었다〔知天命〕. 나의 육십 대에는 어떤 것도 귀에 거슬리지 않는 경지에 이르렀다〔耳順〕. 그리고 내가 세상을 떠날 나이 칠십이 되니 비로소 마음이 이끌리는 대로 어떤 행동을 해도 법도에서 벗어나지 않게 되었다〔從心〕." 격정과 변화의 시기 춘추시대를 살다 간 만세사표라 일컬어지는 공자. 그의 역동적 삶의 역정이 잘 나타나 있는《논어》의 인생 회고입니다. 공자의 사십 대는 흔들리지 않는 마음의 불혹이었다면 공자가 죽은 지 100여 년 뒤 전국시대에 활동하였던 맹자는 그의 사십 대를 부동심不動心이라고 표현하고 있습니다. 맹자가 자신의 인생 사십 대를 부동심이라고 정의하고 있는 것은 어쩌면 공자의 사십 대 불혹을 의식한 것이 아닌가 싶습니다. 100여 년을 사이에 두고 공자와 맹자는 그들의 사십 대를 불혹과 부동심이라고 정의하고 있습니다. 비록 홀어머니 밑에서 자랐지만 명분 없는 어떤 부귀와 출세에도 타협하지 않았던 공자와 맹자였습니다. 맹자는 그의 제자였던 공손추公孫丑가 "제나라 왕이 선생님을 장관에 임명한다면 마음이 움직이겠습니까?"라고 질문하자 자신은 사십 대에 부동심을 이루었다고 단호히 거절합니다. 자신의 고집을 꺾고 고개만 숙이면 당시 제후들에게 얼마든지 초빙되어 부귀를 얻을 수 있었지만, 백성을 위한 왕도 정치를 주장하던 맹자는 패도霸道 정치를 원하던 어떤 귀족과도 타협하지 않았던 것입니다. 맹자의 부동심은 자신의 인생의 전부이자 자존심이었습니다. 맹자는 세상 사람들이 조그만 일에는 부동심을 곧잘 한다고 합니다. 예를 들어 밥 한 끼를 못 먹고 굶주리고 있을 때 욕하고 밥그릇을 걷어차며 비록 굶더라도 밥을 먹지 않는 부동심을 발휘한다고 합니다. 그러나 이런 작은 유혹에는 곧잘 부동심을 발휘하면서, 누군가 천금을 주고 큰 권세를 줄 것이니 무릎을 꿇고 복종하라 하면 아무런 생각도 없이 허리를 숙이는 동심動心이 되는 세태를 비판합니다. 물론 속으로는 잠시의 굴욕만 참으면 더 큰 결과를 얻을 수 있다고 생각하면서 마음을 움직이는 것이지만, 밥 한 끼에는 부동심을 발휘하였던 사람들이 왜 큰 돈과 권세에는 그토록 마음을 쉽게 움직이는지 맹자는 그런 시대를 통탄하였습니다. 오늘날 우리들의 사십 대를 돌아봅니다. 과연 불혹과 부동심의 나이로 살고 있는지. 당장의 이익에 자신의 생각을 접고 이리저리 줄을 서며 언제든지 불러줄 사람을 향하여 해바라기를 하고 있지는 않은지. 조그만 것에는 그렇게 용감하다가도 큰 유혹이 다가오면 그렇게 쉽게 무너지는 그런 사십 대를 보내고 있지는 않은지. 공자의 불혹과 맹자의 부동심. 한 번쯤 생각해봐야 할 우리들의 모습입니다.

맹자는 보통 사람의 위대한 부활, 대장부를 정의하면서 의義를 추구하고 흔들리지 않는 부동심의 '정신'을 가진 사람이라고 합니다. 맹자의 이런 강한 논조는 당시 귀족들에게 환영받지 못하였습니다. 생각은 좋으나 실천하기에는 비현실적인 측면이 있다는 이유 때문이었습니다. 그래서 결국 맹자는 어디에도 취직을 못합니다. 그런데 취직을 하지 않은 것이 다행입니다. 그래서 지금까지 살아남을 수 있었던 것 아니겠습니까? 만약 당대의 이체에 영합하였다면 당시는 잘 먹고 잘 사는 사람으로 남았을지는 몰라도 지금 이 자리에서 우리의 주제가 되지는 못하였을 것입니다. 평생 공직에 있으면서 국가와 국민을 위해 봉사한다고 부동심을 유지하며 살던 고위 법조인이, 변호사가 되어 전관예우의 후광에 마음이 움직여 1년에 100억 대의 변호사 수임료를 올렸다고 합니다. 이런 소식을 접하면 이 시대에 진정 대장부의 부동심을 지키고 사는 사람이 몇이나 될까 생각이 듭니다. 조그만 것에 흔들리지 않는 것이 부동심이 아니라, 인생에 어떤 큰 유혹에도 흔들리지 않는 것이 진정 부동심이라 할 것입니다.

부동심은 어떤 충격과 유혹과 풍파에도 흔들리지 않는 마음입니다. 칭찬에도 우쭐하지 않고, 비난에도 주눅 들지 않는 마음입니다. 내가 옳다고 생각하는 길을 가고, 내가 옳다고 생각하는 사람을 만나고, 내가 옳다고 생각하는 일을 하는 것은 영혼의 행복을 추구하는 것입니다. 마음이 아주 조금만큼만 흔들려도 화살이 잘못 나가는 것이 양궁입니다. 그렇게 집중력을 필요로 하는 운동에 한국인들이 강점을 가지고 있는 것을 보면, 《맹자》의 부동심이 우리 민족에게 인문학적인 유전자로 남아 있는 것 아닌가 하는 생각도 듭니다. 부동심에 대한 원문을 읽어보겠습니다.

공손추문왈公孫丑問曰 부자가제지경상夫子加齊之卿相하사 득행도

언득行道焉하시면 수유차패왕雖由此覇王이라도 불이의不異矣리니
여차즉如此則 동심動心이릿가 부호否乎잇가 자왈子曰 부否라 아我
는 사십四十에 부동심不動心호라!

맹자의 제자가 물었다. "선생님께서 제나라의 장관 자리에 임명되어
선생님이 추구하는 정치를 실행할 기회를 얻으셔서 제나라 왕을 이
시대 최고의 패왕으로 만들어준다면 어느 누구도 선생님에 대해 이
의를 제기하지 않을 것입니다. 이렇다면 선생님의 마음이 움직이겠
습니까, 안 움직이겠습니까?" 맹자가 대답하였다. "흔들리지 않는
다. 나는 사십 대에 이미 부동심의 경지를 얻었다."

맹자의 제자였던 공손추의 질문은 무슨 뜻일까요? "스승님! 우리가
제나라에 어렵게 왔는데 우리도 먹고살아야 하지 않겠습니까? 그러니
눈 질끈 감으시고 장관 자리를 주시면 다른 이야기 하지 마시고 무조
건 받으십시오. 일단 그 자리를 받고 나서 선생님의 도를 실행할 기회
를 얻고 제나라를 최고의 위치에 올려놓으면 누가 선생님에게 이의를
제기하겠습니까? 이 정도면 마음이 움직이시겠습니까, 안 움직이시겠
습니까?" 제자들이 그의 스승인 맹자가 얼마나 답답하였으면 이런 말
을 하였겠습니까? 너무 고지식하게 오로지 인의仁義만 찾지 마시고, 제
나라 왕이 원하는 일을 하신다고 일단 말해서 장관 자리부터 꿰차십
시오. 인의의 정치를 하려 해도 자리가 있어야 할 것 아닙니까? 잠깐
만 마음을 움직이셔서 자리부터 얻고 그리고 선생님의 꿈을 펼치십시
오. 여러분은 이런 유혹이 오면 어떻게 하시겠습니까? 맹자는 단호하

게 거절합니다. "No〔否〕! 나는 내 나이 마흔에 이미 부동심의 나이가 되었다. 그렇게 적당히 타협하여 내 인생을 살고 싶지는 않다."

예, 맹자의 사십 대 부동심 이론입니다. 이 말을 듣고 보니 마흔 전에는 동심動心해도 될까요? 제 생각에는 흔들릴 수 있는 나이라고 생각합니다. 나이 마흔이 되었다는 말은 인생에서 정신적 확고함이 만들어진 것입니다. 젊어서야 아직 마음이 덜 여물어서 흔들리기도 합니다. 좌절에 눈물을 흘리기도 하고 유혹에 마음이 흔들리기도 합니다. 그러나 인생 사십이면 적어도 함부로 흔들리지 않는 마음을 가져야 합니다.

부동심은 고집과 편견이 아닙니다. 이성적인 행동을 위한 마음 자세입니다. 내가 옳지 않다고 생각하는 것을 우기는 것이 부동심이 아니고, 나만 옳다고 주장하는 것도 부동심이 아닙니다. 부동심은 자기 성찰의 결과에 충실한 것입니다. 자기 성찰의 결과에 입각하여 행동하라는 것입니다.

> 자반이불축自反而不縮이면 수갈관박雖褐寬博이라도 오불췌언吾不惴焉이라 자반이축自反而縮이면 수천만인雖千萬人이라도 오왕의吾往矣리라.

> 스스로 반성해서 내가 옳지 못하다고 생각한다면, 비록 별 볼 일 없는 옷을 입고 있는 노숙자, 길거리의 거지에게라도 무릎 꿇는 것을 두려워하지 않겠다. 그러나 내가 스스로 반성해서 옳다고 생각하면, 비록 내 앞에 천만 명이 달려들더라도 나는 그 천만 명을 향해 무소의 뿔처럼 돌진하리라.

정말 무시무시한 이야기입니다. 어릴 적부터 이러한 생각을 교육받았다고 생각해보십시오. 스스로 생각해서 옳다고 생각이 들면 천만 명과도 맞서겠다는 것이 대장부다. 그러니 대장부의 마인드로는 불합리한 현실을 못 참는 것입니다. 이것은 철저히 유교적인 공자와 맹자의 멘털입니다. 내가 옳다고 생각하는 것에 대해 내 목숨을 버려도 좋다는 것입니다. 저는 이것이 우리 역사 속에서 대장부들의 다양한 삶의 실천으로 나타났다고 생각합니다. 국가가 위기에 처하면 붓을 꺾고 칼을 들고 나선 의병장들, 옳지 못한 군왕의 결정에 대해 도끼를 들고 목숨을 걸며 상소를 올렸던 충신들, 동학혁명의 지도자들, 일제 치하의 독립운동가들, 농민 혁명가들 같은 사람들의 내면에 자리하였던 인문학적 가치가 바로 대장부의 부동심 정신입니다. 초야에 묻혀 있던 선비가 세상사에 대해서 잘 알겠습니까? 그러나 스스로 반성해서 내가 옳다고 생각하니까 싸우는 것입니다. 이런 사람들은 말릴 수가 없습니다. 아무리 중앙정부가 부패해도 초야에 이런 사람들이 있으면 국가가 유지가 됩니다. 조선왕조가 500년 동안 유지된 이유가 여기에 있습니다. 임진왜란이 나서 나라가 위기에 빠지면 천만 명 앞이라도 곡괭이라도 들고 나가서 싸우는 것입니다. 물론 졸장부처럼 혹은 소인배처럼 처신하는 사람도 있겠지만 대장부의 마인드는 다릅니다. 요즘 학생들을 보면서 인문학 교육을 제대로 받지 못해 정신적으로 좀 약해졌다는 이야기를 많이 하십니다. 내가 옳다고 생각하는 것을 위해 무엇을 할지에 대해 관심이 없는 것 같습니다. 어떻게 하면 좋은 학교에 입학하고 좋은 회사에 취직할까 하는 것도 중요하지만 더 중요한 것들도 있지 않겠습니까? 세상을 바라보는 자신에 대한 성찰이라고 표현해야 할까요? 면암勉菴 최익현崔益鉉 선생 같은 경우는 지부상소持斧上訴를 하였습니다. 경복궁 앞에 가서 도끼를 내려놓고 왕과 정면 대결을 하는 것입니다. 왕께서 하는 일이 잘못됐으니 그만두든지 아니면 도끼로 나를 치십시오. 아마도 가장 무시무시한 일인 시위의 기록일 겁니다. 어떤 권력을 가진 왕이라도 이렇게 덤벼들면 함부로 하지 못합니다. 한 사람을 친다 해도 이어서 또 다른 사람이 나올 것입니다. 부동심은 우리 민족의 유전자 속에 면면히 흐르는 인문학적 정신입니다.

영혼의 에너지를 충전하라, 호연지기浩然之氣

부동심의 마음으로 의義를 실천하라. 대장부 삶의 기본 명제입니다. 그러나 의義를 실천하는 흔들리지 않는 마음은 어디서 나오는 것일까요? 맹자는 인간이 가지고 있는 정신적 에너지를 호연지기浩然之氣라는 말로 정의하고 있습니다. 우리는 호연지기라는 말을 자주 들어보았습니다. 남자가 산에 올라가서 야호! 하고 외치고 기운을 받는 것이 호연지기라고 생각하시는 분도 있습니다. 그저 남에게 지지 않는 강한 남자들의 기운을 호연지기라고도 생각합니다. 그런데 호연지기는 그런 남자들만의 외형적인 에너지만은 아닙니다. 인간에게는 내면의 정신적인 에너지가 있으며, 이 에너지가 강할수록 마음도 더욱 단단해지고 강해진다고 합니다. 미국 영화 〈스타워즈〉 7편을 보면 제목이 'Force Awaken'입니다. 우리말로는 '깨어난 힘'이라는 뜻인데, 저는 한 인간 안에 잠재되어 있는 위대한 에너지가 바로 'Force'라고 생각합니다. 영화에서는 사막의 부랑자에 가깝던 여자와 흑인 일반 병사가 주인공이 되어 악당과 싸우는 이야기가 나옵니다. 이것은 인간이면 누구나 그 내면에 위대한 정신적 에너지가 있다는 것이며, 이 에너지를 깨우는 순간 영화에서는 '제다이'라는 위대한 전사로 거듭난다는 것입니다. 스타워즈의 제다이는 대장부입니다. 자신이 가지고 있는 호연지기의 힘을 깨워 세상을 위해 싸우는 리더의 모습입니다. 이런 과정은 일종의 부활입니다. 맹자의 호연지기는 인간이면 누구나 가지고 있는 정신적 에너지인데 이것을 잘 기르고 양성하면 누구나 대장부로서의 부활을 꿈꿀 수 있다고 합니다.《맹자》에서 호연지기가 등장하는 장을 읽어보겠습니다.

감문부자敢問夫子는 오호장惡乎長이시니잇고 왈아曰我는 선양오호연지기善養吾浩然之氣하노라 감문하위호연지기敢問何謂浩然之氣니잇고 왈난언야曰難言也니라 기위기야其爲氣也 지대지강至大至剛하니 이직양이무해以直養而無害라 즉색우천지지간則塞于天地之間이라 기위기야배의여도其爲氣也配義與道하니 무시無是면 뇌야餒也니라 시집의소생자是集義所生者라 비의습이취지야非義襲而取之也니 행유불겸어심行有不慊於心이면 즉뢰의則餒矣라.

감히 묻겠습니다. "선생님이 가지고 계신 가장 큰 능력은 무엇입니까?" 맹자가 대답하였다. "나는 호연지기를 잘 기르는 능력이 있다." 감히 묻겠습니다. "선생님이 말씀하시는 호연지기란 무엇입니까?" 맹자가 대답하였다. "말로 설명하기가 어렵구나. 그 호연지기의 기운은 지극히 크고 지극히 강한 에너지다. 이 기운은 곧은 삶을 통해 길러지는 것이고 어떤 해도 끼치지 않는 기운이다. 이 기운은 우리가 사는 우주 안에 가득 차 있는 기운이며, 이 기운은 의義를 행하고 도를 추구하는 사람과 잘 어울리는 기운이다. 인간이 이 기운이 없으면 정신적인 굶주림에 이른다. 이 기운은 정의의 실천을 통해 생성되며, 정의는 밖에서 엄습해서 들어오는 것이 아니라 내 내면을 통해 실천되는 것이다. 정의를 실천하는 내가 마음속 어딘가에 불편한 것이 있다면 이것은 정신적인 굶주림에 이르게 된다."

《맹자》의 유명한 호연지기 장章입니다. 제자가 스승인 맹자에게 물었던 스승의 능력, 맹자는 그것을 호연지기라고 대답하였습니다. 여기서 기를 양養자를 사용한 것을 보면, 호연지기란 일종의 번식과 증식이 가능한 유동적 에너지라고 보여집니다. 잘 기르고 양성하면 아주 강한 기운으로 자라나지만, 물도 안 주고 보살피지 않으면 시들어버리는 기운입니다. 우주 안에 가득 차 있는 에너지, 호연지기는 우주 안에 존재함과 동시에 인간 속에서 그대로 축적되어 있습니다. 이것은 사람마다 그 축적 정도가 다른데 이 정신적 기운이 소멸되면 인간은 육체는 살아 있어도 정신적으로는 사망 선고가 내려집니다. 육체적으로는 배부른데 정신적으로 공허한 것, 박탈감, 허황함. 남들이 볼 때는 모든 것이 갖추어져 있는데, 지위도 낮지 않고 먹을 것이 부족하지도 않고 쓸 것이 부족한 것도 아닌데 공허하다면 정신적인 굶주림에 빠진 것입니다. 호연지기가 없으면 이런 상태에 빠집니다. 현대사회를 피로 사회라고 합니다. 남이 시키지도 않았는데 스스로 자신을 피로하게 만들어 정신적 허탈감이 만연한 사회라는 것입니다. 물질적으로는 풍요한데 정신적으로 피로한 사회입니다. 맹자는 이런 정신적 결핍을 호연지기의 부족이라고 정의하고 호연지기를 내 영혼 속에서 배양해야 한다고 강조합니다. 호연지기라는 에너지는 의義와 결집되어서 만들어진다고 합니다[集義所生者]. 호연지기는 의義가 축적되는 과정 속에서 만들어지는 일종의 정신적 기운이라는 것입니다. 그런데 의義는 밖에서 내게로 엄습해와서 만들어지는 것이 아닙니다. 남이 나를 칭찬하고, 내 성공을 부러워한다고 해서 만들어지는 것이 아니라는 것입니다. 그렇다면 의義는 어떻게 축적이 되는 것일까요? 내가 하는 행동에 있어서 내 마음의 만족이 바로 의義의 근원입니다. 나의 모든 행동과 생각, 판단과 기준이 내 마음에 만족스럽지 못하면[不慊], 호연지기가 방전되고 정신적으로 굶주리는 상태[餒]에 빠집니다. 그러니까 호연지기는 철저히 자기에 대한 긍정의 정신을 가지고 있는 사람에게 생기는 것입니다. 조금 어려운 이야기입니다. 호연지기를 양성하려면 의로운 삶을 살아야 하고, 의로운 삶은 타인의 시선이 아닌 나의 시선으로 바라보는 정신적 만족이다. 이 정신적 만족감이 지속되었을 때 호연지기가 충전되는 것이라는 논리입니다. 밤늦게 지하철을 타고 가다가 누군가 술 먹은 후유증으로 전철 안에서 오바이트를 하였습니다. 사람들은 모두가 더럽다고 피했는데 어떤 젊은 사람이 신문지로 토사물을 치워 열차가 정차한 틈을 타서 재빨리 내려 쓰레기통에 넣고 다시 타는 것을 보았습니다. '아, 저 젊은이는 오늘 엄청난 호연지기를 충전하였겠구나' 생각하였습니다. 누구의 시선도 아닌 자신의 시선으로 세상을 사는 젊은이의 행동에서 맹자의 호연지기를 느꼈습니다. 호연지기는 엄청난 업적과 성공의 결과가 아닙니다. 내 영혼의 만족감, 그것이 의義이고, 그 의義가 충전된 것이 호연지기입니다. 돈을 많이 벌고, 다른 사람의 칭찬을 많이 받아서 얻어지는 만족감은 일시적입니다. 그런 만족감은 더 큰 만족의 강도를 원하고, 결국 영원히 채워지지 않는 만족감입니다. 그러나 호연지기는 아주 사소하고 간단한 행위라도 지속적이고 충만한 에너지를 만들 수 있습니다. 부활의 시대에 우리가 꿈꾸는 삶은 호연지기가 충만한 삶입니다. 남과 비교하지 않고, 현재의 시간에 충실하면서 정신적 만족을 기반으로 삶의 실천을 행하는 것이 진정이 시대 우리가 바라는 부활한 삶의 모습입니다.

제가 맹자의 호연지기를 정리하여보았습니다.

호연지기의 형태는 지극히 크고 강한 에너지(지대지강至大至剛)이며 세상 어디에든 가득 차서 존재하는 에너지(색천지塞天地)입니다. 이 우주적 에너지를 인간의 에너지로 끌어들여 충전하려면 두 가지 방법이 있습니다. 첫째는 무소의 뿔처럼 흔들리지 않고 곧바로 목표를 향해서 가야 배양이 됩니다(직양直養). 두 번째는 의로운 삶을 실천하면서 집적集積할 수 있습니다(집의集義). 이 에너지가 방전이 되면 정신적 굶주림의 상태에 빠집니다(무시뇌無是餒). 호연지기는 의로운 삶과 가장 잘 어울리고(배의配義) 인간이 가야 할 길과 가장 잘 어울립니다(배도配道).

제가 설명을 하고 있지만 명확하게 맹자의 호연지기 정의가 들어오지 못합니다. 아마도 호연지기가 저에게도 부족한 것 같습니다. 그래서 제가 이해하는 대로 두서없이 제 생각을 말해보겠습니다. 이 우주에는 엄청난 우주적 에너지가 존재하고, 인간은 이 우주적 에너지를 끌어들여 우주와 한 호흡으로 살아가야 합니다. 그런데 이 에너지를 끌어들이는 방법은 의로운 삶의 실천입니다. 내 영혼이 가고자 하는 방향을 따라 무소의 뿔처럼 정진할 때 호연지기 에너지가 내 영혼 속에 충만하게 되는 것이지요. 인간은 음식물을 먹지 않으면 삶이 정지하지만 이 정신적 에너지가 없어도 결국 정신적 파산과 죽음을 맞이하게 됩니다. 이것이 맹자가 그토록 강조한 호연지기의 내용이라고 생각합니다. 요즘 스마트폰은 누구나 가지고 있는 삶의 필수품입니다. 사람들은 스마트폰의 배터리가 방전되면 충전할 방법을 찾습니다. 직접 전기를 꽂아 충전하기도 하고, 이동용 배터리로 충전하기도 합니다. 맹자가 이 시대에 다시 태어나서 우리의 그런 모습을 본다면 이렇게 말했을 것 같습니다. "요즘 사람들은 자신이 가지고 있는 핸드폰의 배터리가 부족하면 어떻게든 충전하려고 하면서 자신의 호연지기가 방전되었는데도 도무지 충전할 줄을 모르는구나!" 《맹자》에 보면 이런 구절이 나옵니다. "사람들은 자신이 키우는 개나 닭이 안 보이면 찾아다닐 생각을 하면서 자신의 잃어버린 선한 마음은 찾을 생각을 하지 않는구나!" 맹자가 말하는 호연지기를 표로 정리하여보았습니다.

호연지기浩然之氣		
구분	항목	해석
형태	지대지강至大至剛	크고 강한 기운
	색천지塞天地	세상 어디에도 존재
축적 방식	직양直養	곧음(直)을 통해 배양
	집의集義	옳음(義)을 통해 생성

효능	무해無害	어떤 부작용도 없음
	무시뢰無是餒	부족하면 정신적인 굶주림에 빠짐
	배의配義	의로운 삶에 잘 맞음
	배도配道	도를 추구하는 데 필수

우리는 매일 비타민을 먹듯이 몇 개씩 호연지기라는 약을 먹어야 합니다. 매일 비타민과 칼슘과 오메가3를 먹듯이 호연지기를 섭취해야 합니다. 호연지기를 하루라도 끊으면 배터리가 방전되듯이 에너지가 방전되고, 에너지가 방전되면 뜻이 무너집니다. 뜻이 무너지면 마음이 흔들립니다. 마음이 흔들리면 대장부로서의 삶은 중단될 수밖에 없습니다. 이것들이 모두 연결되셨습니까? 저는 이것을 하나의 큰 통일체로 이해하였으면 좋겠습니다. 만나기 싫은 사람을 만나고, 가고 싶지 않은 곳을 가고, 하고 싶지 않은 일을 하면 얼마나 그 인생이 우울하겠습니까? 오로지 돈과 출세를 위해서만 내 삶을 쓴다면 성공도 출세도 내 영혼을 행복하게 만들어주지 못할 것입니다. 조그만 것에서도 영혼의 충만함을 느끼고, 일상에서 만족을 찾는다면 그것이 집적되어 엄청난 에너지가 만들어질 것입니다. 내 안에 있는 우주적 에너지, 호연지기는 내 영혼의 충만함과 만족을 위한 위대한 에너지입니다.

《시경》에서 말하는 경영의 진정한 의미, 여민해락與民偕樂

양혜왕이 어느 날 아름다운 연못과 정원을 완공해놓고 맹자를 불렀습니다. 한편으로는 아름다운 자기의 놀이터를 자랑하고 싶기도 하고, 한편으로는 맹자에게 맹자의 인의仁義 정치가 얼마나 비현실적인가를 알려주려는 의도도 있었습니다. 맹자가 오자 양혜왕은 이렇게 말하였습니다. "보시오, 얼마나 아름다운 정원이오. 그대같이 똑똑한 사람은 이런 즐거움을 잘 모르겠지요?" 공부만 하고 이론만 아는 맹자에게 인간의 즐거움을 모를 것이라고 은근히 비꼬면서 던진 양혜왕의 질문이었습니다. 맹자는 바로 대답하였습니다. "예. 현명한 사람이 된 후에 이런 즐거움을 누릴 자격이 있는 것이지요. 현명하지 못한 사람은 이런 아름다운 정원이 있더라도 즐길 자격이 없답니다." 맹자는 확실히 토론에서 밀리지 않는 능력이 있습니다. 아무리 아름답고 멋있는 정원이라도 결국 현명한 사람이 제대로 정치를 하고 난 후 즐기는 것이지, 제대로 정치를 못하면 이런 사치를 즐길 자격이 안 된다는 것입니다. 그리고 맹자는 우리가 자주 사용하는 '경영'이라는 단어를 자세하게 설명해줍니다.

"왕이시여, 경영이 무엇인지 아십니까?《시경》에 경영이란 말이 나옵니다. '아, 경영자 문왕이시여! 영대靈臺를 지으려고 계획[經]하셨네. 계획하고 실행[營]하니 서민들이 자발적으로 공사에 참여하였네. 시작한 지 하루도 지나지 않아 영대가 완공되었네. 계획할 때 너무 빨리하지 말라고 당부하여도 서민들이 자식처럼 와서 자기 일처럼 도와주었네.' 문왕께서는 백성들의 힘으로 아름다운 정원과 연못을 만드셨지요. 그리고 백성들은 모두 그것을 즐거워하였답니다. 그래서 그 아름다운 누각을 신령스런 누각 영대靈臺라고 불렀고, 그 아름다운 연못을 신령스런 연못 영소靈沼라고 불렀답니다. 옛날 사람들은 백성들과 함께 즐겼기에 그 즐거움이 진정한 즐거움이었습니다.《서경書經》〈탕서湯誓〉에 이런 말이 나옵니다. '이놈의 왕은 언제나 죽을까? 나는 너와 함께 같이 죽으리라!' 백성들이 자신의 왕과 함께 죽으려고 마음먹으면 비록 아름다운 누각과 연못, 동물들이 있더라도 어찌 홀로 즐길 수 있겠습니까?"

예. 경영經營이란 용어는《맹자》에 인용된《시경》에 처음 나옵니다. 경經은 계획plan입니다. 리더가 목표를 세우고 그 목표를 달성하기 위하여 방법을 찾는 것입니다. 영營은 실행execution입니다. 설정된 목표를 실행하고 수행하는 것입니다. 경영은 목표를 세우고 그 목표를 달성하는 것입니다. 그런데 목표는 다양한 방법으로 달성할 수 있습니다. 조직원들을 강압하여 억지로 목표를 달성하기도 하고, 남에게 피해를 줘서 그 반사 이익으로 목표를 달성하는 방법도 있습니다. 그러니 이런 방법들은 위대한 경영의 모습은 아닙니다. 맹자가 말하는 최고의 경영은 조직원의 자발적 참여에 의하여 목표를 달성하는 것입니다. 강요나 지시가 아닌 자발적 참여를 통해 목표를 달성하는 것이《맹자》가 생각하는 가장 아름다운 경영의 모습입니다. 그런데 이런 자발적 참여의 동기는 무엇일까요? 맹자는 '여민동락與民同樂'이라고 말합니다. 함께 그 성과를 즐기는 것입니다. 함께 기쁨과 슬픔을 나누고, 성과를 공유하며, 함께 고민하는 조직의 모습이 경영의 극치입니다. 제발 몸 다치지 말고 천천히 일하라고 당부하는 경영자나, 자기 부모님 일처럼 생각하고 자식처럼 일하는 직원이 만나서 성과를 만들어내는 조직, 이것이 가장 동양적이고 미래지향적인 경영의 완성입니다. 중국 고대 리더들은 이런 경영의 꿈을 꾸었고 여민락與民樂이란 음악을 만들어 그 분위기를 고취하기도 하였습니다.

맹자가 추구하였던 인간형 대장부는 이런 자발적 참여를 이끌어내는 리더의 모습입니다. 목표를 설정하고 목표 달성을 위하여 몰아붙이는 리더가 아니라, 성과 공유의 동기를 제공하고 스스로 참여하여 그 성과를 자발적으로 만들어내는 리더입니다.

맹자가 양혜왕의 멋진 정원에서 만나 함께 설전을 벌였던 '경영'의 이야기를 원문을 통해 하나하나 해석을 해보도록 하겠습니다.

맹자견양혜왕孟子見梁惠王하신데 왕립어소상王立於沼上이러니 고홍안미록왈顧鴻雁麋鹿曰 현자역락차호賢者亦樂此乎잇가 맹자대왈孟子對曰 현자이후賢者而後에 낙차樂此니 불현자不賢者는 수유차雖有此나 불락야不樂也니이다 시운詩云 경시영대經始靈臺하여 경지영지經之營之하시니 서민공지庶民攻之라 불일성지不日成之로다 경시물극經始勿亟하시나 서민자래庶民子來로다 …… 고지인古之人 여민해락與民偕樂이라.

맹자가 양혜왕을 만났을 때, 왕이 새로 완공한 연못 위에 서 있었는데, 그곳에 뛰어노는 기러기와 사슴들을 돌아보며 말하기를, "현명한 사람도 이러한 즐거움을 즐길 줄 압니까?" 맹자가 답하여 말하기를, "어진 자가 된 후에 이것을 즐길 자격이 있습니다. 어질지 못한 사람이라면 비록 이런 좋은 정원이 있다 하더라도 즐길 자격이 없는 것입니다. 《시경》에 이르기를 이러하였습니다. '처음에 영대靈臺라는 건축물을 세울 계획을 세우셨는데, 계획을 세우고 실행을 하셨으니, 밑에 있는 모든 백성들이 그것을 도와주는지라 하루를 넘기지 않고 완성이 되었다. 처음에 영대를 세울 계획에 빨리하지 말라 당부하셨거늘, 백성들이 자식처럼 와서 도와주는구나. …… 옛날의 리더들은 백성들과 그 성과를 함께 즐기려 하였기 때문이다.'"

맹자가 활동하던 전국시대는 백성들은 기아에 허덕이고 사회는 혼란으로 어지러웠던 시대입니다. 그런데 당시 지도자들은 모든 책임을 하늘에게 돌리고 자신의 책임을 인정하지 않았습니다. 백성들은 도탄에 빠져 굶어 죽는데, 귀족들은 "내가 죽였느냐? 세월이 죽였지"라고 책임을 회피하였습니다. 그때 맹자는 사람을 칼로 찔러놓고 "내가 찔렀느냐? 칼이 찔렀지"라고 하는 것과 다를 것이 없다고 귀족들을 꾸짖습니다. 하늘이 나라 사람들을 대신하여 당신을 지도자로 세워 생사를 맡겼거늘, 어찌하여 당신은 그들의 생사를 지켜줄 생각은 하지 않고 혼자서 이런 것만 즐기고 있는가? 처자식을 친구에게 맡기고 먼 곳에 여행을 다녀왔는데, 그 친구가 당신의 처자식을 굶겨 죽였다면 어떻게 하겠는가? 하늘이 당신에게 이 세상 사람들을 맡겼는데, 그 사람들이 굶어 죽으면 어떻게 되는 것인가? 처자식을 맡겼으면 끝까지 살리는 것이 친구의 도리고 이 세상 사람들을 맡았으면 그들을 살리는 것이 군왕의 목표이지, 세월이 그랬다느니 무엇 때문에 그랬다느니 하는 말 자체가 당신이 현명하지 못하다는 것 아닌가? 그러니 아무리 돈이 많고 좋은 정원이 있어도 그것을 즐길 자격조차도 없다고 쏘아붙입니다. 중국 여러 왕조들에서는 《맹자》를 금서로 정하였습니다. 지식인들에게 읽지 못하게 하였습니다. 왜냐하면 《맹자》를 읽으면 권력에 대항하는 마음이 싹트기 때문입니다. 심지어 임금이 임금으로서 백성들을 위한 정치를 하지 못하면 그 임금을 바꾸어도 무방하다는 혁명적인 생각이 들어 있기에 역대 제왕들이 《맹자》의 내용을 두려워하였습니다.

리더들이 혼자서 그 성과를 즐기는 것을 '독락獨樂'이라고 합니다. 그러나 성과를 함께 즐기는 것을 '동락同樂'이라고 합니다. 문왕이 영대를 만들기 위한 목적은 함께 즐기기 위해서입니다. 기업이 오로지 기업 소유주의 이익에만 집착한다면 이런 자발적 성과 달성은 어려울 것입니다. 협력업체들을 희생하여 성과를 올리는 것도 독락獨樂입니다. 요즘 말로 하면 인센티브나 동반 성장, 프로피트 셰어profit-share라는 확고한 동락同樂의 의지가 있어야 성과는 자발적으로 달성될 수 있습니다. 경영이라는 말을 표로 정리하면 다음과 같습니다. 경經은 Plan, 계획하다. 영營은 Execution, 실행하다. 그 방식은 자발적인 참여 방식이고 결과는 함께 즐기는 여민동락입니다.

경영經營			
구분	의미	방식	동기
경經	계획하다plan	자발적 참여voluntary	여민동락與民同樂 함께 즐기는 경영
영營	실행하다execution		

왜 《맹자》를 혁명적이라고 일컫는가?

경영은 자발적 동참에 의한 위대한 성과의 달성이며 그 동기는 함께 성과를 즐기는 여민동락與民同樂에 있다고 강조하는 맹자에 할 말이 없었던 양혜왕은 자기변명을 늘어놓습니다.

"나는 최선을 다해서 백성들에게 정치를 하고 있다고 생각하오. 내가 다스리는 하내河內 지방에 흉년이 들면 젊은 사람은 하동河東 지방으로 옮겨 살게 하고, 거동 못하는 늙은이와 아이들을 위해서는 하동에서 곡식을 가져다가 나누어주고 있다오. 반대로 하동에 기근이 들어도 또한 그렇게 하고 있다오. 그러나 이웃 나라 지도자가 정치하는 것을 살펴보니 나같이 백성들에게 마음을 쓰는 자가 없는 것 같다는 생각이 드오. 그런데 도대체 이웃 나라의 백성들은 줄어들지 않고, 우리나라 백성들 또한 많아지지 않는 것은 어찌 된 일이오?"

세금을 내고 부역을 담당하던 백성의 숫자가 국력이었던 시절, 양혜왕은 어째서 백성들이 자신의 나라로 몰려들지 않는지를 물었던 것입니다. 요즘으로 말하면 왜 민심과 표가 자기에게 쏠리지 않는지를 궁금해하는 정치인의 모습과 닮아 있습니다. 자신은 최선을 다해서 백성들을 위해 정치를 하고 있는데 이웃 나라 못된 왕의 백성들이 왜 나에게 몰려오지 않는지를 고민하는 왕에게 맹자는 우리에게 익숙한 '오십보백보五十步百步' 이론으로 대답합니다.

"왕께서는 전쟁을 좋아하시니, 전쟁에 비유해서 말씀드리지요. 전쟁터에서 한창 접전일 때 두 병사가 갑옷을 버리고 무기를 질질 끌고 도망쳤습니다. 어떤 병사는 백 보를 도망가서 멈추고, 어떤 병사는 오십 보를 도망가서 멈추었습니다. 그때 오십 보를 도망친 병사가 백 보를 도망친 병사를 보며 비웃고 나무랐다면 왕께서는 어떻게 생각하십니까? 전쟁터에서 오십 보를 도망간 것이든 백 보를 도망간 것이든 거리만 다를 뿐이지 도망간 것은 똑같다는 이치를 아신다면, 민심이 당신에게 몰리기를 바라지 마십시오. 왕의 정치나 이웃 나라 왕의 정치나 오십보백보입니다."

경영자는 남에게 책임을 물어서도 안 되고, 책임을 회피하려고 해도 안 된다는 것입니다. '오십보백보'라는 말은 우리가 자주 사용하는 말입니다. 자신은 남보다 열심히 하였다고 하지만 객관적인 눈으로 보면 거기서 거기, 즉 별로 차이가 안 난다는 뜻입니다. 부모가 되어서든, 직장 상사가 되어서든 이 정도면 나는 잘한다는 착각에 빠지는 경우가 많습니다. 도대체 나는 최선을 다하였는데 왜 자식들이 내 마음을 안 알아주는 것일까? 세상에 나 정도 하는 사람이 어디 있다고 부하 직원들은 나를 멀리하는 것일까? 나는 직원들이 굶지 않도록 월급도 꼬박꼬박 주고 그들의 마음도 나름대로 헤아려준다고 생각하는데, 어째서 자발적으로 일을 하지 않고 성과를 제대로 달성하지 못하는 것일까? 이런 의문을 가져본 사람이라면 《맹자》의 오십보백보 이론을 생각해봐야 합니다.

오십 보 도망가놓고 백 보 도망간 사람을 손가락질하는 사람이 세상에는 많습니다. 자신의 책임을 남에게 전가하고, 남의 잘못을 자신의 잘못보다 과대 포장하고 헐뜯는 것이 생존 무기가 되어버린 시대를 우리는 살고 있습니다. 무작정 다른 사람을 향해 비난할 것이 아니라 자신에게는 그런 문제점이 없는가를 돌아봐야 합니다. 《논어》에서는 군자와 소인을 비교하면서 군자는 모든 책임을 자신이 질 줄 알며, 자신에게 먼저 잘못을 묻는 사람이라 정의하고 있습니다. 남의 잘못을 따지기에 앞서 자신의 잘못을 먼저 돌아볼 줄 아는 사람이라는 뜻입니다. 그러나 소인은 모든 책임을 사사건건 남에게 돌리는 사람입니다. 자신의 잘못은 인정하려 하지 않고 다른 사람의 잘못만 가지고 늘어지는 소인이 성공하는 인재로 남을 수는 없습니다. 자신은 남보다 낫다고 자위하면서 자신의 옳지 못한 행동을 정당화하지만 본질에 있어서는 오십보백보이기 때문입니다.

　본질적으로 다르지 않다면 다르다고 해서는 안 됩니다. 고객을 위한 서비스든, 제품의 품질이든, 부하 직원들에 대한 대우든, 국민들에 대한 관심이든, 본질적인 차이를 만들어내지 못하고 오십보백보를 되풀이한다면 신뢰받는 사람이 되기에는 불가능할 것이기 때문입니다. 여민동락與民同樂은 혁명적인 생각이 필요합니다. 내가 조금 잘해주고 남보다 낫다고 생각하는 것에서는 여민동락與民同樂의 의미를 찾을 수 없습니다. 리더는 나누는 사람이며, 나눔을 통해 동기를 부여하는 사람입니다. 나누지 못하면서 오로지 내 말만 들으라고 한다면 진심으로 그 사람의 말을 들을 사람은 그리 많지 않습니다.

우산은 원래부터 민둥산이 아니었다, 인의예지仁義禮智

맹자는 모든 인간에게는 남의 불행을 차마 눈 뜨고 보지 못하는 마음이 있다고 합니다. 나와 아무 상관 없는 사람이라도 힘들고 고통받는 사람들을 보면 인간의 심성이 움직여 상대방에 대한 동정심이 일어난다는 것입니다. 굶어서 고통받고 있는 저개발 국가 어린이의 굶주린 사진을 보고 가슴이 찡해지는 것이나 고통에 빠져 절망하는 사람을 보고 그냥 지나치지 못하는 것은, 바로 인간이 가지고 있는 착한 본성이 있기 때문이라는 것이지요. 또한 인간은 자신의 행동에 대한 부끄러움을 느끼는 마음도 가지고 있습니다. 부끄러움은 인간이 가지고 있는 위대한 본성입니다. 내가 가진 것을 남에게 양보하고 사양하는 마음, 옳고 그른 것을 가릴 줄 아는 마음, 이런 것들은 인간이 태어날 때 가지고 태어난 위대한 본성입니다. 맹자는 이런 인간의 고통에 대한 공감, 부끄러움의 자각, 나눔과 공유, 판단 등을 '불인지심不忍之心'이라고 합니다. 아니 불不자에 참을 인忍자, 그러니까 '불인지심不忍之心'은 인간으로서 차마 두고 보지 못하는 인간이 가지고 있는 선한 마음입니다. 맹자는 여러 가지 비유를 통해 인간이 가지고 있는 공감의 불인지심不忍之心을 설명합니다. "지금 어린아이가 내 눈앞에서 우물 속으로 빠지려 하고 있다. 이때 인간이라면 누구나 측은한 마음이 들어 손을 뻗어 그 아이를 구해주려 할 것이다. 이것은 마음속으로 그 아이의 부모에게 잘 보이려고 하는 것도 아니고 동네 친구들에게 칭찬받으려고 하는 것도 아니다. 아울러 내가 손을 뻗어 구해주지 않았다고 동네 사람들에게 욕먹을까 두려워해서도 아니다. 이것이 인간은 누구나 남의 불행을 차마 두고 보지 못하는 본능적인 불인지심不忍之心을 가지고 있다는 증거다." 맹자는 아무리 악한 사람이라도 그 본성은 본래 착하다는 믿음을 가졌습니다. 맹자의 이 불인지심不忍之心은 인간은 누구나 태어날 때부터 착한 본성을 가지고 태어났다는 그의 성선설의 가장 중요한 이론적 기초입니다. 인간은 불인지심不忍之心이 있기에 원래부터 본성이 착하다는 것입니다. 맹자의 성선설이 옳든 그르든 그것을 논하는 것이 중요한 것이 아니라, 백성들이 굶어 죽고 전쟁에 피를 흘리며 쓰러지던 전국시대에 맹자가 당시 지도자들에게 '불인지심不忍之心'을 가지고 '백성들의 고통을 차마 두고 보지 못하는 정치'를 하라는 강력한 일갈을 외쳤다는 것이 중요한 것입니다. "백성들이 굶주리는 것이 내 잘못인가? 세월이 그렇게 만든 것이지"라며 자신의 책임을 발뺌하는 지도자들에게 "당신은 저 힘들고 불쌍한 백성들을 보면 불인지심不忍之心이 느껴지지 않는가? 그 마음을 확충하여 백성들을 위한 불인지정不忍之政을 펼치라"고 맹자는 강조하고 있는 것입니다. '불인지정不忍之政', 백성들의 불행을 차마 두고 보지 못하는 군주의 사랑의 정치입니다. 군주이기 이전에 인간인 왕은 남의 불행을 차마 두고 보지 못하는 불인지심不忍之心을 가지고 태어났으니, 이 마음을 지도자가 백성들의 불행을 차마 두고 보지 못하는 불인지정不忍之政으로 확대해나가야 한다는 것입니다. 맹자의 정치적 이상은 바로 모든 백성들이 배부르게 살 수 있는 정치였습니다. 왕도 정치는 백성들의 경제적 안정을 도모하는 정치입니다. "백성들은 일정한 직업이 있어야 한다. 이것을 항산恒産이라고 한다. 항산이 있어야 물질적 안정이 이루어진다. 이 물질적 토대가 없다면 항심恒心 역시 없다. 항심은 도덕적으로 흔들리지 않는 정신적 안정이다. 만약에 백성들에게 이 항심이 없다면 그들은 죄를 지을 수밖에 없다. 백성들에게 죄를 짓게 하는 정치를 해놓고 그것을 국가가 법률로 구속한다면 이것은 백성들에게 그물을 쳐놓고 그 그물에 걸려들게 하는 정치를 하는 것이다. 어찌 높은 자리에 있는 사람이 백성들을 그물질하려 하는가?" 맹자의 이런 주장 속에는 잘 먹고 잘 살게 하는 정치야말로 가장 위대한 정치이며 그런 정치의 시작은 '불인지심不忍之心'에서 시작된다는 생각이 담겨 있습니다.

맹자에 의하면 위대한 경영자가 되기 위해서는 불인지심不忍之心의 마음을 먼저 확신하여야 한다고 합니다. 내 직원들의 배고픔을 차마 보지 못하고, 내 고객들의 불만을 차마 듣지 못하는 상대방에 대한 배려의 극치가 불인지심不忍之心입니다. 나의 선한 가능성을 확신하지 못하는 사람이 미래의 위대한 나를 만들 수는 없을 것입니다. 인간에게는 남의 불행을 차마 두고 보지 못하는 불인지심不忍之心이 있으며, 이 작은 마음에 대한 확신이 나를 행복하게 하고 나아가 조직을 성공으로 이끄는 리더가 되기 위한 첫걸음이란 것을 잊지 말아야 합니다.

동양 고전들은 모두 정치 경제학 책이자 리더십 교과서입니다. 맹자가 말하는 인간의 본성은 원래부터 착하다는 성선설은 심리학적인 심성에 대해 이야기한 것이 아닙니다. 리더가 가지고 있는 착한 심성에 대해 말하고 그 착한 심성을 확대해나가서 백성들의 고통을 없애고 배불리 먹을 수 있는 정치, 불인지정不忍之政을 해야 한다는 것입니다. 그 가설로 인간의 본성을 거론한 것이지, 결코 본성 그 자체를 논의하고자 한 것은 아니었습니다. 더 큰 사회적인 실천과 행동으로 가기 위한 전제로 이야기된 것입니다. 그러면 맹자가 말하는 인간의 착한 심성 이론에 대한 원문을 살펴보도록 하겠습니다.

맹자왈孟子曰 인개유불인인지심人皆有不忍人之心하니라 선왕先王
이 유불인인지심有不忍人之心하사 사유불인인지정의斯有不忍人之
政矣시니 이불인인지심以不忍人之心으로 행불인인지정行不忍人之
政이면 치천하治天下는 가운지장상可運之掌上이니라.

맹자가 말하기를 "사람들은 모두 차마 하지 못하는 불인지심을 가지고 태어났다. 옛날 위대한 리더들은 모두 '불인지심'의 선한 본성을 가지고 있었으며, 나아가 '불인지정'의 위대한 정치를 하였다. 인간의 불인지심을 기반으로 불인지정을 행한다면 천하를 다스리는 것은 손바닥 안에서 움직이는 것과 같을 것이다.

유시관지由是觀之컨대 무측은지심無惻隱之心이면 비인야非人也며 무수오지심無羞惡之心이면 비인야非人也며 무사양지심無辭讓之心이면 비인야非人也며 무시비지심無是非之心이면 비인야非人也니라.

이것을 통해 통찰하건대 남의 불행을 측은히 여기는 마음이 없다면 사람이라 할 수 없고, 부끄러워할 줄 모르면 사람이라 할 수 없고, 사양하는 마음이 없으면 사람이라 할 수 없고, 옳고 그른 것을 가릴 줄 아는 마음이 없으면 사람이라 할 수 없을 것이다.

측은지심惻隱之心은 인지단야仁之端也요 수오지심羞惡之心은 의지단야義之端也요 사양지심辭讓之心은 예지단야禮之端也요 시비지심是非之心은 지지단야智之端也니라.

남의 불행을 측은하게 여기는 마음은 인간이 가지고 있는 사랑의 인仁의 시작이고, 부끄러움을 아는 수오지심은 인간이 가지고 있는 정의(義)의 시작이고, 남에게 사양할 줄 아는 마음은 인간이 가지고 있는 예禮의 시작이고, 옳고 그른 것을 가릴 줄 아는 마음은 인간이 가지고 있는 지혜(智)의 시작이다.

인지유시사단야人之有是四端也는 유기유사체야猶其有四體也니
유시사단이자위불능자有是四端而自謂不能者는 자적자야自賊者也
니라.

인간이 태어날 때부터 이 네 가지 시작의 단서를 가졌다는 것은 인간
이 손과 발의 사지가 있다는 것과 같다. 이 네 가지 위대한 본성을 가
지고 태어난 인간이 자신은 할 수 없다고 생각한다면 이것은 스스로
자신을 버리는 일이다."

맹자의 요지는 간단합니다. 인간은 위대한 네 가지 공감의 능력을
가지고 태어났으니, 그 능력을 아낌없이 삶에 반영하고, 나아가 나와
함께 사는 동시대 사람들과 공유하라는 것입니다. 이 네 가지 인간의
공감 능력을 사단四端이라고 합니다. 남의 불행에 대한 공감 인仁, 남의
시선에 대한 공감 의義, 남의 욕망에 대한 공감 예禮, 남의 판단에 대한
공감 지智, 이것이 인간이 본성적으로 가지고 태어난 네 가지 위대한
선의 능력입니다. 인의예지仁義禮智, 사단四端에 대하여 구체적으로 말해
보겠습니다. 나와 아무 상관 없는 사람의 고통에 대하여 측은한 마음
이 드는 것이 인仁입니다. 뉴스에서 졸음운전으로 과속하던 버스가 승
용차를 들이받아 앞에 타고 있던 20대 여성 네 명이 사망했다는 소식
을 들으면 누구나 망자에 대한 측은한 마음을 갖게 됩니다. 비록 나와
관계없는 사람일지라도 그 사람의 불행에 대하여 슬픔을 공감하게 되
는 것입니다. 어느 비정규직 젊은이가 지하철 자동문을 수리하다가 사
망했다는 소식을 듣고 일어나는 마치 내 자식 같은 슬픔의 공감 역시

인간에게 측은지심惻隱之心이 있다는 것입니다. 나라를 잃고도 아무 일 없다는 듯이 사는 것이 너무 부끄러워 나라를 찾겠다고 독립운동에 나선다면 그것은 수오지심羞惡之心, 의義의 공감이 있는 것입니다. 물론 어떤 사람들은 부끄러움도 모르고 나 몰라라 외면하면서 혼자 호의호식하는 사람도 있겠지만, 그것은 그 사람 본성이 그런 것이 아니라 후천적으로 본성이 상처가 나서 그런 상황이 되었다는 것입니다. 잘 차려진 음식 앞에서 비록 내가 먼저 먹고 싶지만 상대방에게 음식을 드시라고 사양하는 사양지심辭讓之心은 예禮의 본성이 있다는 증거입니다. 내 앞에 아무리 돈이 쌓여 있더라도 내가 취할 것인지 취해서는 안 될 것인지를 판단하는 본성은 시비지심是非之心, 지智의 본성입니다. 이런 인간이 가지고 있는 본성은 태어날 때부터 갖고 태어난 착한 성품이라는 것이지요. 성선설의 선善은 단지 착하다는 개념이 아닙니다. 선의 뜻은 위대함입니다. 인간이 가지고 있는 본성이야말로 위대하다, 이것이 성선설입니다. 이런 위대한 능력을 당신은 믿느냐는 것입니다. 인간으로 태어났다는 것이 위대한 인의예지仁義禮智의 본성을 가지고 태어난 것인데, 왜 나는 할 수 없다고 스스로 말하느냐는 것입니다. 맹자는 자포자기自暴自棄해서는 안 된다고 합니다. 인간이기에 이런 위대한 우주적 본질을 가지고 태어났으니 그 공감의 위대함을 포기하지 말고 나의 삶 속에서 지속적으로 실현해나가야 한다고 합니다. 그런데 지금까지 제가 말한 인의예지仁義禮智에 대하여 의문을 갖고 있는 분도 있을 겁니다. 많은 사람들이 그런 착한 성품을 갖고 태어났지만 어떤 사람들은 남의 불행에 대하여 공감을 느끼지도 못하고, 부끄러운 일을 서슴지 않고 행하고, 남에게 사양하기는커녕 혼자 독점하려고 하고, 옳고 그른 것을 판단하지 못하여 잘못된 판단을 한다는 것입니다. 그러니 모든 인간에게 착한 성품, 인의예지仁義禮智가 있는 것은 아니라는 것이지요. 맹자는 이렇게 대답합니다. "인간은 태어날 때부터 선한 본성을 갖고 태어났지만 삶을 살아가면서 본성이 상처가 나서 악해진 것이지 원래부터 그런 것이 아니다." 맹자는 우산牛山의 고사를 통해 이렇게 이야기합니다. "우산은 원래 숲이 우거지고 나무가 많은 산이었다. 그런데 도시 근처에 있었기 때문에 나무꾼들이 드나들며 땔나무로 나무를 베어갔다. 그러나 우산은 이슬이 내리고 비가 내리는 저녁 다시 싹을 틔우고 풀을 기르려고 하였다. 그런데 낮에 목동들이 들어와 소와 양이 우산의 풀을 다 뜯어 먹게 하였다. 그 후로 우산은 민둥산이 되었다. 그런데 어찌 우산이 원래부터 민둥산이었겠는가?" 인간도 원래 본성이 악한 것이 아니라 모진 세상을 살아가며 본성이 그렇게 변했다는 것입니다. 사람에게 한 번 배신당하면 그 뒤로 사람을 좀처럼 믿지 못하게 됩니다. 남에게 주었더니 내가 먹을 것이 없어지면 그때부터 혼자 먹으려고 감추게 됩니다. 나이 든 사람을 옆에 두고 부끄러워서 차마 전철의 자리를 앉지 않았더니 결국 다리가 아프고 나만 손해라는 생각이 들면 저 멀리서 자리가 나도 뛰어가서 앉는 몰염치한 사람이 됩니다. 그러나 어찌 인간의 본성이 그래서 그런 것이겠습니까? 이 풍진 세상이 인간의 본성을 그렇게 만든 것이지요. 몸이 아프면 병원에 가서 치료를 하지만, 본성이 아프면 내가 나를 치료해야 합니다. 세상에 어느 누구도 나의 본성을 치료해줄 사람은 없습니다. 나에게 물어보고 나에게 답을 찾아야 합니다.

　나는 누구인가? 우주의 중심에 서서 내 안에 있는 우주적 위대한 에너지를 성찰하고 키워나가고 있는가? 어떤 역경에도 흔들리지 않는 부동심의 마음으로 의로움에 대한 믿음을 잃지 않고, 내 안에 호연지기의 정신적 에너지를 양성하여, 하늘이 준 위대한 네 가지 인간의 공감 본성인 인의예지仁義禮智를 발현하고, 동시대를 살아가는 사람들과 행복을 함께 추구하는 여민동락與民同樂의 꿈을 이뤄가고 있는가? 이 질문은 현재를 사는 우리들에게도 여전히 유효하며, 이것을 나의 구태의연한 삶의 모습을 버리고 새로운 나로 부활하는 희망의 등대로 삼아야 할 것입니다.

양혜왕이 물었다.

"과인의 나라에 이익이 되는 방법이 있겠습니까?"

맹자가 대답하였다.

"왕께서는 하필 이익에 대해 물으십니까?

오직 인仁과 의義가 있을 뿐입니다."

당당한 삶을 위한 조언, 《맹자》 2

당당한 삶을 위한
조언
《맹자》 2

돈 버는 일에 주저하지 말라

유교 하면 떠오르는 것이 청빈한 삶입니다. 청빈淸貧은 글자 그대로 맑고〔淸〕 가난하게〔貧〕 사는 삶입니다. 이런 유교에 대한 관념 때문에 한국인들은 돈과 부에 대한 이중적 생각을 가지고 있었습니다. 돈을 입에 올리면 천박한 사람이 되고, 이익이나 부자라는 말은 청빈한 유교적 삶과 대치되는 삶이라고 여겨졌습니다. 그러나 인간의 욕망은 돈을 추구하고, 돈을 통해 욕망을 실현합니다. 그러니 겉으로는 돈에 대해 무심한 척하면서 실제로는 돈에 대한 집착이 남다르기도 합니다. 그러나 이런 부에 대한 경시나 이중적 생각은 유교의 본질적인 생각은 아닙니다. 유교적 가치에서 볼 때 부귀는 인간이 추구하는 당연한 가치입니다. 다만 방법에 있어서 전제 조건이 있습니다. 부당하거나 옳지 않은 방법으로 부귀를 추구하지는 않겠다는 것입니다. 유교와 자본주의는 서로 만나는 점이 많습니다. 그래서 언제부터인가 유교 자본주의confutalism라는 말도 자주 사용합니다. 유교를 뜻하는 컨퓨셔니즘confucianism과 자본주의를 뜻하는 캐피털리즘capitalism이 서로 만나 시너지 효과를 일으킬 수 있다고 보는 것입니다. 자본주의는 인간이 가진 자본에 대한 욕구를 충족시키고 확대하는 것을 긍정합니다. 그런데 유교에도 과연 부에 대한 긍정 이론이 있는가라는 질문을 할 수 있습니다. 유교에서는 부자가 되고 귀한 자가 되는 것은 인간이 가지고 있는 기본적인 본능이라고 말합니다. 다만 정당한 방법이 아니면 그 부귀를 포기하겠다는 것이 유교의 생각입니다.

> 부여귀富與貴는 시인지소욕야是人之所欲也나 불이기도不以其道로 득지得之면 불처야不處也니라.

> 부자가 되고 귀한 자리에 오르는 것은 인간의 욕망이다. 그러나 원칙을 무시하고 부귀를 얻는다면 나는 나에게 다가온 부귀를 거부하겠다.

아울러 부귀를 구하려고 마음먹으면 직업의 귀천 없이 어떤 일이든 구애받지 않고 할 수 있지만 부귀보다 더 소중한 것을 추구한다면 그 부귀를 포기할 수도 있다고 말합니다.

> 부이가구야富而可求也면 수집편지사雖執鞭之士라도 오역위지吾亦爲之나 여불가구如不可求인데 종오소호從吾所好하리라.

부를 얻는 것이 목표라면 비록 마부의 천한 직업도 나는 할 준비가 되어 있다. 그러나 그 부보다 더 중요한 것을 목표로 삼는다면 나는 내가 좋아하는 것을 좇아 살 것이다.

유교에서 바라보는 부에 대한 관점은 경시가 아니라 긍정입니다. 정당한 방법과 수단이라면 그 부는 얼마든지 인정되어야 한다는 것이 유교의 부에 대한 가치입니다. 그리고 정당한 방법으로 부를 얻는다면 어떤 천한 일도 마다치 않겠다는 것입니다. 다만 남을 힘들게 하고 고통에 빠트리고 파탄에 이르게 해서 채우는 욕망이라면, 그것은 원칙에서 벗어나는 것이라고 말합니다. 우리 시대 부를 이룬 부자들은 한편으로는 부러움의 대상이며 한편으로는 경멸의 대상이기도 합니다. 부를 누구나 원하기에 부자를 동경하고, 한편으로는 부를 축적하는 방법에 대하여 경시하거나 내가 갖지 못했다는 시기심에 부자를 멸시하기도 합니다.

《맹자》에서는 정당하지 못한 방법으로 부를 추구하는 것은 부끄러운 일이라며 제나라 어느 남자의 불미스러운 부의 취득을 꼬집어 이야기하고 있습니다.

중국 제나라에 어떤 남자가 있었답니다. 그런데 그 남자는 밖에 나갔다가 들어만 오면 집에 있는 부인에게 술과 고기를 실컷 먹고 들어왔다고 자랑을 늘어놓았습니다. 부인이 누구와 음식을 먹었느냐고 물으면 남자는 그저 돈 많고 귀한 사람과 함께 식사하였다고 할 뿐이었습니다. 그런데 그 부인은 그토록 존귀한 사람과 친하다고 하는 남편이 왜 평소에 한 번도 그런 사람을 집에 데리고 오지 않는가를 의아하게 생각하였습니다. 그래서 어느 날 새벽에 부인은 아침에 나가는 남편 뒤를 따라가기 시작하였답니다. 남편은 집에서 나간 뒤 특별한 목적지 없이 여기저기 돌아다녔고, 함께 서서 이야기를 나누는 사람도 없었습니다. 그리고 마침내 남편이 동쪽 성문 밖 공동묘지에 가서 무덤에 제사를 지내는 사람에게 먹을 것을 구걸하는 것을 보았습니다. 남편은 먹을 것이 부족하면 이리저리 다른 무덤에 가서 구걸을 하여 얻어먹었습니다. 부인은 남편이 어떻게 매일 배부르게 먹는지에 대해 드디어 알게 되었고, 집에 돌아온 후 눈물을 흘리며 통곡하였습니다. 남편이라는 존재는 부인이 평생 우러러 존경하며 살아야 할 대상인데, 지금 그 남편은 더 이상 존경의 대상도 영웅도 아니었던 것이죠. 집에 돌아온 남편은 그것도 모르고 또다시 오늘 얼마나 존귀하고 유명한 사람들을 만났는지를 자랑하며 부인에게 교만을 떨었다는 이야기입니다.

맹자는 이 이야기를 제자에게 들려주며 이렇게 말하였습니다. "제자들아, 요즘 부귀와 성공을 추구하는 사람들 중에 그 자세한 내용을 알면 그 부인이 부끄러워 통곡하지 않는 자가 드물 것이다." 이 이야기는 성공과 출세를 위하여 어떤 부끄러운 짓도 서슴지 않았던 당시 사회 풍토에 대한 맹자의 따끔한 일갈이었습니다. 아울러 옳지 못하고 부끄러운 방법으로 부귀와 영달은 구하지 않겠다는 맹자의 인생관을 엿볼 수 있습니다. 우리가 사는 이 시대 사람들의 부귀와 성공을 추구하는 방법은 정도만 다를 뿐 크게 다르지 않은 것 같습니다. 언론 여기저기 터져 나오는 성공한 사람들의 부끄러운 뒷이야기를 들으며 진정한 성공과 출세는 무엇인가를 생각하게 됩니다. 맹자는 하늘과 땅, 그리고 어느 누구에게도 부끄럽지 않은 사람의 모습으로 대장부를 늘 꿈꾸었습니다. "내 뜻을 세상이 알아주면 나를 따르는 사람들과 내 뜻을 실천할 것이요, 내 뜻을 알아주지 않으면 나 홀로 나의 길을 걸으며 살리라!" 맹자가 꿈꾸는 당당한 대장부의 관점에서 보면, 자신의 소신을 저버리고 비굴하고 옳지 않은 방법으로 부를 구하는 것은 인간으로서 차마 해서는 안 될 행동입니다.

곧은 길, 굽은 길, 저울 길

워낙 성격이 까칠한 사람이었던 맹자는 제후들에게 쓰이지 못하였습니다. 당시 권력자인 제후들에게 "생각은 좋지만 당장 성과를 바라는 우리 조직과는 거리가 멀다"는 소리를 들었습니다. 그래서 맹자는 늘 비주류였습니다. 맹자와 그 제자들은 끊임없이 당시 주류들을 비판하였습니다. 특히 리더로서 정도正道를 가야 한다고 강조하였습니다. 정도는 바른 길을 뜻합니다. 리더가 가야 할 바른 길입니다. 반면 왕도枉道는 구부러진(枉) 길입니다. 부당하고 부정한 방법으로 목표를 달성하고자 하는 생각입니다. 맹자는 정도를 어기고 왕도枉道를 통해 성과를 달성하는 것은 아무리 성과가 좋더라도 인간이 해서는 안 될 일이라고 하였습니다.

세상에 아무리 성공한 리더라도 반칙을 통해 승리를 얻었다면 그 승리가 오래가지 못할 뿐만 아니라 어떤 누구에게도 진심으로 그 승리를 인정받지는 못할 것입니다. 원칙을 어기고 반칙을 통해 이긴 승리, 그것은 한때의 승리일 뿐 영원한 승리가 되지 못할 것이기 때문입니다.

아무리 그것이 상식이 되고 원칙이 무시되는 사회라도 자신의 원칙을 굳게 지켜나가는 사람이 결국 마지막 승자가 될 것입니다. 맹자는 자신이 모시는 주군이 아무리 반칙을 강요하더라도 자신의 원칙을 포기하지 않아야 한다고 생각하였습니다. 맹자는 원칙을 포기하고 반칙으로 자신을 섬긴다면 부와 명예를 준다고 한 당시 유력한 지도자의 제안을 단호히 거절하며 다음과 같은 일화를 통해 자신의 생각을 보여주었습니다.

조趙나라에 유능한 사냥꾼 왕량王良이란 사람이 있었답니다. 이 사람은 누구와 사냥을 나가든 그를 도와 최고의 사냥을 할 수 있게 해주는 유능한 사냥꾼이었습니다. 원칙을 지키며 자신의 능력을 발휘하던 왕량은 조나라 모든 귀족들이 함께 사냥을 나가고 싶어 하는 1순위였습니다. 당시 조나라 왕의 총애를 받던 신하 해奚 역시 왕에게 간청하여 그를 데리고 사냥을 나갈 수 있도록 허락해달라고 하였습니다. 조나라 왕은 총애하는 신하의 청을 들어주며 왕량에게 그를 도와 사냥을 나가도록 명하였습니다. 그런데 해는 웬일인지 종일토록 그와 사냥을 다녀도 단 한 마리의 사냥감도 잡지 못하였습니다. 해는 돌아와 왕에게 말하기를 "왕량이란 사람은 천하의 수준 낮은 사냥꾼입니다"라고 보고하였습니다. 이 이야기를 누군가 왕량에게 전하였고, 왕량은 그 말을 듣고 바로 조나라 왕에게 나아가 해와 한 번 더 사냥을 나갈 수 있는 기회를 달라고 하였습니다. 그런데 이번 사냥에서는 아침나절이 채 지나기도 전에 열 마리도 넘는 사냥감을 잡게 하였죠. 해는 임금에게 나아가 보고하기를 천하 최고 수준의 사냥 전문가라며 왕량을 칭찬하였습니다. 그러고는 자신의 전속 사냥꾼으로 지정하여

주기를 간청하였습니다. 왕이 왕량을 불러 해의 전속 사냥꾼이 되어주기를 명하였으나 왕량은 그 자리에서 거절하며 이렇게 대답하였습니다. "저는 처음 저 해라는 신하와 사냥을 나갔을 때 원칙대로 수레를 몰아 사냥을 할 수 있도록 도와주었습니다. 그런데 그는 하루 종일 한 마리도 잡지 못하더군요. 그런데 그 다음 사냥에서는 온갖 변칙으로 수레를 몰아주었는데 한나절에 열 마리의 사냥감을 잡았습니다. 저 사람은 원칙대로 모시면 아무것도 못하는 사람입니다. 오로지 반칙으로 모셔야 능력을 발휘하는 사람입니다. 저는 반칙으로 모셔야 능력을 발휘하는 사람을 내 인생의 주인으로 모시고 싶지 않습니다"라며 부귀가 보장된 반칙꾼 실세의 하수인이 되기를 거부하였답니다.

맹자는 이런 일화를 예로 들면서 이렇게 말합니다. "일개 사냥꾼도 반칙으로 일관하여 능력을 발휘하는 사람과 함께하기를 꺼리는데, 나는 나의 원칙을 버리고 반칙을 강요하는 주군을 모실 수 없는 것이다." 이 맹자의 이야기를 들으면서 참으로 융통성이 없는 사람이라고 할 수도 있습니다. 원칙과 소신을 잠깐 구부려 윗사람을 모셔 좋은 성과를 내면 그만이지 왜 그렇게 어렵게 세상을 사느냐고 말입니다. 그러나 반칙을 일삼는 리더는 영원한 승리자가 될 수 없다는 맹자의 외침에 어떤 가느다란 인간의 희망이 느껴집니다. 세상에는 참 특별한 삶의 방법이 많습니다. 그러나 기본이 되어 있고 원칙을 지켜나가는 삶의 방법이야말로, 고금을 초월하는 위대한 삶이라 할 것입니다. 아무리 세상이 난세이고, 반칙이 난무하더라도 결국은 원칙과 기본이 승리할 것이란 믿음을 잃지 말아야 합니다. 맹자는 당시 제후의 참모들에게 "당신은 어떻게 주군을 모시고 있는가?"라고 묻고 있습니다. 속임수로 성과를 내 모래 위에 허성虛城을 쌓고 있지는 않은가? 정도와 원칙을 탄탄하게 지키면서 주군을 돕고 있는가? 맹자라는 까칠한 사상가는 이렇게 당시 사회에 일침을 놓습니다. 물론 당대에는 받아들여지지 않았지만 이것이 고전입니다. 어떤 시대에도 정도는 있다는 것, 대장부는 속임수로 많은 성과가 난다 해도 원칙이 아니면 하지 않는다는 것, 이것이 맹자적 사유의 한 틀입니다. 많은 대기업의 총수들이 범법 행위로 일군 성공 때문에 곤혹을 치르고 있습니다. 물론 기업의 총수가 가장 큰 잘못이 있겠지만 그 주변 사람들의 잘못도 작다고는 할 수 없을 것입니다. 오로지 자신에게 월급 주는 사람 눈에 들기 위하여 반칙을 옹호하고 범법을 부추겨 자신의 자리와 이익을 보존하는 데 바빴던 사람들 때문에 더욱 일이 어렵게 될 수 있기 때문입니다. 정도는 힘들지만 결코 우리를 실망시키지 않습니다.

다만 정도가 이념이 되고 편견이 되는 것은 조심해야 합니다. 오로지 바른 길이란 명목 하에 하나의 원칙만 정해놓고 유연성이 없다면 그것 또한 자기모순에서 벗어나지 못할 것입니다. 그래서 맹자는 권도權度라는 유연성을 제시합니다. 때로는 저울질하여〔權〕그 상황에 적합한 답을 찾아야 할 때도 있다는 것입니다. 맹자에게는 논쟁 상대였던 순우곤淳于髡이라는 사람이 있었습니다. 그가 맹자에게 물었습니다. "당신은 정도를 걷고 있는가?" "걷고 있다." "남녀수수불친男女授受不親이 정도인가(남성과 여성이 물건을 주고받을 때 손과 손으로 직접 주고받지 않는 것이 옳은 길인가)?" "정도이다." 그러자 순우곤이 묻습니다. "당신의 형수가 물에 빠져 손을 내밀며 구해달라고 하면, 당신은 남녀가 손을 잡지 않는 것이 정도라고 하며 구해주지 않을 것인가?" 그러자 맹자는 이렇게 답합니다. "남녀수수불친男女授受不親이 정도이기는 하지만, 물에 빠진 형수의 손을 잡아서 구해주지 않는 것은 짐승이라 할 것이다. 급한 상황에서 비록 여성의 손이라도 그 사람을 구하기 위해 잡아주는 것이 당연하다. 이렇게 상황에 따라 저울질하여 유연하게 답을 찾아내는 도道를 '권도權道'라고 한다." 한 가지 원칙에 발목이 잡혀 상황을 무시하고 오로지 그 원칙만 고수하는 것은 진정 정도를 가는 사람의 모습은 아니라는 것입니다.

저는 맹자의 정도와 권도權道의 논리를 들으면서 어쩌면 이 논리가 위험할 수도 있겠다는 생각을 해봅니다. 정도와 함께 권도權道가 인정된다면 누구나 자의적으로 변칙을 저질러놓고 상황에 따른 권도權道였다고 우길 수 있기 때문입니다. 심지어 사람을 죽여놓고 어쩔 수 없는 권도權道였다고 하면 논쟁거리가 될 수 있기 때문입니다. 내가 차를 과속한 것은 응급 환자를 살리기 위한 권도權道였다는 정도는 이해가 되지만, 내가 먹고살기 위해서 그런 불법을 저지른 것은 권도權道였다고 하면 인정하기 쉽지 않습니다. 저는 이 문제에 대하여 독자들의 의견을 구합니다. 정도가 원칙이고 왕도枉道는 불법이지만 권도權道는 어떤 기준으로 어느 범위까지 인정되어야 하는가? 법률에서는 친족의 범법 행위에 대해 묵비권을 행사하거나 범죄 사실을 감추어주는 것은 권도로서 어느 정도 인정되며, 정당방위에 의한 상해 역시 정상참작이 됩니다. 그러나 그 기준이 어디까지인가는 여전히 논란의 중심에 있습니다. 물론 상식의 범위에서 생각하면 되지만 쉽게 판단할 수 없는 권도의 범위가 여전히 존재하는 것은 확실합니다.

NO라고 말할 수 있는 사람, 불소지신不召之臣

시키면 시키는 대로, 부르면 부르는 대로 무조건 달려오는 충실한 사람이나 직원들이 주변에 있다는 것은 정말 기분 좋은 일입니다. 내가 원하고 바라는 것에 대해 내 손발이 되어 움직여줄 충성을 다하는 사람들은 효율적인 조직 운영에 반드시 필요한 사람들입니다. 그러나 주변에 내 말을 무조건 따르는 사람들만 있는 것보다는, 분명한 자기 소신과 판단력을 가지고 나의 문제점을 지적해주고, 가서는 안 될 길을 가지 않도록 말리는 사람도 있어야 합니다. 내 말에 토를 달고 반대를 하는 사람이 비록 눈엣가시 같아도 거시적으로 보면 나에게 큰 도움을 주는 사람일 수 있습니다.

맹자는 이런 사람을 불소지신不召之臣이라고 합니다. 왕의 입장에서 함부로 오라 가라 부르지(召) 못하는(不) 무게감 있는 신하를 의미합니다. 아니 불不자에 부를 소召, 함부로 아무 때나 부르지 못하는 신하(臣)라는 뜻입니다. 맹자는 정말 큰일을 도모하려는 사람 옆에는 불소지신不召之臣이 있어야 한다고 말합니다. 그저 자기가 가지고 있는 조그만 영역을 지키고자 하는 사람에게는 불소지신不召之臣이 필요 없지만 천하를 도모하여 제왕이 되기 위해서는 자신보다 지위가 낮은데도 불구하고 늘 자문을 구하고 존경을 표하는 신하가 있어야 된다는 이야기입니다. 이른바 조직에 Yes-man만 있어서는 큰 꿈을 이룰 수 없다는 것입니다. No-man이 몇 명은 있어야 진정 대사를 도모할 수 있다는 것입니다.

"은나라를 건국한 탕 임금은 불소지신인 이윤伊尹이 있었기에 천하를 얻을 수 있었고, 춘추 오패五覇라 불리던 제나라 환공桓公은 관중管仲 같은 불소지신이 있었기에 패자가 될 수 있었다."

맹자가 당시 지도자들에게 불소지신不召之臣을 두어야 한다고 유세하면서 든 역사적 예입니다. 이윤과 관중은 자신을 존경하고 예의를 갖추어주는 주군들을 위하여 목숨을 걸고 그들을 제왕의 자리에 올린 사람들입니다. 군주가 보여주는 신하에 대한 존경심에 충성을 다하여 보답하였던 신하들의 표상이기도 합니다.

불소지신不召之臣에 관한 이야기는 맹자가 제나라에 갔을 때 나온 이야기입니다. 당시 제나라 왕은 맹자가 자신의 나라에 들어왔다는 말을 듣고 사신을 시켜 자신에게 먼저 방문해줄 것을 요청하였습니다. 지도자로서 유능하고 뛰어난 인재를 스카우트하는 것은 예나 지금이나 중요한 일입니다. 자신의 능력을 알아주고 등용해줄 지도자의 부름에 신하가 임금을 찾아보는 것도 당연한 일입니다. 그렇잖아도 왕에게 먼저 찾아갈 생각을 하였던 맹자는 사신의 그 이야기를 듣자 병을 핑계 대고 찾아가지 않았습니다. 자신을 오라 가라 마음대로 부르는 왕에게 자신의 능력을 소신껏 보여주어 천하를 도모한다는 것은 애당초 틀린 것이라고 생각하였기 때문이었습니다. 왕의 부름에 순순히 응하지 않는 맹자를 보고 누군가 신하 된 도리로서 적절하지 않다고 지적하자 맹자는 이렇게 이야기를 합니다.

"높고 낮음을 결정할 때 세 가지 기준이 있다. 첫째, 국가 조정에서는 지위(爵)가 중요한 기준이다. 둘째, 마을 동네에서는 나이(齒)가 가장 중요한 기준이다. 셋째, 세상을 보좌하고 백성을 길러주는 것은 인격(德)이 가장 중요한 기준이다."

맹자는 세 가지 기준을 제시하면서 왕은 나보다 지위만 높을 뿐 나이나 인격은 나보다 앞서지 않는다고 자신의 당당함을 강조하였습니다. 정말 큰일을 도모하는 왕이 되려면 유능한 인재 앞에서는 자신의 지위를 잊어야 하며, 마음대로 오라 가라 부를 수 없는 불소지신不召之臣이 있어야 한다는 맹자의 당찬 주장이었습니다. 잘못된 행위를 하여 조직이 무너지는 경우를 보면 주변에 불소지신不召之臣이 없는 이유 때문인 경우가 많습니다. 오너의 입장에서는 자신에게 무조건 복종하는 사람이 마음에 들 수밖에 없습니다. 그러나 그것이 결국 큰 함정이 되어 조직을 망가트리게 됩니다. 그래서 리더는 예로부터 존경하는 학자나 예술가, 원로들을 귀하게 여겼습니다. 당장 조직의 성과에 도움이 되지는 않지만 장기적인 안목에서 보면 조직의 지속적 생존을 위하여 자문하고 조언을 듣는 사람이 있어야 합니다. 제 주변에도 사업 관계나 비즈니스 관계가 아니더라도, 지혜를 가진 학자나 예술가들을 귀하게 여기는 리더들이 있습니다. 그분들 주변에는 월급 받는 많은 직원들이 있겠지만 그들로만은 기업이 지속적으로 유지되지 않는다는 것을 잘 알고 있기 때문입니다.

《논어》에 보면 유력한 지도자였던 정공定公이 공자에게 부하를 부리는 방법을 물었을 때 공자는 "군주는 신하를 예로써 대우해야 하고(君使臣以禮) 신하는 군주를 충성으로 모셔야 한다(臣事君以忠)"라고 대답하였습니다. 즉 주군과 신하는 일방적인 충성의 관계가 아니라 상호 간의 예우와 충성의 관계라는 것입니다. '여자는 자신을 사랑하는 남자를 위해 화장을 하고 신하는 자신을 알아주는 주군을 위해 목숨을 바친다.' 사마천의 《사기》에 나오는 글입니다. 양성 불평등의 생각이 있어서 제가 좋아하는 글은 아닙니다만, 상대방이 나를 어떻게 대접하느냐에 따라 상대방에 대한 나의 태도가 바뀌게 된다는 의미입니다. 친구도 오로지 나만 따르고 내 말에 토를 달지 않는 친구만 있다면 반드시 어려움을 겪게 될 것입니다. 국가도 오로지 예스라고만 대답하는 공무원만 있다면 국가의 미래가 밝을 수 없습니다. 지도자가 일방적으로 말을 하고, 참모들은 아무런 주장 없이 수첩에 적어 옮기고, 토론이 아닌 일방적인 지시만 있는 조직의 미래는 암담합니다. 세상에 아무리 유능하고 능력 있는 지도자라도 완벽하게 옳은 판단을 내릴 수만은 없습니다. 옳고 그른 것을 정확히 분별해내고 자신의 손해를 감수하며 옳은 주장을 할 수 있는 사람, 이런 사람을 조직은 소중히 여겨야 합니다. 정말 능력 있는 인재는 "내가 월급 주고 내가 먹여 살리는데, 내가 하라면 하라는 대로 하라"고 하는 사람으로부터 떠나게 됩니다. 함부로 오라 가라 할 수 없는 비중 있는 신하, 불소지신不召之臣을 두어야 천하를 얻을 수 있다는 맹자의 주장은 그 당시 오로지 자신의 이익만을 위해 권력자에게 아부하는 지식인과 관료들에 대한 비판이었고, 나아가 자신의 말에 거스르는 사람에 대해 인정하지 않는 당시 권력자들에 대한 경고였습니다.

저를 한번 돌아봅니다. 정말 나는 내 말에 토를 달고 반대하는 사람을 이해하고 받아주는가? 쉽지 않은 생각입니다. 친구도 나 좋다는 친구가 더욱 정이 가고, 지인도 나 좋다는 사람을 더욱 가까이하기 마련입니다. 인간의 마음은 모두 나에 대하여 찬성과 긍정을 하는 사람을 좋아하기 마련입니다. 정말 천하를 도모하고, 큰 조직을 이끄는 사람은 남다른 철학과 가치가 있어야 할 것 같습니다.

로마가 2,000년간 지속된 이유, 우환의식憂患意識

동아시아 유교의 대표적인 이론 중에 노블레스 오블리주noblesse oblige를 '우환의식憂患意識'이라고 합니다. 노블레스 오블리주는 프랑스어로 '고귀한 신분에 있는 사람의 사회적 책임'이라는 뜻입니다. 지도층 인사들이 누리는 특권만큼이나 사회적인 책임도 져야 한다는 것입니다. 일본의 작가 시오노 나나미의 《로마인 이야기》에서는 로마 제국이 2,000년간 유지되었던 이유는 바로 귀족들의 노블레스 오블리주 때문이라고 합니다. 전쟁이 났을 때 귀족들이 기꺼이 나가서 조국을 위해 목숨을 바쳤기에 로마제국이 유지될 수 있었다는 것입니다. 카르타고의 명장 한니발과 싸운 포에니 2차 전쟁에서 로마의 집정관 13명이 사망했다는 것은 그들이 귀족의 사회적 책임을 얼마나 중요하게 여겼는가를 잘 보여주는 것이라고 합니다. 미국의 지도층 인사들은 높은 수준의 책임감을 갖고 있다고 하며, 전쟁에서 가장 먼저 나가 조국을 위해 목숨을 바치는 것이 지도층 인사들의 당연한 철학이라고 합니다. 우환의식. 정확한 뜻은 지도자가 이웃과 사회를 걱정〔憂〕하고 근심〔患〕하며 내가 과연 그들을 위해 무엇을 할 수 있을 것인가 고민하는 것을 말합니다. 나 혼자 잘 먹고 잘 사는 것이 인생이 아니라 내가 사는 이 세상에 내가 무엇을 할 것인가를 늘 고민하며 산다는 지도자의 책임감입니다. 이 개념은 맹자가 처음 정의한 이래 동양 역사를 통해 지도자들의 사명감과 의무감으로 여겨져왔습니다. 우禹 임금이 치수 사업을 벌이면서 7년 동안 세 번 자신의 집 앞을 지나면서 한 번도 집에 들어가지 않았다는 이야기는 오랜 세월을 두고 잊어서는 안 될 공직자의 자세로 인식되어왔습니다. 중국의 근대화를 이끌었던 마오쩌둥의 검소함과 인민을 위한 희생정신 역시 이 우환의식의 발현으로 찬양되었습니다. 그는 검소한 인민복을 입고 다녔고, 추운 겨울에 장강을 헤엄쳐 건넘으로써 인민을 위해 봉사하고 있다는 자세를 대내외에 과시한 것도 바로 이 우환의식을 염두에 둔 것이었습니다. 세종대왕이 백성들을 위해 잠을 못 이루며 왕의 책무를 다한 것이나 이순신 장군이 나라가 어려울 때 자신의 안위를 돌보지 않고 홀연히 죽음의 길로 걸어간 것도 역시 동양의 우환의식, 노블레스 오블리주입니다. 영국의 왕실과 귀족들은 자주 군복을 착용하고 공식 석상에 나타납니다. 전쟁이 나면 제일 먼저 전쟁에 나가고 국가 경제가 힘들어지고 국민들이 어려워지면 그들의 돈과 힘을 나누는 노블레스 오블리주가 있기에, 국민들의 존경을 유지하고 있습니다. 모든 권력과 특권은 모두 누리려 하면서 자신의 사회적 의무를 망각한다면 어느 누구도 그 특권을 인정하려 하지 않을 것입니다.

조직의 리더가 숙명처럼 가지고 가야 하는 이 우환의식에 대해 맹자는 '종신지우終身之憂'라고 표현하였습니다. '종신지우終身之憂'. 그러니까 내 몸이 다할 때까지〔終身〕평생 잊지 말아야 할 숙명 같은 지도자의 근심〔憂〕입니다. 그 근심은 개인의 근심이 아니라 지도자로서 백성들을 위하여 몸이 다할 때까지 그들을 위해 봉사하고 혼신을 다하는 근심입니다. 맹자는 '종신지우終身之憂'와 대비되는 개념으로 '일조지환一朝之患'을 말합니다. 아침나절〔一朝〕정도 짧은 시간 동안 내 가슴속에 맺혔다가 사라지는 걱정거리〔患〕입니다. 돈과 명예, 지위는 잠시 아침나절에 파도처럼 밀려왔다 사라지는 걱정으로 지도자가 평생 가지고 갈 근심은 안 된다는 것입니다. 이번 승진에서 탈락하고 원하는 자리에 오르지 못한 것을 내 인생의 본질적인 고민과 걱정으로 삼아서는 안 되며, 그것은 그저 어느 날 아침 내 마음을 잠시 아프게 하다가 사라질 근심에 불과하다는 것입니다. 맹자는 이렇게 결론을 맺습니다.

군자유종신지우君子有終身之憂오 무일조지환야無一朝之患也니라.
군자는 종신지우를 가지고 살지언정 일조지환을 가지고 살아서는 안 된다.

나 혼자 잘 먹고 잘 사는 것이 내 인생의 목표가 되면 그 목표의 달성이 나를 본질적으로 행복하게 만들어주지 못합니다. 정말 내 주변 사람들을 위하여 평생을 멍에처럼 지고 가야 할 종신終身의 근심을 가지고 있는 사람만이 진정 대장부의 모습이라는 것입니다. 자신의 출세와 승진, 지위와 명예보다는 이웃과 백성들의 안위에 더욱 신경을 써야 한다는 일종의 아시아적 노블레스 오블리주라고 할 수 있습니다.

이렇게 거대한 사회에 대한 관심과 동시대를 사는 사람들에 대한 공감, 과연 내가 할 수 있을까를 고민해봅니다. 그런 거창한 고민은 높은 자리에 있는 사람이나 정치하는 사람들이나 해야 할 일이지, 나 같은 소시민들의 문제는 아니라고 생각할 수도 있습니다. 그러나 이런 종신지우終身之憂는 그리 거창하게 생각하지 않아도 주변에 실천할 것이 많습니다. 열심히 일해서 돈을 벌어 세금 내는 것도 어쩌면 동시대를 사는 사람들을 위한 종신지우終身之憂의 시작입니다. 국방의 의무를 충실히 이행하고 이웃을 위해 내가 할 수 있는 일을 묵묵히 행하는 사람의 삶은 진정 어느 대장부 못지않은 위대한 종신지우終身之憂의 실천입니다. 내 상황에서 나의 이익만이 아닌 동시대를 사는 사람들을 위해 무엇을 할 수 있는지를 고민해본다면 그것이 곧 종신지우終身之憂를 실천하는 대장부의 모습입니다.

우리 시대의 지도자들을 돌이켜보면 참으로 안타까운 일이 많습니다. 고위층 인사 중에는 병역을 이행하지 않은 사람은 부지기수고, 세금 탈세, 부동산 투기, 이중국적, 논문 표절은 당연한 것이라고 생각하는 사람이 많습니다. 비자금을 모아 외국에 은신처를 마련하고, 어려운 상황이 생기면 제일 먼저 도망갈 생각만 하는 사람들은 높은 자리에 있어서도 안 되고, 그런 자리가 온다고 아무런 고민 없이 받아들여도 안 됩니다. 리더에게는 내가 아닌 우리에 대한 책임감을 갖는 것이 가장 우선되어야 할 덕목입니다.

나는 지금 이 사회를 위해서 어떤 책임감과 소명 의식을 갖고 살고 있는가? 내 안에 있는 위대한 하늘다움을 찾는 것, 이것이 진정 이 시대의 부활입니다.

흙수저라고 포기하지 마라, 자포자기自暴自棄

우리는 가끔 살면서 포기한다는 말을 자주 사용합니다. 포기의 한자는 몇 가지가 있습니다. 그중에서도 포기抛棄와 포기暴棄를 가장 많이 사용합니다. 포기抛棄는 '던지다'는 뜻의 '포抛'와 '버리다'는 뜻의 '기棄'가 합쳐져서 무엇인가를 '집어던져버리다'는 뜻입니다. 포기暴棄는 '포악하다'는 뜻의 '포暴'와 '던지다'는 뜻의 '기棄'가 합쳐져서 자신에게 포악하게 대하고 자신을 버린다는 뜻입니다. 일명 맹자가 말하는 자포자기自暴自棄의 줄임말입니다. 자포자기는 자신에게 포악하게 대하고 자신의 위대함을 버린다는 뜻입니다. "난 안 돼!", "나 같은 게 뭘 할 수 있겠어?"라고 말하면서 자신을 자학하고 마구 대하는 태도가 자포자기입니다. 우리는 어떤 일을 하기도 전에 포기하는 경우도 있고, 어떤 일을 하다가 잘 안 되면 스스로 포기하는 경우도 있습니다. 나라는 존재의 위대함을 잠깐 망각하고 나를 별 볼 일 없는 존재로 생각할 때 우리는 자신을 막 대하고 버리는 행위를 하게 됩니다. 부모가 물려준 수저 색깔이 흙수저라고 자신의 운명을 원망하면서 스스로 목숨을 끊은 어느 명문대 재학생의 이야기는 인간으로서 해서는 안 될 자포자기의 한 모습을 보여줍니다. 인간은 태어나면서 위대한 우주의 에너지를 가지고 태어났다고 보는 유교적 인간관에서는 어떤 경우에도 자신을 포기해서는 안 된다고 합니다. 맹자가 말하는 자포자기의 이야기, 원문을 함께 읽어보겠습니다.

맹자왈孟子曰 자포자불가여유언야自暴者不可與有言也오 자기자불가여유위야自棄者不可與有爲也라 언비예의위지자포야言非禮義謂之自暴也오 오신불능거인유의위지자기야吾身不能居仁由義謂之自棄也라 인인지안택야仁人之安宅也오 의인지안로야義人之安路也니 광안택이불거曠安宅而弗居하고 사정로이불유舍正路而不由하니 애재哀哉라!

맹자가 말하였다. "자신에게 막 대하는 사람(自暴)과는 함께 말하고 싶지 않다. 자신의 존엄을 버리는 사람(自棄)과는 함께 일하고 싶지 않다. 말끝마다 예禮와 의義를 부정하고 비난하는 사람은 자신을 막 대하는 사람(自暴)이며, 내가 어떻게 인의仁義를 실천할 수 있느냐고 자신의 존엄을 부정하는 사람은 자신을 버리는 사람(自棄)이다. 사랑의 실천은 인간이 가장 편안한 집에 거하는 것이고, 정의의 실천은 인간이 가야 할 가장 편안한 길이다. 그런데 그런 편안한 집을 비워놓고 그곳에 살지 않으며, 인간이 가야 할 바른 길을 버려두고 가지 아니하니 참으로 슬픈 현실이구나!"

맹자는 인仁과 의義의 실천이 인간의 삶에 가장 편안한 집이고 가장 바른 길이라고 합니다. 사랑(仁)으로 삶을 산다는 것은 마치 편안한 집에 거하는 것과 같습니다. 내 하루하루의 삶이 타인을 사랑하고, 이해하고, 공감하고, 배려한다면 그것이 가장 편안한 인간의 삶이라는 것입니다. 아울러 내 순간순간의 삶이 옳은 길로 가고 있다면 그 인생의 길이 가장 편안하고 바른 길이라는 것입니다. 이렇게 편안하고 바른 길을 버려두고 남을 미워하고, 군림하고, 옳지 못한 행동의 길을 선택하는 것은 자신을 포기하는 일입니다. '그렇게 살아봤자 나만 손해야!'라고 생각하는 사람도 있고, '내가 어떻게 그렇게 위대한 인간의 삶을 살 수 있어?'라고 생각하는 사람도 있습니다. 처음부터 인의仁義의 삶을 부정하는 것이 자신을 막 대하는 자포적自暴的 삶이고, 나는 할 수 없다고 자신의 가능성을 버리는 사람이 자기적自棄的 삶입니다.

《논어》에 임중도원任重道遠이라는 말이 있습니다. 내가 인간으로 태어나 나에게 맡겨진 임무는 너무나 막중하고, 그 임무를 수행하기 위하여 가야 할 길은 너무나 멀다는 뜻입니다.

사불가이불홍의士不可以不弘毅이니 임중도원任重道遠이니라!
선비는 자신의 삶을 살아가면서 단단함으로 나에게 맡겨진 소임을 완수
해야 한다. 그러나 임무는 막중하고 가야 할 길은 너무나 멀다!

유교에서 말하는 삶의 미션을 그리 거창하게 생각할 필요는 없습니다. 나라를 구하고 사회를 평화롭게 하는 것이 인간의 위대한 미션이기는 하지만, 오로지 그런 대임만 인간의 미션이 된다면 그것은 일부의 사람만이 할 수 있는 협의의 천명입니다. 내가 서 있는 자리와 위치에서 내 주변을 사랑하고, 불행을 공감하고, 조그만 의義를 실천하며 사는 것도 인간으로서 포기할 수 없는 큰 미션입니다. 내 삶이 비석에 새겨지고, 역사에 남는 것이 잘 사는 인생은 아닙니다. 내 영혼이 만족하고 인정하는 삶을 살아가면 어떤 누가 알아주지 않더라도 내 삶은 찰지고 의미 있게 됩니다. '남이 나를 알아주지 않더라도 성내거나 화내지 아니하니 진정한 군자의 모습이 아니던가?'《논어》에 나오는 이 구절은 인간의 삶을 타인의 시선이 아닌 자신의 시선으로 보아야 한다는 것을 말하고 있습니다. 남의 평가와 시선에 연연하지 않고 내 삶을 포기하지 않고 살아가는 것이 진정 군자와 대장부의 삶입니다.

사회적 약자와 함께 서고 타인의 관점에서 타인을 바라봐주는 것만으로도, 자신의 삶을 소중하게 생각하며 사는 사람입니다.

진정한 강자는 작은 자를 섬긴다, 사소주의事小主義

우리가 흔히 사대주의라는 말을 쓰는데 반대로 사소주의事小主義라는 말이 있습니다. 《맹자》에 나오는 말입니다. 사대事大라는 것은 내가 작으니까 큰 것을 섬긴다는 뜻입니다. 반면에 《맹자》에서는 큰 나라가 작은 나라를 섬겨야 할 필요도 있고, 권력이 있는 사람이 없는 사람을 섬겨야 할 필요도 있다고 말합니다. 섬길 사事에 작을 소小, 사소事小, 큰 것이 작은 것을 섬기는 사소주의事小主義입니다.

미국과 같은 강대국에 대해 굴욕적 사대주의 외교니 중국에 대해 신사대주의적 발상이니 하는 부정적인 의미로 주로 사용되고 있는 사대주의라는 용어는, 힘없는 나라가 강한 나라의 입김에 휘둘릴 수밖에 없는 비참한 외교적 입장을 단적으로 표현해주는 말입니다. 이 사대주의라는 용어의 원류를 따라가다 보면 색다른 의미로 시작되었음을 발견하게 됩니다. 맹자가 제나라 왕을 만났을 때 제나라 왕이 맹자에게 외교의 원칙에 대해 물었습니다. 맹자는 자신 있게 이렇게 대답합니다. "큰 힘을 가지고 있는데도 작은 힘을 가진 이에게 머리를 숙일 줄 아는 사소事小야말로 어진 자들의 행동 방식입니다. 주나라 문왕 같은 분이 천하를 소유하는 힘이 있었어도 작은 나라 곤이昆夷에게 머리를 숙였던 것은 작은 것을 섬길 줄 아는 인자한 마음이 있었기 때문입니다. 반대로 내가 힘이 없을 때 힘 있는 자에게 머리를 숙일 줄 아는 사대事大는 지혜로운 자들의 생존 방식입니다. 월越나라 왕 구천勾踐이 회계산 전투에서 오吳나라 부차夫差에게 패하였을 때 자신의 사사로운 감정을 버리고 승자에게 머리를 숙였던 것은 그에게 나라를 보존하기 위한 지혜로움이 있었기 때문입니다." 맹자의 이 논리만 가지고 보면 내가 힘이 없을 때 강자에게 잠시 머리를 숙일 줄 아는 것을 지혜로운 자들의 생존 방식인 사대事大라 하고, 내가 힘이 세도 힘없는 사람의 불손함을 아량으로 받아주는 것을 인자한 자들의 회유 방식인 사소事小라 하는 것입니다. 제나라 왕이 맹자에게 외교에 대해 물었을 때 맹자는 사대주의와 함께 사소주의事小主義의 원칙을 함께 말한 것입니다. 내가 힘이 없을 때 잠시 분노를 삭이고 무릎을 꿇으며 훗날을 도모하는 이성적 사고가 사대주의라면, 내가 강함에도 불구하고 약자를 보듬고 싸안아서 내가 원하는 방향으로 인도하는 강자의 여유와 아량이 사소주의事小主義라고 할 수 있습니다. 둘 모두 자신의 분노를 삭이고 이성적으로 판단하여 조직의 운영을 결정하는 전략적 리더십을 강조하고 있다는 점에서 공통점이 있습니다. 내가 강하든 약하든 나의 자존심보다는 조직의 생존을 걱정하는 한 차원 높은 세상을 보는 리더의 안목이 없다면, 사대주의든 사소주의事小主義든 일반인들이 사용할 수 있는 외교술은 절대 아닌 것 같습니다.

《손자병법孫子兵法》에서도 장군이 가져서는 안 될 다섯 가지 나쁜 습관에 대해서 말하고 있습니다. "첫째, 오로지 죽기만을 각오하고 싸우는 장군은 반드시 모든 병력들을 죽게 만들 것이다. 둘째, 오로지 살기만을 각오하고 싸우는 장군은 반드시 모든 병력들을 포로로 만들 것이다. 셋째, 자기 분노를 참지 못하고 가능성이 없는 전투에 오로지 돌격 명령을 내리는 장군은 수모를 당할 것이다. 넷째, 자기 혼자만 청렴하고 고결하다고 생각하는 장군은 반드시 전체 조직이 치욕을 당할 것이다. 다섯째, 자기 밑에 아끼는 사람 하나를 끼고돌다가는 전체 조직이 반드시 곤란한 상황에 빠질 것이다." 이 모두가 이성적이고 전략적인 판단 없이 오로지 자신의 자존심과 오기만을 앞세우고 조직을 지휘하다가는 결국 망하고 말 것이라는 경고입니다.

현실을 정확히 인식하고 근시안적인 현실 판단을 넘어서 조직의 생존을 위해 멀리 내다볼 줄 아는 리더의 모습은 아름답습니다. 자신이 맡고 있는 조직의 생존을 위해 강자에게 머리를 숙이고 훗날을 도모하는 사대의 전략이 이성적 판단에 의한 생존 전략이라면, 약자에게 자존심을 살려주고 손을 내밀어 그의 몸을 일으켜줄 줄 아는 사소事小의 전략 역시 강자의 따뜻한 사랑의 결단입니다. 사대와 사소事小, 자신의 감정을 제어 못하고 이리저리 날뛰는 필부의 용기와 고집을 버리고 진정한 대장부의 용기를 가진 자들만이 할 수 있는 결정이라는 것이 맹자가 우리에게 들려주는 메시지입니다.

제선왕문왈齊宣王問曰 교린국交隣國에 유도호有道乎아 맹자대왈孟子對曰 유유인자有惟仁者라야 위능이대사소爲能以大事小니라 시고是故로 탕사갈湯事葛하고 문왕사곤이文王事昆夷니라 유지자惟智者라야 위능이소사대爲能以小事大라 고故로 태왕사훈육太王事獯鬻하고 구천사오句踐事吳니라 이대사소자以大事小者는 낙천자야樂天者也오 이소사대자以小事大者는 외천자야畏天者也니라 낙천자樂天者는 보천하保天下하고 외천자畏天者는 보기국保其國이니라.

제나라 선왕이 맹자에게 물어 말하기를 "이웃 나라와 외교 관계를 맺음에 도리가 있겠습니까?" 맹자가 답하여 말하기를 "있습니다. 오직 따뜻한 사랑의 마음 인仁이 있는 사람만이 큰 것으로서 작은 것을 섬길 수 있습니다. 이런 이유로 탕 임금이 갈이라는 작은 사람을 섬겼고 문왕이 곤을 섬겼습니다. 반대로 오직 지혜로운 자만이 작은 것으로 큰 것을 섬길 수 있습니다. 이런 이유로 태왕이 훈육을 섬겼고 월나라 구천이 오나라 부차를 섬겼습니다. 내가 크기 때문에 작은 자를 섬기는 것이 하늘을 즐기는 자이고, 작은 사람이 큰 사람을 섬기는 것은 하늘을 두려워할 줄 아는 사람입니다. 하늘의 명을 즐길 줄 아는 사람은 천하를 가질 수 있습니다. 반면 하늘의 명을 두려워할 줄 아는 사람은 자신의 나라를 보존할 수 있을 것입니다."

지금 시대에는 갑을 관계만으로는 오랫동안 관계를 지속시킬 수 없습니다. 갑이 을을 무시하고 군림한다면 반드시 그 대가를 치를 것이며, 을이 갑에게 비이성적으로 능멸하고 물고 늘어진다면 그 역시 생존에 실패할 것입니다. 상대방이 약자지만 그를 섬길 때 더 큰 성과가 나올 수 있습니다. 이것이 공생 공영, 공동 성장, 동반 성장 같은 것들이 지향하는 바일 것입니다.

사대주의는 많이 알려져 있지만, 저는 사소주의事小主義야말로 맹자가 말하는 중요한 대장부의 도리라고 생각합니다. 큰 사람이기에 여유 있게 작은 사람을 섬길 수 있고, 높은 사람이기에 낮은 사람을 낙천적으로 섬길 수 있는 것입니다. 섬김은 약자의 선택보다 강자의 선택이 더욱 아름답습니다. 섬기지 않아도 되는 사람이 머리를 숙이며 상대방을 섬길 때 진정 위대한 섬김이 될 수 있기 때문입니다. 요즘은 섬김의 철학이 더욱 아쉬운 시절입니다. 양극화가 심화되고 강자와 약자가 분명해질수록 강자의 배려와 존중이 더욱 필요하기 때문입니다. 맹자가 살던 전국시대는 강자 독식의 시대였습니다. 강자이기에 약자 위에 군림하는 것이 너무나 당연시되던 시절, 맹자는 강자의 섬김, 사소주의事小主義를 통해 새로운 패러다임을 제시하고 있습니다. 존경은 자발적으로 나올 때 빛이 납니다. 배려는 사랑이 담겨 있을 때 아름답습니다. 배려와 존경, 사소事小와 사대, 극단과 양극화에 불안한 오늘을 사는 참으로 아름다운 지혜입니다.

억지로 키우려 하지 마라, 물조장勿助長

세상에 어떤 일이든 억지로 되는 일은 없습니다. 자식을 키울 때 자식의 능력이나 상황을 무시하고 오로지 내가 원하는 방향으로 키운다고 해서 그렇게 되지도 않을뿐더러, 내가 원하는 방향대로 키웠다고 하더라도 자식이 행복하리라는 보장도 없습니다. 정치도 억지로 공무원들이 규제를 만들고 그들이 원하는 방향으로 이끈다고 해도 어느 순간에 가면 규제와 통제가 결국 성장에 발목을 잡는 상황이 벌어집니다. 그래서 '순리'라는 말은 옛사람들이 자주 쓰는 용어이며, 세상에 어떤 일이든 순리대로만 하면 그 일이 잘 될 것이라는 생각입니다. 농사도 억지로 농작물을 키운다고 해서 잘 자라지 않습니다. 기다림과 배려, 정성스런 손길이 농작물을 순리대로 자라게 하는 중요한 농부의 마음입니다. 《맹자》에는 억지로 싹을 뽑아서 성장을 도와주다가 결국 뿌리까지 뽑혀 농사일을 망쳤다고 하는 '발묘조장拔苗助長'의 고사가 등장합니다. 순리에 반하는 행동을 경계하는 이야기입니다. 발묘조장拔苗助長, 글자 그대로 해석하면 '억지로 싹[苗]을 뽑아서[拔] 성장[長]을 도와준다[助]'는 뜻입니다. 한 나라의 지도자가 백성들을 통치할 때 자신의 생각을 너무 강조한 나머지 간섭과 규제로 이끌어나가면, 결국엔 백성들의 마음이 떠나게 될 것이란 경고의 뜻으로 동아시아 정치론에서 자주 사용되는 구절입니다. 전국시대 여러 나라의 군주들을 만나며 자신의 정치적 이상과 비전을 실천하려 하였던 맹자는 당시 제나라 왕을 만났을 때 발묘조장拔苗助長의 고사를 이야기합니다. "송나라에 어느 농부가 있었는데 그는 자기 논에 심은 벼의 모가 빨리 자라지 않는 것이 너무 안타까워서 매일매일 논에 나가 모를 바라보았습니다. 그런데 매일같이 나가서 지켜봐도 자기가 심은 모는 조금도 자랄 기미가 보이지 않자 농부는 초조하게 논 주위를 왔다 갔다 하다가 모들이 자라는 것을 도와줄 방법을 생각하게 되었고, 결국 농부는 억지로라도 모가 자랄 수 있도록 자기가 도와주어야 한다는 결론에 도달하였습니다. 그리고 논으로 달려가 모를 하나하나 뽑아서 크기를 높게 하였습니다. 모들이 갑자기 자라는 것을 보고 아침부터 해가 산에 떨어질 때까지 온 힘을 다하여 모를 뽑는 일을 하였습니다. 그리고 저녁에 집에 돌아가 아주 피곤하다며 온 집안 식구들을 모아놓고 자신이 오늘 한 일을 자랑하였습니다. 그 말을 들은 아들은 황급히 논으로 달려가보았고, 아니나 다를까 논에 모가 모두 뽑혀져 죽어 떠 있었습니다." 맹자는 이 말을 왕에게 하면서 모든 일에는 순리가 있으며 그 순리를 거슬러 억지로 조급하게 일을 처리하면 결국 모든 일을 망치게 될 것이라는 경고를 하고 있습니다.

맹자의 이 이야기는 2,300여 년 전 당시 군주들에게 유세하며 설득한 맹자의 정치 이론입니다. 당시 백성들을 제멋대로 전쟁에 동원하거나, 신하들의 의견은 듣지 않고 억지로 자신의 고집을 관철시키려다가는, 결국 제왕의 자리를 잃고 백성들에게 외면당한다는 독선적인 군주에 대한 경고성 메시지였습니다. 일에는 순리가 있는 법. 그 순리를 어기고 독선과 독단으로 억지로 조직을 끌고 가려고 할 때 결국 그 결과는 자명할 것이란 맹자의 철학입니다. 당장은 모든 것이 잘 되어가는 것같이 보이지만 그 속에는 조장助長의 인위人爲와 무리無理가 있기에 결국엔 최악의 상황을 맞이할 것이라는 섬뜩함이 엿보이는 이야기입니다.

세상일이라는 것이 억지로 한다고 되는 것이 아닙니다. 싹이 빨리 자라면 좋겠지만 억지로 뽑는다고 그 싹이 자라는 것은 아닙니다. 안 하는 것도 문제지만 너무 오버하여 간섭하는 것이 더 큰 문제입니다. 차라리 그냥 내버려두면 싹 몇 개라도 살아남을 수 있습니다. 아니, 사랑의 마음으로 지켜보는 것만으로도 벼는 잘 자랄 수 있습니다. 그런데 억지로 싹을 키운다고 뽑아내는 우를 범한다면 결국 농사는 망치고 말 것입니다. 이제 세상은 타율보다는 자율이 더욱 효율이 높은 시기입니다. 규제와 통제는 일시적인 성과는 있을 수 있지만 장기적이거나 지속적인 성과를 내는 데는 부족합니다. 장기적이고 자발적이고 지속적인 성과를 내려면 사랑의 마음으로 자율적으로 할 수 있는 환경을 만들어주는 것이 더욱 효과적입니다.

유교와 도교 철학의 공통점 중 하나가 자율 사회입니다. 요순堯舜 시대의 통치 원리는 무위無爲의 자율 사회였고, 노자가 꿈꾸었던 이상적

사회는 무위無爲의 자율을 통해 성과를 내는 사회입니다. 이제 세상은 모든 사람의 영혼과 색깔을 존중해주는 사회로 전환하고 있습니다. 더 이상 누가 누구보다 더 훌륭하고, 누가 누구를 지도해야 할 이유도 명분도 없습니다. 세상의 가장 아름다운 주체는 바로 '나'이며, 나는 누구의 명령과 통제 없이도 아름다운 꽃을 피워낼 수 있는 주체입니다. 발묘拔苗, 억지로 싹을 뽑아서, 조장助長, 싹이 자라는 것을 도와주는 시대는 이제 저물고 있습니다. 국가와 조직은 이제 최소한의 간섭만 유지하고, 개개인 모두가 자신의 능력을 발휘할 수 있는 여건을 만들어낼 때 그 나라와 기업의 미래는 더욱 밝을 것입니다.

> 송인宋人이 유민기묘지부장이알지자有閔其苗之不長而揠之者러니 망망연귀芒芒然歸하여 위기인왈謂其人曰 금일今日에 병의病矣로라 여조묘장의予助苗長矣로라 하여늘 기자추이왕시지其子趨而往視之하니 묘즉고의苗則槁矣러라 천하지부조묘장자과의天下之不助苗長者寡矣니 이위무익이사지자以爲無益而舍之者는 불운묘자야不耘苗者也요 조지장자助之長者는 알묘자야揠苗者也니 비도무익非徒無益이라 이우해지而又害之니라.

송나라 사람이 자신이 심은 모가 빨리 자라지 않는 것을 민망히 여겨 억지로 싹을 뽑아 키우고는 의기양양하게 집에 돌아가서 집안 식구들에게 말하기를 "내가 모가 자라는 것을 도와주느라고 오늘 내가 힘들었다." 그 아들이 그 이야기를 듣고 달려가서 살펴보니 모가 모두 뽑혀서 말라 있었다. 요즘 세상에 억지로 싹을 뽑지 않는 자가 드물다. 아무리 힘써보았자 소용없다고 버려두는 사람은 자신이 심은 모를 돌보지 않는 자이다. 그러나 억지로 키우려고 조장助長하는 자는 자신이 심은 모를 뽑아버리는 자이다. 이런 행위는 아무런 도움도 되지 않을뿐더러 자신이 심은 모를 죽게 하는 자이다.

부모가 자식을 억지로 키우려 하다가 자식의 삶을 망치게 할 수 있습니다. 부부 간에 내 생각을 강요하여 배우자를 억지로 내 생각에 맞추려 하면 그 부부 관계는 결국 한계를 드러낼 수밖에 없습니다. 기업이 고객에게, 상사가 부하 직원에게, 공직자가 국민에게 억지로 무엇을 강요하는 시대는 이제 더 이상 존립할 수 없습니다. 모든 존재는 그 나름대로 향기와 색깔을 가지고 있습니다. 누가 누구에게 규제하거나 강요하는 것은 억지로 모를 뽑아 자라게 하려는 조장助長의 행위입니다. 세상의 모든 존재는 그 나름대로의 모습대로 피어 있을 때 가장 아름답습니다.

가까운 사이일수록 어려운 가르침, 역자이교지易子而敎之

옛날 우리 조상들의 자식 교육 방법 중에 '자식은 바꾸어 가르쳐라'라는 교육 철학이 있습니다. 내 자식은 내가 직접 가르치지 않는다는 의미입니다. 《맹자》에 나오는 말로 '역자이교지易子而敎之'라 합니다. 내 자식을 내가 가르치기보다는 명망 있는 다른 사람에 맡겨 가르치게 하여 제대로 된 자식을 만든다는 논리입니다. 내 자식을 내가 직접 가르치는 것보다 다른 사람에게 맡겨 가르치는 것이 더욱 효과적이라는 생각의 근거로 맹자는 다음의 세 가지를 들고 있습니다.

첫째는 내 자식을 직접 가르치게 되면 감정이 상할 수 있다고 합니다. 왜 그럴까요? 맹자의 논리는 간단합니다. "가르친다는 것은 바른 곳으로 인도하는 것이다. 그런데 내 자식이 그 바른 가르침을 실천하지 않으면, 이어서 화를 내게 된다. 이어서 화를 내게 되면 곧 서로 감정의 상처를 받게 될 것이다." 이 논리는 부부 간에 자동차 연수를 직접 시켜본 사람은 충분히 이해할 수 있을 것입니다. 가까운 사이에 가르침은 쉽지 않은 일입니다. 가르쳐주는 사람이 가르쳐준 대로 못하는 부인이나 남편에게 소리를 지르면 결국 감정이 상하여 가슴의 상처로 남는 상황이 벌어집니다. 관계가 친밀하면 할수록 기대치도 더 크고, 섭섭하고, 서운하고, 결국 감정의 상처를 받게 됩니다. 남을 가르친다는 것은 상대방의 가슴에 상처를 줄 수 있다는 것을 잊어서는 안 됩니다. 부모는 늘 자식에게 올바르게 살라고 말합니다. 그러나 어찌 내 자식이 언제나 내가 가르친 대로만 살 수 있겠습니까? 때로는 내가 원하는 방향으로 가지 않는 자식을 보고 화를 낼 수밖에 없습니다. 화는 서운함을 부르고, 서운함은 결국 미움으로 확장되기도 합니다. 관계가 가까우면 가까울수록 서운함은 더하기 마련입니다.

둘째는 자식에게 올바른 방향을 제시하는 부모가 그 방향대로 살지 않을 때 자식은 의문을 제기하게 되는데, 이 경우 역시 부모 자식 간에 상처를 입게 된다고 합니다. "아버지는 자식에게 바르게 하라고 가르치는데, 아버지가 바른 행동을 하지 않는다면 자식이 아버지를 원망하게 되고 결국 부모 자식 간에 감정이 상하게 될 것이다." 누가 자신이 가르친 대로 인생을 사는 사람이 있겠습니까? 내가 한 가르침과 자신의 인생이 정확히 일치되는 경우는 극히 드뭅니다. 신호 위반을 하면 안 된다고 말해놓고 본인은 신호 위반을 한다면 당연히 상대방은 문제 제기를 할 수밖에 없습니다. 올바르게 살라고 해놓고 정작 부모가 그 올바름을 실천하지 않는다면 자식은 부모에 대해 반감을 가질 수 있기 때문입니다. 결국 부모 자식 간의 상처로 남는 것은 당연합니다. 내가 자식에게 올바르게 살라고 가르쳐놓고 나는 그렇게 살지 않는다면 이 것 또한 부모 자식 간에 갈등의 시작입니다.

셋째 결국 부모 자식 사이는 본래부터 선善을 권하는 사이가 아니라는 것입니다. "부모 자식 간에는 선을 책하는 사이가 아니다. 옳은 것을 말하다 보면 서로 마음이 멀어지고, 사이가 멀어지면 부자지간에 불상不祥한 것이 이것보다 큰 것이 없다." 옳고 그른 것을 따지는 것, 정말 조심스러운 일입니다. 잘못하면 감정이 상하게 되고, 그 상처는 결국 이별을 동반하게 됩니다. 특히 혈연관계가 이별한다는 것은 세상에서 가장 불상不祥한 일, 즉 상서롭지 못한 일입니다. 부모와 자식으로 만나 서로를 미워하고 이별하게 된다면 참으로 견디기 힘든 불행한 일임에 틀림없습니다.

맹자의 이 이야기는 결국 친한 관계에서 옳고 그름을 따지는 일은 정말 조심스럽고 쉽지 않은 일이라는 것입니다. 그래서 정말 혈연관계나 친한 관계에 있는 사람에게 옳은 것을 가르치고 싶을 때는 우회하여 다른 사람에게 그 가르침을 위탁하는 방법을 선택해야 한다는 것입니다. 이것이 어찌 가정에서 부모 자식 간에만 있는 일이겠습니까? 회사에서든 조직에서든 밑에 있는 직원들에게 직접 얼굴을 맞대고 소리를 지르며 꾸짖는 것이 즉각적인 교육의 효과는 있겠지만, 아무리 옳은 이야기라도 감정이 상처 나게 되면 그 관계는 당연히 소원해질 것입니다. 잘못은 반드시 지적하고 교정해야 합니다. 다만 방법에 있어서 어떻게 가르칠 것인가는 생각해봐야 합니다. 세상에 아무리 옳은 이야기라도 마음을 아프게 하고, 감정에 상처가 나게 한다면 그 가르침이 가슴속에 남을 리 없기 때문입니다.

같은 꿈을 꾸는 자 승리하리라, 천시天時와 지리地利와 인화人和

언젠가 기업체 사장님들에게 강의를 하면서 기업의 성패에 가장 중요한 것은 무엇이냐고 물어본 적이 있습니다. 그때 어떤 사장님이 자신 있게 대답하였습니다. "운 아닙니까? 운!" '운칠기삼運七技三.' 기술이 아무리 좋아도 결국 운이 70퍼센트라는 말입니다. 정말 일이 되려고 하면 저절로 되고, 안 되려 하면 아무리 노력해도 되지 않을 때가 있습니다. 《맹자》에서는 운을 천시天時라고 말합니다. 천시天時는 항상 나에게 유리하게 작용하지는 않습니다. 때로는 나를 도와주는 천시天時가 나를 더욱 어렵게 만드는 경우가 있습니다. 그래서 맹자는 천시天時보다 더 중요한 것이 지리地利라고 합니다. 지리地利는 지형적 이점입니다. 하늘이 도와주지 않으면 지형적으로 유리한 고지에서 튼튼한 성을 쌓고 내부적 힘을 길러놓으면 얼마든지 어려운 고비를 넘길 수 있습니다. 그러나 하늘의 천시天時가 나를 도와주고 튼튼한 성과 무기가 나를 받쳐준다고 해도 결국 그곳에 있는 사람들이 서로 화합하고 똘똘 뭉쳐 있지 않으면 어려움을 극복할 수 없을 것입니다. 맹자는 그것을 인화人和라고 합니다. 결국 하늘의 운세와 튼튼한 성이 있어도 사람들의 단합된 마음이 더욱 중요한 것이라는 것입니다. 인화人和는 맹자가 꿈꾸었던 가장 아름다운 조직의 모습입니다. 아무리 운이 따라주고 물질적 조건이 완비되어 있더라도 그 성을 지키고자 하는 병사들의 화합과 단결이 없다면 그 성은 쉽게 무너지고 말 것이라는 지적입니다. 기업으로 말하면 정말 시장의 분위기도 좋고 기술력과 충분한 자본을 가진 회사라도, 노사 간의 불화나 직원 간의 파벌과 갈등에 의해 무너지는 것을 이야기하는 것입니다. "하늘의 운세가 아무리 좋아도 지형적 이점만 못할 것이요, 지형적 조건이 아무리 좋아도 인화만 못할 것이다." 맹자는 구체적으로 이 논리를 진행시키면서 '성이 높지 않은 것도 아니고, 연못이 깊지 않은 것도 아니고, 병기와 갑옷이 견고하고 예리하지 않은 것도 아니고, 군량미가 적은 것도 아닌데, 이것을 버리고 병사들이 도망가는 것은 결국 물질적 조건이 인화보다 못하다는 증거다'라고 말하고 있습니다.

국민은 영토로 확정 짓는 것이 아니고, 국토는 산과 강으로 결정짓는 것이 아니며, 천하의 위엄을 떨치는 것은 군사력으로 하는 것이 아니라고 맹자는 말합니다. 내가 월급을 준다고 해서 내 직원이 아니며, 회사에 속해 있다고 해서 직원 모두가 회사를 위해 최선을 다할 것이라고 단언할 수는 없는 것입니다. 그것보다 더 중요한 것은 직원 모두가 얼마나 같은 꿈을 꾸고 있고, 조직이 원하는 목표를 위해 같이 갈 마음의 준비가 얼마나 되어 있느냐 하는 것입니다. 일 년에 몇 개월을

노사 간의 마찰과 갈등으로 세월을 보내고 학연과 연줄에 얽매여 서로 반목하는 조직에는 미래는 없습니다. 꿈을 잃어버리고 마음의 문을 닫아버리며 세월만 보내는 조직이 이 난세에 최후의 승자로 살아남는다는 것은 불가능한 일입니다.

맹자왈孟子曰 천시불여지리天時不如地利오 지리불여인화地利不如人和니라 삼리지성三里之城과 칠리지곽七里之郭을 환이공지環而攻之하여 이불승而不勝하니 부환이공지夫環而攻之에 필유득천시자必有得天時者矣언마는 연이불승자然而不勝者는 시천시불여지리야是天時不如地利也니라 성비불고야城非不高也며 지비불심야池非不深也며 병혁비불견리야兵革非不堅利也요 미속米粟이 비부다야非不多也로되 위이거지委而去之하니 시지리불여인화야是地利不如人和也니라 고故로 왈역민불이봉강지계曰域民不以封疆之界하며 고국固國에 불이산계지험不以山谿之險하며 위천하威天下에 불이병혁지리不以兵革之利니 득도자得道者는 다조多助하고 실도자失道者는 과조寡助하니 과조지지寡助之至에는 친척반지親戚畔之하고 다조지지多助之至에는 천하순지天下順之니라 이천하지소순以天下之所順으로 공친척지소반攻親戚之所畔하니 고故로 군자君子는 유부전有不戰이나 전필승의戰必勝矣니라.

맹자가 말하였다. "천시는 지리만 못하고 지리는 인화만 못하다. 3리가 되는 긴 성과 7리가 되는 튼튼한 외곽을 포위하여 공격하였으나 이기지 못하였다면, 이길 수 없었던 이유는 포위해서 공격할 때 천시

를 얻었지만 천시가 지리보다 못하기 때문이다. 성이 높지 않은 것
도 아니고 성 앞의 연못이 깊지 않은 것도 아니며 무기와 갑옷이 날
카롭고 단단하지 않은 것도 아니고 쌀과 곡식이 많지 않은 것도 아니
지만, 모든 것을 버려두고 다들 도망가니 이것이야말로 아무리 지리
가 좋다 한들 인화만 못하다는 것이다. 한 나라의 백성을 확정함에
나라의 국경선을 가지고 하는 것이 아니다. 나라를 단단히 함에 있어
서 산과 계곡의 험난함으로써 하는 것이 아니다. 천하에 위엄을 떨치
는 것은 무기의 날카로움과 갑옷의 단단함에 있는 것이 아니다. 도를
얻은 자는 도와주는 사람이 많고 도를 잃은 자는 도와주는 사람이 적
다. 도와주는 사람이 적게 되면 결국 친척마저 나를 떠나게 되고, 도
와주는 사람이 많게 되면 결국 천하의 모든 사람들이 나를 따르게 된
다. 천하의 모든 사람들이 따르는 사람이 친척마저 떠나는 사람을 공
격한다면 그 승부는 자명하다. 그러므로 군자는 싸우지 않을지언정
싸우면 반드시 이기는 사람이다."

　요즘 어려운 난세라고 합니다. 국제적으로든 국내적으로든 풀기 쉽
지 않은 문제들이 산적해 있습니다. 하긴 어떤 시대든 난세가 아닌 시
대가 있었겠습니까? 그런데 오늘날의 문제는 물질적인 궁핍보다는 정
신적인 결핍이 더욱 문제가 되는 시대입니다. 남과의 비교를 통해 자
신을 비하하고, 나은 자는 우월감에 다른 사람을 멸시하고, 어떤 계층
부류도 자신의 영혼의 행복을 느끼며 살기 쉽지 않은 세상입니다. 이
런 시대에 죽은 내 영혼을 부활시키고 정신적 충만감을 찾는 것이 그

어느 시대보다도 절박합니다. 조금 가진 자든 많이 소유한 자든 소유의 양이 행복의 기준이 아니라 존재로써 행복을 느끼며 사는 그런 시대를 꿈꿔봅니다.

삶의 평형을 위한
역동적인 도전,
《중용》

삶의 평형을 위한
역동적인 도전
《중용》

나와 우주의 비밀을 다루는 고전, 《중용》

여섯 번째로 들어갈 대문은 《중용》의 대문입니다. 《대학》, 《논어》, 《맹자》를 읽고 《중용》까지 읽으면 사서를 읽었다고 말합니다. 사서를 읽었다는 것은 동아시아 유교적 가치를 습득했다는 것입니다. 《동몽선습》, 《격몽요결》, 《명심보감》, 《소학》을 거쳐 사서를 읽으면 어디에서도 지식인으로 인정되었습니다. 동네 대소사 어려운 일이 생기면 사서를 완독한 독서인에게 와서 의견을 물었으며, 예절과 예법과 관련된 풀지 못한 문제 역시 사서를 완독한 사람의 의견이 인정되었습니다. 물론 오경五經을 읽어야 진정 독서인으로서 어느 정도 경지에 이르렀다고 할 수 있지만 일반인이 그 정도 독서량을 갖기는 쉽지 않았을 것입니다. 사서 중에서도 《중용》은 가장 늦게 읽는 책입니다. 그만큼 내용이 쉽지 않았기 때문이기도 합니다. 《중용》이 33장밖에 안 되는 짧은 분량의 책임에도 불구하고 사서 중에서 가장 늦게 읽는 이유는, 가장 철학적이고 관념적이며 우주론적이고 인식론적인 내용을 담고 있기 때문입니다. 간단히 말하면《중용》은 인간과 우주와의 관계, 우주의 원리와 인간 삶의 원리를 근본적으로 다루고 있는 것입니다. 인간은 우주 속에서 어떤 존재인가? 인간의 삶은 어떤 우주적 원리를 근거로 살아가야 하는가? 이런 문제들이《중용》의 중요한 질문입니다. 도덕과 윤리의 실천적 내용을 넘어 인간 삶의 구동 원리를 설명하려고 한 흔적이《중용》전체에 흐르고 있습니다. 송나라 때 국학 운동을 일으켰던 원탁의 기사 여섯 사람, 송조육현은《대학》에서 언급한 적이 있습니다. 기억하시는 분이 계시다면 공부를 철저히 하신 분들입니다. 주렴계, 장횡거, 소강절, 정명도, 정이천, 주자. 이 사람들이 성리학을 통해 새로운 문명의 패러다임을 세워보려고 했던 사람들입니다. 그중에서도 주자는 성리학의 집대성자입니다. 기존의 철학적 사유와 논거들을 모아서 자기 나름대로 새롭게 디스플레이display한 것입니다. 창조create보다 어쩌면 더 힘들고 어려운 것이 집성display입니다. 집대성集大成이라는 말은《맹자》에 나오는 표현입니다. 어떤 학문과 분야든 무엇을 창조했는가도 중요하지만 창조한 것들을 어떻게 하나로 크게 모았는가가 더 중요합니다. 다양한 것들을 한곳에 모을 수 있는 능력, 이것을 맹자는 집대성이라고 부릅니다. 세종대왕이 가졌던 가장 큰 장점이 무엇입니까? 집대성입니다. 과학, 문화, 그리고 기술, 다양한 분야를 하나로 통찰할 수 있는 안목이 있었던 것입니다. 세종대왕, 다산, 원효, 주자 같은 사람들의 공통점입니다. 크리에이터creator가 아니라 디스플레이어displayer들입니다. 수없이 많이 창조된 것들을 하나로 꿰뚫을 수 있는 안목을 가진 사람들입니다. 애플사를 세워 IT 역사를 새롭게 쓴 스티브 잡스 역시 새로운 것을 창조한 공보다는 기존의 것들을 그의 안목으로 잘 집성集成한 공이 크다고 할 수 있습니다. 사서를 중심으로 한 주자의 성리학 이론은 당시 신문화 운동의 집대성이었습니다.

《중용》은 원래《예기》라는 책의 구석에 있었습니다. 집대성을 하려던 주자가 찾아보니 불교와 대적할 만한 것이 없었습니다. 불교의 근본이 무엇입니까? 현세가 아닌 내세에서의 삶, 죽고 난 후 극락에서의 삶입니다. 이것에 대적할 만한 이야기가 유교에는 없었습니다. 살아서 부모에게 효도하고 자식에게 자애하며 신하로서 임금에게 충성한다, 이런 이야기는 있는데 죽고 난 후에 천당에 간다는 이야기는 없습니다.《논어》에도,《맹자》에도 없습니다. 불교 문명과 겨루어 싸워 이길 방법이 보이지 않으니 집대성자인 주자가 고민을 많이 했습니다. 그러다가《예기》구석에서《중용》을 찾아냈습니다.《중용》을 살펴보니 그동안 유교에서 좀처럼 이야기하지 않았던 우주의 이야기를 하고 있었습니다. 그래서《중용》을 빼내어 퍼즐을 맞추듯이 사서에 합쳐버렸습니다. 그러니 사서는 집대성자 주자가 띄운 작품입니다. 그리고《중용》은 사서에서 빠질 수 없는 책이 되었습니다.

그렇다면《중용》은 누가 썼을까요? 공자의 손자로 알려진 자사자子思子라는 사람이 썼다고 알려져 있습니다. 공자를 높이려고 공자의 손자를 끌어냈는지는 모르지만 공씨 할아버지와 그 손자는 사서 중에 두 권을 썼습니다. 공자의《논어》, 맹자의《맹자》, 자사자의《중용》, 증자의《대학》을 합쳐 사서라고 하고, 공자, 증자, 자사자, 맹자, 거기에 공자의 수제자로 일찍 세상을 뜬 안회까지 더불어서 오성(五聖, Five

Saints)이라고 일컫습니다. 지방의 향교나 성균관에 들어가면 신위를 모신 대성전에 이 다섯 분의 위패가 중앙에 모셔져 있습니다. 유교의 핵심 이론을 만들어내신 선현들이고 이들에 의해 아시아적 가치의 근간인 유교가 태동된 것입니다. 하나의 사상이 꽃핀다는 것은 긴 시간과 많은 사람들의 노력이 필요합니다. 창조와 변형, 왜곡과 날조, 정상화와 대중화 등의 과정은 한 사상의 탄생과 발전 정착에 일어나는 일상적인 일입니다.

《중용》은 책 이름이기도 하지만 우주적 삶을 살아가는 인간의 삶의 방식입니다. '중용적으로 산다'는 것은 한 인간이 우주가 부여한 자율 조절 장치를 통해 자신의 삶에 중심을 잡고 균형을 맞춰 살아가는 것을 의미합니다. 매 순간 벌어지는 일상사에 자신의 감정을 조화롭게 표출하는 중화中和의 중용, 그때그때 무엇을 어떻게 할지를 고민하며 사는 시중時中의 중용, 남이 보지 않는 곳에서 자신의 영혼에 충실한 신독愼獨의 중용, 넘치거나 치우치지 않은 판단과 결정을 하는 집중執中의 중용, 나의 중용적 삶이 타인에게 전파되어 함께 중용적 삶을 살아가는 충서忠恕의 중용, 어떤 상황이 닥치든 그 상황 속에서 가장 최적의 답을 찾아내는 자득自得의 중용, 세상의 변화는 조그만 것에서 시작된다는 것을 믿고 실천하는 지성至誠의 중용, 문제가 생겼을 때 그 문제를 해결하는 방법에 있어서 남이 열 번 하면 나는 천 번 하겠다는 마음으로 문제를 해결하는 기천己千의 중용, 그리고 중용적 삶은 내 영혼의 충만함을 위한 삶이기에 어떤 실패와 좌절이 다가온다 해도 후회하지 않는 불회不悔의 중용에 이르기까지, 인간의 삶에 벌어지는 많은 상황 속에서 자기중심을 잃지 않고 살아가는 모습입니다.

어떻게 사는 것이 인생을 잘 사는 것이냐고 물어보면 그 답은 쉽지 않습니다. 저마다 자신이 생각하는 삶의 방정식이 모두 다르기 때문입니다. 그러나 중용은 다양한 삶의 방식을 꿰뚫는 원리입니다. 치우치지도 않고, 기울어지지도 않고, 넘치거나 모자라지 않은 자기중심과 균형을 잡고 살아가는 중용의 인생은 우주적 존재 방식을 그대로 삶에 적용한 것이라 할 수 있습니다.

중간이 아닌 역동적인 자기 평형

중용을 잘못 이해하면 A와 B의 가운데를 중용이라고 생각하기 쉽습니다. 그것은 중용이 아니라 중간입니다. 중간과 중용은 다릅니다. 중용은 살아 있는 영역에서 끊임없이 왔다 갔다 하는 것입니다. 맹자는 공자의 중용적인 삶의 방식을 보고 이렇게 말합니다. "공자는 빨리 가야 할 때는 빨리 갔고, 늦게 가야 할 때는 늦게 갔다. 이것은 다른 사람들이 하지 못하는 것이었다." 공자 이전에도 수많은 성인들이 있었습니다. 그중 백이伯夷는 고결한 삶의 가치를 실천하고 살아갔던 사람입니다. 내가 한번 모신 임금이 아니면 섬기지 않았고, 어떤 백성도 내 백성이 아니면 부리지 않았으며, 못된 사람들과 함께 있는 것을 마치 조의朝衣와 조관朝冠을 입고 진흙 위에 앉은 것처럼 생각했습니다. 아주 완고하고 까칠한 사람입니다. 반면 하나라를 멸망시키면서 탕 임금의 정권을 창출하는 데 큰 공을 세웠던 이윤은 자유로운 충성심을 갖고 살았던 사람입니다. "누구를 섬긴들 내 임금이 아니고, 누구를 부린들 내 백성이 아니며, 누구와 함께 있은들 무슨 장애가 되겠는가?"라고 말했습니다. 유하혜柳下惠는 천하의 모든 불행과 고통을 다 내 탓이라고 했던 사람이었습니다. 그렇다면 공자는 어떨까요? 공자는 어떤 이념과 원칙에 종속되어 있지 않았습니다. 공자의 모든 판단 기준은 그 상황에 가장 적합한 상식이었고, 자신이 만든 편견과 고집에 소외되지 않았던 사람이었습니다. 이런 공자의 삶은 중용적 삶이라고 정의할 수 있습니다. 공자가 사직서를 쓰고 조국 노나라를 떠날 때는 정말 천천히 갔습니다. 무엇이라고 표현하는가 하면 "지지오행야遲遲吾行也라, 더디고 더디도다! 내 발걸음이여!"라고 말합니다. 지체遲滯된다고 할 때의 더딜 지遲자입니다. 그것이 부모의 나라를 떠나는 도리였기 때문입니다. 비록 임금과 뜻이 맞지 않아 사직서를 내고 조국을 떠났지만 마음은 쉽게 떠날 수 없었을 것입니다. 그래서 조국을 떠나는 자신의 발걸음이 더디다고 했을 것입니다. 조선의 22대 왕이었던 정조대왕이 수원에 있는 아버지 사도세자의 융건릉을 보러 갔다가 그곳을 떠나는 길에 고개를 넘으면서 "더디고 더디도다! 아버님 묘를 떠나는 내 몸이여", 즉 "지지遲遲 지지遲遲"라고 해서 고개 이름이 지지대 고개가 되었다고 합니다. 지지遲遲는 차마 발걸음이 떨어지지 않을 때 걸음을 함부로 떼지 않는 것입니다. 이것이 중용입니다. 빨리 가야 될 때는 어떨까요? 두 번 고민할 필요 없이 바로 결정해서 가는 것이 중용입니다. 공자가 제나라 왕과 뜻이 맞지 않아 떠날 때는 정말 빨리 떠났습니다. 공자의 제자가 밥을 하려고 쌀을 물에 담그고 있었는데 공자는 그 쌀을 빨리 거둬서 떠나자고 재촉합니다. 그만큼 빨리 떠나야 할 이유가 있었던 것입니다. 그러니까 중용이라는 것은 그냥 중간이 아니라 매우 역동적인 모습을 가지고 있습니다. 가끔 저는 이렇게 예를 듭니다. 어머니와 내 부인, 즉 고부간의 사이가 별로 좋지 않습니다. 그런데 나는 중용을 지키는 자세로 어머니가 계시는 안방과 아내가 있는 부엌 사이의 거실에 있겠다, 이것은 중용이 아닙니다. 중간입니다. 때로는 어머니에게 다가가서 마음을 달래드리고, 때로는 부인에게로 달려가서 안아줄 수 있는 것이 중용입니다. 그만큼 중용은 기계적이거나 물리적인 것이 아니라 역동적이고 생동적인 것입니다. 중용은 회색주의나 중간주의가 아니라 끊임없이 자기 평형을 찾아가는 것입니다. 나라가 위태로울 때는 자신의 목숨을 나라를 위해서 아낌없이 버리기도 하고, 때로는 세속을 떠나 은둔하여 때를 기다리는 것도 중용입니다. 중용은 타인의 평가나 시선이 아니라 내 영혼에 합당한 기준을 지키며 살아가는 것입니다. 중용은 끊임없이 상황을 읽어내고 그 상황에 가장 적합한 유연성flexibility의 답을 찾아내는 것이라고 보면, 《중용》이라는 책과 중용이라는 삶의 방식이 눈에 잘 들어올 것 같습니다. 중용에 대한 주자의 정의가 있습니다. 원문을 읽어보겠습니다.

주자왈朱子曰 중자中者는 불편불의무과불급지명不偏不倚無過不及
之名이오 용자庸者는 평상야平常也니라.

주자가 말하였다. "중中은 치우치지 않고, 기울어 있지 않고, 넘치거나 모자라지 않는 것의 이름이다. 용庸은 평상시 언제나이다."

주자는 중中이라는 것은 치우치지도 않고〔不偏〕 기울어지지도 않고

〔不倚〕 넘치거나 모자라지 않는〔無過不及〕 것이라고 정의하였습니다. 용庸은 '평상平常', 늘 언제나 그래야 한다는 것입니다. 그래서 중용은 평생 하는 것입니다. 무엇이든지 평생 하는 것이 어렵습니다. 잠시 중용하는 것은 할 수 있습니다. 오늘 저녁에 맛있는 음식 앞에서 중용할 수 있지만 내일과 모레까지 유지하는 것이 어렵습니다. 그래서 대부분 다이어트를 하다가 실패하고 맙니다. 부모님에게 어버이날 식사하고 용돈 드리는 것은 그나마 쉽지만 평상시에 안부를 묻고 만나서 효도하는 것은 쉽지 않습니다. 잠깐은 가능하지만 지속성이 떨어지기 때문입니다. 주자에게 중용적 삶이란 평생을 두고 지켜야 할 지속적인 삶의 가치였습니다.

좀 더 구체적으로 들어가보겠습니다. 한의학에서 건강에 대해 말할 때 "넘치면 빼주고 모자라면 불어넣어줘라"라고 합니다. 침구鍼灸, 즉 침과 뜸은 빼주는 것입니다. 반면에 본초학本草學이라는 약제학은 불어넣어주는 것입니다. 한의사들은 한의학의 근본을 균형이라고 합니다. 건강은 균형을 잡는 것입니다. 넘치거나 모자라지도 않는 적절한 중용의 유지가 곧 건강입니다. 중용은 균형을 맞추는 것입니다. 일과 삶work & life의 균형, 관계의 중용, 행동의 중용, 판단의 중용 등 인간은 중용을 통해 완벽한 삶을 구현할 수 있습니다.

중용은 세 가지 원칙이 있습니다. 첫 번째는 평형성입니다. 완벽한 자기 평형을 갖는다는 뜻입니다. 흔히 황금비율golden mean이라는 표현을 쓰는데, 서양 사람들이 중용을 golden mean이라고 번역했습니다. 그 상황에서 가장 적절한 솔루션을 찾는 것, 그것이 중용이라는 것입니다. 두 번째는 역동성입니다. 중용은 정지된 것이 아니라 살아 있는 것입니다. 늘 생생하게, 다이내믹하게 살아 있는 것이 중용입니다. 한쪽으로 기울면 저쪽에 힘을 주어 중심을 세우는 것은 마치 배가 바다를 항해하며 파도 속에서 좌우로 자기중심을 잡고 항해하는 것과 같습니다. 세 번째는 지속성입니다. 즉 평형이 있고, 그 평형은 살아 있어야 하며, 살아 있는 것이 지속되는 것이 지속성의 중용입니다. 저는 이 세 가지를 중용의 3대 원칙으로 들고 싶습니다. 인생을 살면서 이 세 가지 원칙은 굉장히 중요하고 기억할 만한 원칙입니다. 나는 지금 가장 합당한 나의 중심을 잡고 있는가? 그 중심은 상황에 따라 유연하게 움직이고 있는가? 나는 그런 균형 잡힌 삶을 지속적으로 유지하고 있는가? 중용적 삶을 살아가기 위한 중요한 물음입니다.

인간에게 프린팅된 하늘의 원리

《중용》의 첫 구절을 보겠습니다.

> 천명지위성天命之謂性이요 솔성지위도率性之謂道요 수도지위교修道之謂敎니라.

> 하늘이 인간에게 명한 것을 일컬어 성性이라 하고 그 성을 잘 따르고 가꿔나가는 것을 도道라고 하며 그 도를 잘 닦아나가는 것을 교敎라고 한다.

《중용》의 첫 문장 속에 우주와 인간 간의 맥락이 잘 드러나 있습니다. 천명天命, 우주 속에 인간이 존재하게 되는 과정입니다. 인간 속에는 우주의 원리가 내재하게 되었는데 그것을 천성天性이라고 합니다. 하늘다움이 인간 속에 존재하는 형태가 천성天性입니다. 인간은 천성天性이 있습니다. 그 천성天性이 하늘다움입니다. 하늘다움은 우주다움입니다. 우주다움은 우주의 존재 방식입니다. 상상해보십시오. 내 안에 우주다움이 존재하고 있다는 상상 말입니다. 그런데 인간이 원래부터 가지고 있는 천성天性은 끊임없이 갈고 닦아야 합니다. 그래야 그 하늘다움이 유지될 수 있는 것이죠. 내 안에 있는 우주다움[天性]을 잘 발현하는 것이 솔성率性입니다. 천성을 잘 인솔[率]하여 발현해낸다는 것이지요. 이것이 인간의 중용적 삶, 중용의 도입니다. 도는 내 안에 있는 하늘다움을 잘 발현하여 내 삶 속에 반영하여 살아가는 것입니다. 내가 오늘도 균형 잡힌 중용적 삶의 길을 걷고 있다면 그것이 도를 실천하고 있는 것입니다. 그 중용적 삶의 길은 늘 수리되어야 합니다. 마치 보도블록이 시간이 지나면 노후해지고 수리를 통해서 유지되듯이, 수도修道는 내 안에 있는 하늘다움을 실천하며 살아가기 위한 부단한 노력입니다. 성현의 가르침을 듣고 배우며, 타인의 깨우침에 귀 기울이는 이유는 우주적 삶을 살아가기 위한 인간의 노력입니다.

좀 복잡하게 말씀드렸지만 간단히 말하면, 인간은 중용적 삶을 살아갈 수 있는 존재라는 것입니다. 우주의 존재 방식은 중용이고, 그 중용의 원리가 인간 안에 있기에 인간 역시도 우주적 방식으로 삶을 살 수 있다는 것이지요. 이렇게 생각하면 가슴이 두근거립니다. 내 안의 위대한 우주적 에너지를 느끼며 살아가야겠다는 용기가 생깁니다.

천명天命, 우주적 에너지를 인간의 에너지로 전환하는 과정.

천성天性, 우주적 에너지가 인간의 에너지로 들어온 상태.

솔성率性, 인간의 에너지를 계발하고 확장해나가는 과정.

인도人道, 우주적 균형을 인간의 삶으로 전환하여 살아가는 길.

수도修道, 균형 잡힌 삶을 살아가기 위한 성찰과 노력.

교학敎學, 배움과 가르침을 통해 내 안에 우주적 에너지를 확장.

《중용》 첫머리에 나오는 문장을 위와 같이 분석하여 정리해봅니다.

《중용》의 이 선언문은 우주와 인간이 어떻게 연결되어 있는지를 잘 보여주고 있습니다. 이것을 다시 해석해보겠습니다. 하늘[天]이라는 것이 있었다고 합니다. 여기서 하늘은 블루 스카이blue sky 같은 것이 아닙니다. 동양철학에서 이야기하는 하늘은 신god도 하늘sky도 하늘나라 heaven도 아닙니다. 우리가 살고 있는 이 우주 전체를 하늘이라고 합니다. 하늘은 운행 원리principle를 갖고 있습니다. 그 하늘의 운행 원리를 천리天理라고 합니다. 해와 달이 뜨고 지는 것, 꽃이 피고 지는 모든 존재의 원리가 바로 천리天理입니다. 천리天理는 이 세상이 돌아가는 어마어마한 구동 원리입니다. 그 원리가 어느 날 명(命, order)을 내린 것입니다. 그래서 사람이라는 존재가 만들어졌습니다. 서양에서처럼 하나님의 천지창조로 만들어진 것이 아니라, 우주의 원리 속에서 인간이라는 싹이 튼 것입니다. 그리고 인간 안에 하늘의 원리가 들어와 자리를 잡았습니다. 그것이 바로 성性이라는 것입니다. 다시 말하자면 하늘의 이치인 천리天理와 인간의 본성은 같은 것입니다. 이 말이 잘 이해되십니까? 비유하면 하늘에 달이 있습니다. 그런데 그 달이 낙동강, 두만

강, 압록강에도 비추고 있습니다. 그렇다면 저 하늘에 떠 있는 달과 낙동강에 비친 달 사이에는 무언가 맥락context이 있는 것입니다. 인쇄된 것입니다. 불교 용어 중에 월인천강月印千江이라는 말이 있습니다. 달이 천 갈래의 강에 인印, 즉 인쇄되었다는 말입니다. 《중용》의 이 구절도 하늘에는 하늘의 원리가 있는데 그것이 인간에게 찍혀졌다는 것입니다. 우리 가슴속에 하늘의 이치가 찍혀져 있습니다. 그 이름을 성性이라고 합니다. 따라서 인간이 갖고 있는 본성은 하늘의 이치와 같습니다.

성즉리性卽理, 인간의 본성과 하늘의 원리는 같다. 이것을 연구하는 학문이 성리학性理學입니다. 성리학이 무엇입니까? 인간이 가진 본성과 우주의 원리가 같다는 전제에서 이 학문은 시작합니다. 인내천人乃天, 사람이 하늘과 같은 것이라고 합니다. 천인합일天人合一, 인간은 노력하면 하늘과 같아질 수 있다고 합니다. 그런 상태와 경지에 이르는 것이 위대한 성인이 되는 것입니다. 우리는 《맹자》에서 이렇게 배웠습니다. '인간은 하늘의 위대한 본성을 본받아 인의예지仁義禮智를 가졌으니 포기하지 말고 그 위대한 본성을 잘 가꿔나가라. 그리하면 너도 성현의 경지에 이를 수 있을 것이다.'

이렇게 말씀드려도 중용이 너무 관념적으로 느껴지시나요? 이렇게라도 우주와 인간과의 관계를 설명하지 않으면 불교와 대결할 수가 없습니다. 불교에서는 억겁의 윤회 속에서 인간이 태어난다고 말합니다. 나름대로 인간의 창조 정신이 있는 것입니다. 그런데 유교에서는 그런 것이 없었습니다. 나는 아버지와 어머니의 신혼 첫날밤에 의해 태어난 것이지 그 이상도 이하도 아니었습니다. 내 아버지와 어머니는 할아버지와 할머니의 작품입니다. 그 이전의 이전은 설명할 수도 없었고, 나라는 존재를 그 이상으로 설명할 수도 없었던 것입니다. 그러나 중요한 것은 내가 존재한다는 것입니다.

유교에서 '나'라는 존재를 설명하는 맥락context은 우주와 인간 사이의 맥락밖에 없습니다. 이제부터 나는 하늘이다. 이런 논리 때문에 성리학이 조선 사회에 큰 영향을 줄 수 있었습니다.

넘치지 않는 감정의 중용, 중화中和

이제부터 중용적 삶의 다양한 현장으로 들어가보겠습니다. 어떻게 사는 것이 중용적 삶인가를 몇 가지로 정리해서 함께 고민해보도록 하겠습니다.

인간에게는 희로애락애오욕喜怒哀樂愛惡欲이란 일곱 가지의 감정, 칠정七情이 있다고 가정해보겠습니다. 물론 인간이 가지고 있는 감정이 어찌 일곱 가지뿐이겠습니까? 더 디테일하고 세밀한 감정이 있을 것입니다. 그러나 유교적 가치에서 인간은 칠정七情, 일곱 가지의 감정을 지녔다고 전합니다. 여러분은 감정의 조절, 즉 감정의 중용이 가능하십니까? 참 어려운 것이 감정의 중용입니다. 기쁨, 슬픔, 분노, 즐거움, 사랑, 미움, 욕심 등은 늘 우리의 일상에서 변하고 있습니다. 사랑하다가 미워지기도 하고, 슬픔이 기쁨으로 바뀌기도 합니다. 아침에 울었다가 저녁에는 웃고, 밤에는 슬펐다가 아침에는 기쁨으로 변하기도 합니다. 그런데 이렇게 수시로 변하는 감정들을 어떻게 조절해야 하는지는 참으로 난감할 때가 많습니다. 때로는 분노가 넘쳐서 화를 참지 못하고 반중용적 행동을 저지르기도 하고, 때로는 슬픔이 지나쳐 나에게 상처를 줄 때도 있습니다. 아픔이지만 그 아픔이 나를 상처 나지 않게 하고, 즐겁지만 그 즐거움이 지나쳐 음란한 쾌락이 되지 않을 수 있다면, 감정의 중용을 잘 표현하고 있다고 할 수 있을 것입니다. 이런 다양한 감정들 사이에서 어떻게 균형을 잡을 것인가? 그렇다고 감정이 없는 것은 중용이 아닙니다. 기뻐도 기뻐하지 않고, 슬퍼도 슬퍼하지 않는 것은 오히려 반중용적입니다. 오히려 감정을 상황에 적합하게 내뱉는 것이 중용입니다. 화가 날 때 화를 적절하게 내는 것이 중용입니다. 화를 억지로 참는 것은 오히려 반중용입니다. 기쁠 때는 웃고, 슬플 때는 눈물을 흘리는 것은 참으로 중용적 감정의 균형입니다. 그러나 말은 쉽지만 참으로 어렵습니다. 때로는 화내지 않아야 할 때 과도하게 화를 내기도 하고, 어떤 때는 화를 내야 할 때 참기도 합니다. 인간의 감정을 적절하게 표현하는 것이 중용이라면 쉬운 일은 아닙니다. 그래서 예로부터 리더들에게 항상 요구되던 것이 중용의 감정 조절이었습니다. 이와 관련된 원문을 읽어보겠습니다.

희로애락지미발喜怒哀樂之未發이 위지중謂之中이오 발이개중절發而皆中節이 위지화謂之和라 중야자中也者는 천하지대본야天下之大本也오 화야자和也者는 천하지달도야天下之達道也니 치중화致中和하면 천지위언天地位焉하고 만물육언萬物育焉이니라.

기뻐하고 분노하고 슬퍼하고 즐거워하는 인간의 감정들이 아직 바깥으로 표출되지 않았을 때는 감정의 중中 상태로 있는 것이다. 그런 감정들이 표출되어 나갔을 때 그 상황에 가장 적합하게 마디마디에 적중했을 때, 우리는 그것을 감정의 화(和, balance)라고 한다. 중中은 세상의 가장 근본이고, 화和는 천하의 수준 높은 도이다. 이런 중화의 감정 조절이 잘 되면 천지가 제자리에서 서고, 그 안에 있는 모든 만물들이 각자 제대로 육성될 수 있을 것이다.

이 글은 한 사람의 감정이 얼마나 세상에 큰 영향을 미칠 수 있는지를 잘 설명해주고 있습니다. 특히 그 사람이 높은 자리에 있는 리더라면 그 사람의 감정에 의해 세상이 흔들리고 만물이 생육을 멈출 수도 있다는 경고입니다. 그러니 리더의 감정 표출은 중용의 균형감을 잃지 말아야 한다는 것입니다. 덕수궁에 가면 중화전中和殿이란 전각이 있습니다. 보물로 지정되어 있는 덕수궁의 중화전은 《중용》의 중화中和를 모티프로 이름을 지은 것입니다. 그 전각 안에 있는 왕은 감정의 표현을 신중히 해야 하며 중용의 감정 조절을 해야 한다는 일종의 압박감이 느껴지는 이름입니다. 왕이 자신의 감정을 제대로 표출하지 못하면 조직이 흔들리고, 그 안에 있는 사람들이 힘들게 됩니다.

세상에서 감정을 다 표현하고 살기란 쉽지 않습니다. 울고 싶어도 울지 못하고 웃고 싶어도 맘 놓고 웃지 못하는 것이 우리의 현실입니다. 특히 남자는 눈물을 보여서는 안 된다는 근거도 없는 이야기가 우리의 중용적 감정 표현을 억제하고 있습니다. 남 보기 창피해서 울지 못하고, 남이 나를 질투할까 봐 웃지 못한다면 감정의 중용이 아닙니다. 특히 눈물은 모든 감정의 중심입니다. 좋아도 울음이 나고, 슬퍼도 울음이 나고, 너무 웃어도 울음이 납니다. 인간은 울음을 통해 모든 감정을 정화합니다. 연암 박지원이 《열하일기熱河日記》에서 망망한 만주 땅을 바라보면서 뭐라고 했는지 아십니까? 참 울기 좋은 곳〔好哭場〕이라는 겁니다. 막막한 만주 땅에서 울면 누구도 신경 쓰지 않고 울수 있으니 평소에 울음을 참고 살았던 사람이 참으로 울기 좋은 곳이란 것이죠. 같이 동행했던 정진사가 물었습니다. "아니, 저 넓은 땅을 보고 하필이면 울기 좋은 땅이라는 이유는 무엇입니까?" 이에 연암이 답하여 말합니다. "인생을 살면서 기뻐도 그 기쁨이 극에 이르면 울음으로 변하고, 슬퍼도 슬픔이 극에 이르면 울음으로 변하고, 화가 나도 그 극에 이르면 울음으로 변한다. 울음은 모든 감정의 가장 귀한 근본이다. 그런데 우리는 울어볼 데가 없다. 하지만 이런 곳이라면 내가 울어도 뭐라 그럴 사람 없을 것이다. 영웅은 울기를 잘하고 미인은 눈물이 많다〔英雄善泣 美人多淚〕."

영웅은 잘 울고 미인은 눈물이 많다. 세상 사람들이 고통에 시달리면 함께 울어주고, 힘들고 고달픈 삶을 위로하며 우는 지도자는 아름답습니다. 가슴속 감정을 속이지 않고 자신의 슬픔을 눈물로 보여주는 미인은 아름답습니다. 기쁨, 슬픔, 분노, 이 감정들을 어떻게 틀어막느냐가 군자의 삶이 아니라, 자신의 감정을 어떻게 적시적절하게 표출하느냐, 그리하여 그 마디마디에 모두가 적중的中할 때〔皆中節〕 진정 감정의 중용, 중화中和가 이루어지는 것입니다. 리더가 자신의 감정, 분노를 이기지 못해서 새벽부터 화를 내는 것은 중용이 아닙니다. 그렇다고 너무 감성에 젖어 있어도 안 됩니다. 언제나 그때 상황에 맞는 적절한 감정을 유지해야 합니다. 왜일까요? 임금의 감정 밸런스가 흔들리면 온 나라의 슬픔과 기쁨이 모두 흔들리기 때문입니다. 임금이 한번 격하게 분노를 표출하면 세상이 뒤집어집니다. 그러니 리더는 함부로 분노나 감정을 표출해서는 안 됩니다. '중화中和에 도달하면 하늘과 땅이 각자 자기 자리에 존재하고, 그 안에 사는 모든 만 가지 존재들이 잘 길러진다.' 이것이 결국 조직이 정상적으로 돌아간다는 것입니다. 가정에서 부모의 감정은 그대로 가족 구성원에게 전해집니다. 내 감정은 친구와 주변에게 그대로 전이됩니다. 내가 감정을 제대로 조절하지 못하고, 그저 닥치는 대로 감정을 표출한다면 세상은 뒤죽박죽될 것입니다. 왜냐하면 세상은 그물망처럼 서로 얽혀 있기 때문입니다. 비가 오고 눈이 내리고 천둥 치고 벼락 치는 것이 우주의 감정이라면, 그 모든 것이 중용의 밸런스에 의해서 일어나는 일이라는 상상을 해봅니다. 어찌 하늘이 늘 평온한 날씨만 있겠습니까? 상황에 따라 다양한 모습으로 우주의 날씨는 그렇게 중용의 균형을 잡고 있을 것이란 상상은 재미있습니다. 빅뱅 이론에 근거하여 우주의 나이가 137억 년이 되었다면 우주는 다이내믹한 변화로 지금까지 존재하여왔을 것입니다.

중용이 가장 무너지기 쉬운 순간, 신독愼獨

중용적 삶의 실천에서 가장 무너지기 쉬울 때가 언제인지 아십니까? 부자가 되고 높은 자리에 올랐을 때일까요? 가난하고 지위가 낮아졌을 때일까요? 인생을 살면서 부귀의 상황이나 빈천의 상황이 다가오더라도 마음만 굳게 먹고 중용적 삶을 실천한다면 얼마든지 내 인생의 균형을 잃지 않고 살 수 있습니다. 그러나 중용적 삶을 가장 위태롭게 할 때는 남이 안 볼 때입니다. 남이 보지 않는 곳에서 인간은 자주 중용적 삶을 포기하게 됩니다. 다른 사람의 시선과 평가가 있으면 그래도 나를 돌아보며 삼가며 살아갑니다. 그러나 남이 보지 않는 곳에서 중용적 삶이 무너지기도 합니다. 그래서 남이 안 보는 곳에서 더욱 조심스럽게 살아가야 합니다. 남들이 보지 않는 곳, 혼자 있을 때 가장 조심해야 한다는 개념이 신독愼獨입니다. 신독愼獨은 남이 보지 않고 혼자(獨) 있을 때 가장 경계하고 신중하게(愼) 처신하라는《중용》의 개념입니다. 사람들은 남이 안 보는 곳에서 무너지기 쉬우니 가장 조심해야 한다는 것입니다. 조선 예학의 대가였던 김장생金長生의 아들이자 역시 예학 연구의 선봉자이며 우암 송시열을 제자로 키워낸 김집金集 선생의 호가 신독재愼獨齋입니다. 남이 보지 않는 곳에서 늘 자신의 영혼에 충실하며 신중하게 살아가겠다는 뜻을 담고 있는 호입니다.《중용》에서 말하는 중용의 도는 인간의 모든 삶과 함께해야 그 가치가 더욱 높아집니다. 가끔 중용적 삶을 실천하다가 남이 안 보고 안 듣는 곳에서 반중용적 삶을 살아간다면 그것은 진정 중용의 도라고 할 수 없습니다. 내 인생의 전반에 걸쳐 중용적 삶은 실천되어야 합니다. 원문을 한번 살펴보겠습니다.

도야자道也者는 불가수유리야不可須臾離也니 가리비도야可離非道也니라 시고군자是故君子는 계신호기소부도戒愼乎其所不睹하고 공구호기소불문恐懼乎其所不聞이니 막현호은莫見乎隱하고 막현호미

莫顯乎微하니 군자신기독야君子慎其獨也니라.

중용의 도라고 하는 것은 인간의 삶과 잠깐이라도 유리되어서는 안 되는 것이다. 중용적 삶이 나에게 잠깐이라도 분리된다면 그것은 진정한 중용의 도가 아니다. 그렇기에 군자는 남이 보지 않는 곳에서 경계하고 삼가야 하며, 남이 듣지 않는 곳을 더욱 두려워해야 한다. 은밀한 것보다 더 잘 드러나는 것이 없고, 미세한 것보다 더 잘 드러나는 것이 없으니 군자는 늘 혼자 있을 때를 더욱 삼가야 한다.

중용의 도는 중용의 실천입니다. 중용적 삶을 실천하며 살아가는 것이 중용의 도입니다. 그런데 그 중용적 삶은 인간의 일생과 함께해야 한다는 것입니다. 내가 존재하는 우주적 원리가 바로 중용적 도이기 때문에 인간도 평생 중용적 실천을 목표로 살아가야 한다는 것입니다. 남이 보든 안 보든, 누가 듣든 말든, 감시하든 안 하든, 중용은 언제나 나와 함께 있어야 한다고 합니다. 옛 선비들은 중용의 도가 잠시라도 내 곁에서 떨어진다면 그것은 중용의 도가 아니라고 생각하였습니다. 남이 보든 안 보든 상관없었습니다. 왜냐하면 그것은 나 자신의 문제이지 남의 평가나 시선에 연연해야 할 문제가 아니었기 때문입니다. 남이 보지 않는 곳〔不睹〕, 남이 듣지 않는 곳〔不聞〕, 아직 노출되지 않은 은미隱微한 일에 더욱 삼가고 조심하는 것이 군자의 중용적 삶입니다. 혼자 있을 때는 풀어지기가 쉽습니다. 그런데 옛 선비들은 누가 보든 안 보든 집에서 정관正觀을 했고, 누가 보든 안 보든 관심이 없었습니다. 신독慎獨, 삼갈 신慎에 홀로 독獨, 남들이 없을 때 가장 조심했습니다. '막현호은莫見乎隱', 은밀한 것보다 더 드러나는 것이 없고, '막현호미莫顯乎微', 미세한 것만큼 잘 드러나는 것이 없다고 합니다. 다시 말하면 가장 은미한 것이 가장 환하게 드러난다는 말입니다. 혼자만 모르고 있을 뿐 다 보입니다. 그래서 군자는 혼자 있을 때 가장 삼가는 것입니다.

남들이 안 보는 곳에서 이렇게 하는 것이 무슨 의미가 있을까 싶을 수도 있습니다. 하지만 하늘의 그물망은 마치 CCTV처럼 세상의 모든 일을 다 잡아낸다는 것입니다. 이것이 하늘과 우주의 그물망network입니다. 하늘과 우주의 레이더 그물망은 모두 연결되어 있어서 그냥 지나가는 듯싶으면서도 가장 은밀하고 안 보이는 것을 모두 끌어냅니다. 그러니 혼자 있을 때 조심하라는 것입니다. 이것이 옛사람들이 지향한 삶의 방식이었습니다. 실제로는 이렇게 살지 못했을 수도 있지만 삶의 기준이 있었던 것입니다. 중용의 실천은 나의 문제이지 타인의 평가의 문제가 아니라는 생각, 내 감정을 적절하게 표출하고, 남이 보지 않는 곳에서 내 영혼에 충실하게 살아가는 삶이야말로 중용적 삶이라고 할 수 있을 것입니다. 가끔 남이 보지 않는 곳에서 내 영혼이 흔들리기도 합니다. 아무도 보지 않으니까 쓰레기를 함부로 버리기도 하고, 누구도 모를 것이란 생각에 해서는 안 될 행동을 하기도 합니다. 정말 다른 사람들이 보는 곳에서 조심하고 경계하기는 쉬워도 남이 보지 않는 곳에서 영혼을 목독目讀하지 않기는 정말 어려운 것 같습니다. 신독慎獨에 관한 내용을 표로 정리해보았습니다.

신독 慎獨		
신독의 5대 원칙	내용	주제어
불가수유리 不可須臾離	잠시라도 중단되어서는 안 된다.	지속의 신독
계신호기소부도 戒慎乎其所不睹	보이지 않는 곳에 더욱 삼가야 한다.	시각의 신독
공구호기소불문 恐懼乎其所不聞	들리지 않는 곳에 더욱 삼가야 한다.	청각의 신독
막현호은 莫見乎隱	은밀한 곳에 더욱 삼가야 한다.	은밀의 신독
막현호미 莫顯乎微	미세한 곳에 더욱 삼가야 한다.	미세의 신독

중용의 의사 결정, 집중執中

중용적 삶에서 중요한 것 중 하나가 의사 결정입니다. 특히 지도자의
의사 결정은 그 미치는 파장이 아주 큽니다. 독단과 편견으로 결정하
고 시행한 것은 반드시 문제가 생기게 됩니다. 기업의 대표가 함부로
의사 결정을 해서 기업의 문을 닫게 하고, 직원들을 거리로 내몬다면
참으로 안타까운 일입니다. 정치인이나 공무원이 심사숙고의 과정을
거치지 않고 의사 결정을 하여 정책을 편다면 국민들의 삶은 더욱 고
달파집니다. 부모가 가족의 의견도 묻지 않고 일방적으로 결정하면 가
정의 화합은 깨지게 됩니다. 개인이 판단을 잘못하면 그 역시 개인에
게 큰 피해가 다가옵니다. 그래서 의사 결정을 할 때는 항상 중용의 원
칙에 충실하라고 합니다. 그런 중용적 의사 결정을 잡을 집執자, 가운

데 중中자, 집중執中의 중용이라고 합니다. 관련된 원문을 읽어보겠습니다.

> 호찰이언好察邇言하고 은악양선隱惡揚善하라 집기양단執其兩端하여 용기중어민用其中於民이니 택호중용擇乎中庸하여 득일선즉得一善則 권권복응拳拳服膺하여 불실지의弗失之矣니라.

> 주변 사람들의 말을 경청하고 살피기를 좋아해야 한다. 나쁜 의견은 버리고 좋은 의견들을 모아야 한다. 그중에서도 극단적인 의견은 배제하여 가장 상식적인 대안을 백성들에게 시행하라. 중용적 의사 결정을 선택하고 실행하여 좋은 결과가 하나라도 있으면 그것을 잘 가슴에 새기고 잃지 않는 경험으로 삼아야 한다.

내 주변 사람들의 말을 살피기를 좋아해라. 의사 결정을 할 때 첫 번째 중요한 과정입니다. 삼성을 세운 이병철 회장이 물려준 좌우명이 경청傾聽이었다고 합니다. 귀를 기울여(傾) 다른 사람의 이야기를 들으라는(聽) 뜻입니다. 사람들은 늘 자신의 이야기를 하려고 하지 남의 말을 잘 들으려 하지 않습니다. 특히 내가 똑똑하고 잘난 사람이라고 생각하는 사람일수록 더욱 남의 말에 귀를 기울이려 하지 않습니다. 그러나 남의 이야기를 듣지 않고 자신의 고집과 편견을 주장하며 일을 결정하면 그 결과는 결코 좋을 수 없습니다. 이언邇言은 가까울 이邇에 말씀 언言. 내 주변 사람들 이야기를 귀담아 들으라는 것입니다. 은악양선隱惡揚善은 그중 문제가 있는 것은 빼고(隱) 좋은 것은 드러내서(揚)

추리는 것입니다. 여러 사람들의 이야기를 들은 후 그중에서 가장 좋은 것을 추려 선한 것을 드러내는 것입니다. 즉 경청한 타인의 의견을 구체화시키는 것입니다. 세 번째는 그중에서 양쪽 끝, 극단적인 의견은 버리고 가운데 것을 추리는 것입니다. 집기양단執其兩端, 양쪽 끝(端)에서 가운데를 잡으라고 합니다. 그리하여 그 중中을 백성들에게 시행하는 것입니다. 국회의원들이 법을 만들고 국가가 정책을 만들 때 이렇게 해야 합니다. 공청회를 통해 관련된 사람들의 의견을 듣고, 가장 좋은 것을 추려내고, 극단적인 것은 빼버리고, 가장 적절한 중용의 답을 찾아서 국민들에게 시행한다면 중용에 의한 정책 결정이라고 할 수 있을 것입니다. 한쪽 사람, 내가 좋아하는 사람만을 위해 결정하는 것은 중용의 의사 결정이 아닙니다. 그것은 어느 한 사람이나 집단의 로비에 의해 결정되는 것입니다. 내가 믿는 신념을 근거로 결정을 해도 잘못된 결정입니다. 사회적 합의와 상식에 기초하지 않은 결정은 반드시 문제가 생깁니다. 그래서 반드시 누구나 인정하고 긍정하는 최적의 대안을 찾아내야 합니다. 가장 중용적인 것을 선택하여 그중에서 하나의 좋은 결과를 얻어낸다면 가슴속에 꼭 품어서(拳拳服膺) 그것을 잃어버려서는 안 됩니다. 좋은 경험을 축적하여 후세에게 물려주어야 하기 때문입니다. 이것이 중용의 의사 결정입니다. 이 과정을 표로 정리해 봤습니다. 첫 번째는 경청의 단계, 두 번째는 강점의 강화, 세 번째는 조정, 네 번째는 시행입니다.

중용의 의사 결정 4단계		
구분	항목	내용
1단계	경청	호찰이언好察邇言 주변 사람들의 의견에 귀를 기울여야 한다.
2단계	강점의 강화	은악양선隱惡揚善 강점의 의견을 찾아내 강화시켜라.
3단계	조정	집기양단執其兩端 문제의 두 극단을 배제하고 접점을 찾는다.
4단계	시행	용기중어민用其中於民 결정된 의사를 시행한다.

나로부터 너에게로, 충서忠恕

세상을 살면서 업karma이 있다면 무지無知에서 시작됩니다. 상대방의 마음을 몰랐기에 화를 냈고, 그 화가 번져 인생에서 지어서는 안 될 업을 만들었다면, 결국 모든 업의 시작은 무지에서 시작되는 것 같습니다. 모르면 사고를 치게 되고, 사고는 업을 만듭니다. 상대방의 마음을 알면 미워할 이유가 없습니다. 상대방의 마음을 알고 이해하고 배려하는 것, 이것을 중용적 삶의 실천의 네 번째 충서忠恕라 정의하겠습니다. 충서忠恕는 상대방을 이해하는 지혜이며 상대방을 존중하고 배려하는 중용적 삶입니다.

충忠은 '진기지심盡己之心', 나(己)의 능력을 최대한 다하는(盡) 것입니다. 서恕는 '추기급인推己及人', 최선을 나한 나(己)를 밀어서(推) 다른 사람에게까지 확장해(及) 나아가는 것입니다. 그래서 충서忠恕라는 말은, 중용에 있어서 나의 최선을 다하고 나의 최선을 다한 것을 남에게까지 밀고 나가는 것을 의미합니다. 원문을 함께 보죠.

충서忠恕는 위도불원違道不遠이니 시저기이불원施諸己而不願을 역
물시어인亦勿施於人하라 도불원인道不遠人이니 인지위도이원인人
之爲道而遠人이면 불가이위도不可以爲道니라.

충서는 중용적 삶의 실천(道)과 멀지 않다. 나에게 시행되기를 원치
않는 것을 남에게 시행하지 않는 것이다. 중용의 도는 인간의 삶과
멀지 않다. 사람이 중용의 도를 실천한다고 하면서 인간의 문제를 멀
리한다면 그것은 진정한 중용적 도의 실천이라 할 수 없다.

충서忠恕는 중용적 삶을 살아가는 데 있어서 반드시 중요한 원리입
니다. 내가 하고 싶지 않은 일을 남에게 시키지 말라. 이 말 속에는 상
대방에 대한 배려와 존중이 들어 있습니다. 내가 먹고 싶지 않은 음식
을 남에게 먹으라고 파는 것은 충서忠恕가 아닙니다. 내가 쓰고 싶지
않은 물건을 만들어 파는 것은 충서忠恕가 아닙니다. 충서忠恕란 상대방
의 입장에서 고민하고 상대방을 이해하는 것입니다. 중용적 삶을 산다
는 것은 산속에 들어가 도를 닦으라는 이야기가 아닙니다. 인간 세상
에서 주변 사람들과 어떻게 균형을 이루며 살아가느냐에 대한 고민이
중용입니다. 인간 세상을 떠나 산속에서 면벽 수도하는 것이 도 닦는
것이라면, 그 도는 중용의 도가 아닙니다. 그래서 '도불원인道不遠人',
중용의 도는 인간(人) 세상과 멀어서는(遠) 안 된다고 하는 것입니다.
그런 인간과 인간관계의 균형과 화해가 충서忠恕입니다. 충서忠恕는 동

시대를 사는 사람들에 대한 무한 배려가 담겨 있는 말입니다. 자식이 부모의 마음을 헤아리는 것, 부모가 자식의 마음을 알아주는 것, 기업이 고객의 니즈를 정확히 알아서 그 니즈를 충족시켜주는 것, 정치인이 국민들의 마음을 읽어내고 국민의 마음을 행복하게 해주는 것, 이것이 충서忠恕이며 이 충서忠恕야말로 중용적 삶을 살아가는 데 있어서 반드시 고민해야 할 가치입니다. 어떤 사람들은《중용》을 읽고 심오한 이치를 깨달은 후, 자신이 만든 울타리에 갇혀 또다시 반중용적 삶을 살아가기도 합니다. 중용은 심오한 이치도 아니며 고상한 가치도 아닙니다. 그저 우리에게 주어진 삶을 어떻게 살 것인가에 대한 고민이고, 그 고민의 중심에는 인간에 대한 배려, 휴머니즘이 담겨 있습니다. 도는 산속이 아닌 바로 오늘 우리 삶 속에 있습니다. 멀리서 찾지 마시고 자신의 삶 속에서, 감정 속에서, 주변 사람들과의 관계 속에서, 내 의사 판단 속에서 중용의 도를 찾으십시오.

충서忠恕에는 네 가지 원칙이 있습니다. '소구호자所求乎子 이사부以事父, 내 자식에게 원하는 바로써 내 부모를 섬겨라.' 자식이 내게 이렇게 해줬으면 좋겠다는 생각으로 내가 부모에게 해주는 것입니다. 자식이 내게 어떻게 해주었으면 좋겠는지를 생각해보면 내가 부모에게 어떻게 효를 행할지 답이 나옵니다. '소구호신所求乎臣 이사군以事君이라, 밑에 있는 신하가 내게 해주기를 바라는 바로써 임금을 모셔라.' 아랫사람이 내게 이렇게 해줬으면 좋겠다는 생각으로 윗사람을 모시면, 그것이 바로 군왕을 모시는 방법입니다. 그러니 도라는 것은 인간에게서 멀지 않은 것입니다. '소구호제所求乎弟 이사형以事兄이라, 내 동생이 이렇게 해줬으면 좋겠다는 생각으로 형을 모시면 그것이 형을 모시는 방법이다.' '소구호붕우所求乎朋友 선시지先施之라, 내가 친구에게 바라는 바로써 친구에게 베풀면 그것이 친구를 사귀는 가장 좋은 방법이다.' 이것이 바로《중용》에서 이야기하는 충서忠恕의 원칙입니다. 어떻게 무엇을 할 것인가를 고민한다면 상대방의 마음에서부터 시작해보십시오. 내가 상인이라면 고객의 입장에서 고민하면 어떻게 사업을 해야 할지 그 답이 보입니다. 내가 부모라면 자식의 입장에서 고민해보면 내가 어떻게 자식에게 해줘야 할지 답이 나옵니다. 중용을 중요한 가치로 알고 살아간다는 것은 어쩌면 너무나 상식적이고 일반적인 삶의 모습입니다. '도불원인道不遠人, 도는 인간을 떠나 멀리 있지 않다'는《중용》의 구절은 우리가 지금 어떻게 살아야 할지를 잘 말해주고 있습니다.

어떤 역경에도 흔들리지 않는 삶, 자득自得의 중용

중용의 도를 실천하는 것은 중용적 삶을 사는 것이고, 중용적 삶은 우주적 삶을 사는 것입니다. 우주 속에 존재하는 인간이 우주의 모습으로 산다면 천인합일天人合一의 경지에 이른 것이고, 이 경지는 나와 우주가 한 호흡으로 숨을 쉬며 존재한다는 것입니다. 그 경지가 성인이든 군자든, 참으로 의미 있는 삶을 살아가는 인간의 모습입니다. 우주적 삶, 말하다 보니까 좀 거창한 느낌이 듭니다. 좀 간단하게 표현하면 가장 상식적으로 순리대로 사는 것이 중용적 삶입니다. 그래서 지금까지 언급한 중용적 삶, 즉 내면의 감정의 적절한 표현과 조절인 중화中和의 중용, 남이 보고 듣지 않는 곳에서 내 영혼의 소리에 귀를 기울일 줄 아는 신독愼獨의 중용, 상황을 판단하고 의사 결정을 할 때 균형과 조화의 결정을 추구하는 집중執中의 중용, 그리고 상대방의 마음을 헤아리고 상대방의 생각에 귀를 기울여 공감의 관계를 유지하는 충서忠恕의 중용은, 우리가 상식적 삶을 살아가기 위한 중요한 중용의 방법들입니다. 그런데 지금부터 언급할 다섯 번째 자득自得의 중용은 중용적 삶의 백미라고 할 수 있습니다. 자득自得은 제가 참 좋아하는《중용》의 구절입니다. 원문을 읽어보겠습니다.

군자君子는 소기위이행素其位而行이오 불원호기외不願乎其外니
소부귀素富貴하여는 행호부귀行乎富貴하고
소빈천素貧賤하여는 행호빈천行乎貧賤하고
소이적素夷狄하여는 행호이적行乎夷狄하고
소환란素患難하여는 행호환란行乎患難이니
군자君子는 무입이부자득언無入而不自得焉이니라.

군자는 자신이 처한 상황에서 가장 적절한 삶의 방식을 찾아야 한다. 자신이 처한 상황 밖에서 답을 찾아서는 안 될 것이다. 내가 부귀한 자리에 처하면 부귀한 자로서 멋진 중용적 삶을 살 것이며, 반대로 내가 빈천한 상황에 처한다 해도 빈천한 자로서 멋진 중용적 삶을 포기하지 않을 것이다. 내가 비문명의 지역에 갇혀 문명과의 고립과 단절이 있다 하더라도 그곳에서 나다운 삶의 방법을 찾을 것이다. 내게 걱정과 환란이 다가와 나를 힘들게 하더라도 나는 환란을 당한 상황에서 나만의 방식으로 삶의 답을 찾으리라! 군자는 인생에서 어

떤 상황에 처하더라도 중용적 삶의 답을 찾는 자득의 인생을 사는
사람이다.

저는 이 구절을 읽을 때마다 인간이 얼마나 위대한 존재일 수 있는
지 가슴이 떨리고는 합니다. 내 인생의 여로에서 어떤 상처를 입더라
도 그것이 상처이지 아픔이 아니라는 생각으로 살아간다는 것은 참으
로 위대한 우주의 마음입니다. 부귀한 자리는 사람을 더욱 중용적 삶
에서 멀어지게도 합니다. 부자가 되고 높은 자리에 오른다는 것이 인
생의 행복일 수도 있지만 오히려 불행을 가져오는 경우가 더욱 많기
때문입니다. 부자가 참으로 부자처럼 산다면 그 부는 아름다운 부입니
다. 귀한 자리에 있는 사람이 세상 사람들을 위하여 그 힘을 선하게 사
용한다면 참으로 아름다운 자리입니다. 중용적 삶을 산다는 것이 부귀
를 멀리하고 빈천을 선택하라는 것은 아닙니다. 오히려 부귀가 다가온
다면 행복하게 부귀와 만나야 합니다. 그리고 그 부귀를 멋있게 사용
한다면 그 삶이 부귀한 자의 자득自得입니다. 세상을 살다가 부귀영화
가 나에게서 멀어지고 가난과 천한 지위에 처한다고 해서 나의 중용적
삶이 흔들리지는 않습니다. 내 수중에 1,000원밖에 없는 것은 불편한
것이지 창피한 것이 아닙니다. 비록 10만 원짜리 밥은 못 먹더라도 그
것이 나의 삶에 슬픔을 가져올 이유는 없습니다. 비문명 지역인 이적夷
狄의 땅에 유배를 당하여 고통을 당하더라도 그 속에서 내 문화를 만들
어나갈 수 있는 사람이 진정 자득自得을 실천하는 중용적 삶을 살아가
는 사람입니다. 다산과 추사는 유배지에서 비록 문명과 단절하여 고립

되었지만 그곳에서 그들의 역량을 발휘하여 조선 후기 실학의 꽃을 피웠고 추사체로 이름을 날렸습니다.

슬플 때는 슬픔에 맞는 답을 찾아내야 되고, 기쁠 때는 기쁨의 답을 찾아야 하고, 부자가 되서는 부자로서의 답을, 가난한 자는 가난한 자로서의 답을 찾아내는 것. 이것이 진정한 자득自得의 중용입니다. 부귀한 자로서 부귀한 자의 행동을 하는 것도 어렵습니다. 가진 만큼 못하는 경우가 있기 때문입니다. 남에게 점심 한 끼 사는 데 인색하고 주변의 힘든 사람에게 약간의 도움을 주는 데 인색하다면, 그 사람을 진정 부자라고 할 수 없습니다. 부자는 돈이 많아서 부자가 아니라 그 부를 얼마나 잘 사용하느냐에 따라 부자가 되기 때문입니다. 가난하고 힘들지만 그런 상황 속에서 최적의 답을 찾아낼 수도 있습니다. 혹시 이런 경험을 하신 적이 있습니까? 돈도 없고 아무것도 없을 때 은행 같은 데 들어가서 에어컨 바람을 쐬면서 데이트해본 적요. 그런 상황에서도 답을 찾아내는 것입니다. 그러니 돈이 얼마 있고 없고, 또는 부자이고 가난하고가 문제가 아니라, 어떤 상황이 닥쳐와도 그 상황에서 최적의 답, 밸런스를 찾아내는 것이 자득自得의 중용입니다. 이것이 된다면 인생이 아주 단단해집니다. 자득自得의 삶은 지금 현재를 사랑하고, 지금 내 처지를 아낍니다. 불확실한 미래에 기대지 않고 현재의 삶 속에서 행복과 균형을 찾고, 자율과 영혼의 떨림으로 사는 것은 지극히 자득自得의 중용적 삶이라고 할 수 있을 것입니다.

재상위在上位 불능하不陵下라
내가 윗자리에 있다고 아랫사람을 막 대하고 천하게 여기지 않겠다.

재하위在下位 불원상不援上이라

아랫자리에 처하여 윗사람을 끌어내리지 않겠다.

정기이正己而 불구어인不求於人이라

내가 처한 자리에서 나를 바르게 하고, 남을 탓하며 세월을 보내지 않으리라.

즉무원則無怨이라

그러면 어느 누구도 원망하지 않을 것이다.

상불원천上不怨天 하불우인下不尤人이요

위로는 하늘을 원망하지 않으리라. 아래로는 다른 사람을 탓하지 않으리라.

군자君子는 거이이사명居易以俟命이요

군자로 산다는 것은 평범한 내 자리에서 나에게 다가오는 운명을 기다리며 답을 찾아나가는 것이다.

소인小人은 행험이요행行險以徼幸이니라.

소인들은 자기 자리가 아닌 곳에서 요행만을 바라며 사는 사람들이다.

《중용》에 나오는 자득自得의 문장은 하나하나가 예술입니다. 내가 윗자리에 있다고 아랫사람을 막 대하지 않고, 아랫자리에 있다고 윗사람을 끌어내리려 하지 않는 사람. 내게 어떤 일이 생기더라도 하늘을 원망하지 않고 사람을 탓하지 않는 사람, 나에게 다가온 운명을 묵묵히 받아들이며 그 상황에서 최적의 나를 찾아내는 것은 진정한 군자의 모습입니다. 이런 삶의 철학은 수많은 시대를 거치면서 아시아의 많은 독서인들에게 영향을 주었으며 그들의 삶을 더욱 의미 있게 만들었을 것입니다.

인생의 여정은 평탄하지 않습니다. 비가 올 때도 있고, 맑은 날도 있습니다. 때로는 부귀영화가 갑자기 나에게로 다가올 때도 있고, 때로는 가난으로 고통받기도 합니다. 인간관계의 단절로 고립과 격리감에 힘들 때도 있고, 각종 질병과 근심 걱정이 엄습할 때도 있습니다. 존재한다는 것은 어쩌면 흔들리고 있다는 것입니다. 흔들리지 않는다면 존재하지 않는 것이겠지요. 중용은 이런 흔들리는 삶에 균형을 잡게 해주는 철학입니다. 어떤 상황에서든 내 균형을 잡아가며 살아가겠다는 인간의 의지가 투영된 것이 중용적 삶이 아닌가 싶습니다. 어떤 상황이 다가오든 나는〔自〕나만의 균형을 찾아〔得〕 살리라! 자득自得의 중용적 삶을 살아가는 사람의 철학입니다.

〈역린〉의 《중용》 23장, 지성능화至誠能化

어느 몸짱 배우가 정조대왕 역으로 나와서 열연했던 영화 〈역린〉에서 《중용》의 한 구절이 대사로 쓰였습니다. "누가 《중용》 23장을 아느냐?" 영화는 이런 장면으로 시작됩니다. 신하들이 아무도 대답 못할 때 내관이 나서서 자신이 알고 있다고 대답합니다.

"보이지 않는 곳에서 성실함이 있으면, 저절로 드러나고, 드러나면 분명해지고, 분명해지면 밝아지고, 밝아지면 감동이 일어나고, 감동이 일어나면 변화하고, 변화하면 동화됩니다. 결국 세상에 가장 작은 곳에서의 성실함이 세상을 변화시키는 힘이옵니다." 저는 영화를 보면서 참으로 중요한 핵심을 찔렀다고 생각했습니다. 세상이 변화하는 힘은 엄청난 힘이 아니라 조그만 곳에서 시작된다는《중용》의 논리는 우주의 변화를 설명하는 철학입니다. 꽃이 피는 것은 보이지 않는 곳에서 광합성을 하고, 물을 빨아들이고, 시간과 공간의 축적이 모두 합쳐져서 이루어지는 변화입니다. 우리는 꽃이 피는 것만 보지만 그 꽃이 피기까지 헤아릴 수 없는 보이지 않는 곳에서의 성실함이 관여하고 있습니다.

우주의 존재 방식이 중용이라면, 과연 중용의 핵심 원리는 무엇일까요? 저는 성실하다는 뜻의 성誠자로 그 답을 하고 싶습니다.《중용》에서 가장 중요하게 여기는 한 글자가 있다면 바로 성誠입니다. 속담에 "지성至誠이면 감천感天"이라는 말이 있습니다. 성실함의 극치〔至〕에 이르면 결국 하늘도 감동한다는 것입니다. 하늘이 어찌 저 푸른 하늘이며 보이지 않는 절대자이겠습니까? 세상의 모든 존재가 하늘입니다. 내가 성실함이 극치에 이르면 세상의 모든 존재들이 감동한다는 뜻이겠지요. 그래서 저는 '성실은 감동'이라는 화두를 정하고 싶습니다. 성실함을 다하여 만든 제품은 고객을 감동시킵니다. 성실함으로 사는 사람은 주변 사람들을 감동시킵니다. 성실로 정치를 하는 정치가는 유권자들의 표를 얻게 됩니다. 그렇습니다. 성실은 감동이며 세상을 변화시키는 힘입니다. 보이지 않는 곳에서의 성실함이 세상을 변화시키는 힘이라는《중용》의 23장을 함께 읽어보겠습니다.

곡능유성曲能有誠이라
성즉형誠則形하고

형즉저形則著하고

저즉명著則明하고

명즉동明則動하고

동즉변動則變하고

변즉화變則化하니

유천하지성唯天下至誠이 위능화爲能化니라.

보이지 않는 조그만 것에 성실함을 다하여야 한다.

성실하면 드러나게 되고

드러나면 분명해지고

분명해지면 밝아지고

밝아지면 감동이 오고

감동이 오면 변화되고

변화되면 동화되나니

오직 천하에 지극한 성실함만이 세상을 변화시키는 힘이니라.

'지성능화至誠能化.' 지극한(至) 성실함(誠)이 천하를 변화시키는(化 힘이라는 뜻입니다. 곡曲은 보이지 않는 곳입니다. 들리지 않고, 보이지 않고, 드러나지 않는 조그만 곳에서 정성은 싹이 틉니다. 보이지 않는 곳에 정성이 있으면 결국 저절로 드러나게 됩니다. 세상에 일부러 드러내려 하지 않아도 저절로 드러나게 하는 것이 성실의 위대한 힘입니다. 성실은 빛을 만듭니다. 내면의 보이지 않는 곳에서 성실의 불을 켠 사람들에게서 빛이 납니다. 그 빛은 사람들을 감동시키고 사람들의 마음을 움직이게 합니다. 결국 세상이 변화하는 결과를 만들어냅니다. 이것이 성실의 힘입니다. 조그만 곳에서 시작한 작은 성실이 결국 세상을 변화시키는 단서가 된 것입니다. 성誠 → 형形 → 저著 → 명明 → 동動 → 변變 → 화化의 과정은 작은 정성이 세상을 변화시키는 과정을 잘 설명하고 있습니다. 제가 다녔던 대학교 앞에 늘 손님들로 붐비는 유명한 떡볶이 집이 있습니다. 맛과 전통이 있어서 늘 사람으로 붐비고 오랜 시간 줄을 서야 비로소 떡볶이를 사 먹을 수 있는 곳입니다. 왜 사람들은 그 집을 선호할까요? 다른 곳에서 얼마든지 사 먹을 수 있는 떡볶이를 포기하고 오로지 그 집의 떡볶이를 사 먹으려는 이유는 무엇일까요? 《중용》 23장의 관점으로 보면 결국 성실함입니다. 보이지 않는 곳에서 재료부터 최선을 다하겠지요. 태양초를 손으로 하나하나 닦아가며 고춧가루를 만들고, 좋은 재료로 떡을 뽑아 최선을 다해 만들었기에 사람들은 감동하였을 것입니다. 떡볶이를 팔아 돈을 버는 것이 목표라면 성실함이 결여될 수 있습니다. 적은 비용으로 많은 돈을 벌려면 결국 남들이 보지 않는 곳에서 성실함을 포기해야 합니다. 값싼 재료로 남들이 보지 않을 것이란 생각으로 만들겠지요. 성실은 분명 자신의 문제입니다. 남이 보든 보지 않든 자신의 영혼에 대한 만족입니다. 그런데 내 영혼이 만족하면 세상의 모든 사람들도 만족할 수밖에 없습니다. 보이지 않는 곳에서 내 영혼의 만족을 목표로 만드는 떡볶이, 진정 사람들이 알아주고 줄을 서게 하는 충분한 이유입니다. 명품은 마케팅이나 보여지는 디자인만으로 될 수 없습니다. 보이지 않는 기본에 충실할 때 명품의 반열에 오를 수 있습니다. 비록 치장을 잘하고 마케팅을 잘 해서 명품이 되었다 하더라도 결코 오래갈 수 없습니다. 시간이 흐르면 결국 본질은 드러날 수밖에 없기 때문입니다. 보는 순간 무엇으로 설명할 수 없는 아우라aura가 보인다면 그것은 성실이 만든 위대한 빛입니다. '지성능화至誠能化, 지극한 성실함만이 세상을 바꾸는 힘이다.' 중용적 삶을 살아가는 사람들의 중용 철학입니다.

137억 년 동안 한 번도 쉬지 않았던 우주, 지성무식至誠無息

하늘과 땅, 우주의 탄생 비밀은 무엇일까요? 누군가가 갑자기 만든 작품일까요? 아니면 오랜 시간에 걸쳐 만들어진 것이라면 어떤 원리에 의해 형성되었을까요? 《중용》에서는 우주는 빅뱅 이론처럼 쉬지 않고 팽창한 결과라고 합니다. 조금씩 쉬지 않고 이 광대한 우주가 형성되었다는 것입니다.

지성무식至誠無息이라

불식즉구不息則久오

구즉징久則徵이오

징즉유원徵則悠遠이오

유원즉박후悠遠則博厚오

박후즉고명博厚則高明이라.

가장 지극한 성실은 쉬지 않는 무식無息한 것이다.

쉬지 않으면 결국 오랜 시간이 지나게 되고

오랜 시간이 지나면 형상이 만들어지고

형상이 만들어지면 더욱 오랜 시간의 역사가 있게 되고

그 시간의 역사가 땅을 두껍고 넓게 만들었고

하늘을 높고 밝게 만들었다.

137억 년이란 오랜 시간 동안 쉬지 않고 팽창하여 이 우주가 만들어졌다고 하는 물리학의 빅뱅 이론과 《중용》의 지성무식至誠無息의 우주 탄생 이론은 닮아 있습니다. 무식無息한 것, 쉬지〔息〕 않는〔無〕 것이 탄생과 존재의 비밀입니다. 쉬지 않는 연속만이 세상을 오랫동안 존재하게 만듭니다. 축구 선수 중에 박지성 선수는 무식無息하게 뛰는 것으로 유명합니다. 축구 감독들이 박지성 선수를 좋아하는 이유는 경기 내내 쉬지 않고 무식無息하게 뛴다는 것입니다. 90분 동안 쉬지 않고 뛰다 보면 다른 선수들도 덩달아 뛰게 되고 결국에는 전체가 다 뛰게 됩니다. 그러다 보면 어떤 발에든 공이 맞아서 들어가는 것입니다. 무식無息한 사람을 당해낼 사람은 아무도 없습니다. 쉬지 않으면 오래갑니다. 오래가면 이깁니다. 천재가 쉬지 않고 노력하는 사람을 못 이기는 이유는 무식無息함이 우주 탄생의 원리이기 때문입니다.

무식無息의 결과는 징徵입니다. 징徵은 징험徵驗입니다. 징험은 어떤 징조徵兆가 눈앞에 형상으로 나타나는 것입니다. 즉 보이지 않는 것이 형상화하여 지각에 의해 포착되는 것입니다. 다이어트를 하려면 무식無息하게 해야 합니다. 잠깐 어느 날 운동하고 식사 조절 한다고 해서 갑자기 살이 빠지지는 않습니다. 무식無息하게 운동과 식사 조절을 하다 보면 어느 날 갑자기 몸무게가 확 빠져 있음을 발견하게 됩니다. 그리고 얼굴에 빛이 나고 피부가 고와집니다. 그것이 징徵입니다. 양의 팽창에 의한 질의 근본적인 변화입니다. 눈앞에 징조가 계속되는 것을 유원悠遠이라고 합니다. 오랜 시간 동안 계속해서 유지되는 것입니다. 그런 과정을 거치면 결국 땅이라는 거대한 존재가 만들어집니다. 박후博厚는 넓고 두터운 땅을 은유합니다. 지구의 형성입니다. 고명高明은 높고 밝은 하늘을 의미합니다. 우주의 형성입니다. 《중용》을 쓴 사람은 결국 우주라는 공간과 지구라는 세상이 쉬지 않고 무식無息하게 작용한 결과의 산물이라고 인식하고 있습니다. 흙 한 알갱이 물 한 모금이 오랜 시간을 거쳐 쌓이면 그것이 우주를 만들어내는 것입니다. 인간은 그런 우주 안에 사는 존재입니다. 그래서 우주의 원리를 통해 우리 삶의 방식을 찾아내야 합니다. 사람이 호흡을 하지 않으면 죽습니다. 호흡은 날숨과 들숨의 쉬지 않는 작용입니다. 그런 쉬지 않는 작용이 인간이 존재하는 방식입니다. 오래되면〔久〕 징표〔徵〕가 나타나고, 그것이 오랜 시간〔悠遠〕이 지나면 넓고 두터운〔博厚〕 땅이 만들어지고, 높고 밝은〔高明〕 하늘이 만들어지는 것입니다.

나는 오늘 무엇을 쉬지 않고 있는지를 물어보아야 합니다. 내 꿈을 위해 쉬지 않고 노력하고 있는가? 내 삶은 지금 나의 영혼을 좇아 살고 있는가? 나는 지금 우주와 한 호흡으로 살고 있는가? 이런 질문을 통해 나의 존재를 확인하고, 나아가 나의 삶에 의미를 부여합니다. 그것이 진정 우주의 원리를 좇아 사는 중용적 삶입니다.

《중용》에서 말하는 성공의 비결, 기천己千

중용적 삶을 살아간다는 것은 쉬운 일은 아닙니다. 집요하게 노력하지 않으면 중용적 삶을 살아갈 수 없습니다. 평생 동안 혈압을 80~120을 유지하고, 적절한 간의 관리와 당뇨 관리 등 건강하게 사는 것이 쉬운 것 같지만 그리 쉬운 일이 아닙니다. 쉬지 않고 몸을 체크하고, 운동하고, 관리하지 않으면 적절한 건강을 유지하기 쉽지 않습니다. 생각해보십시오, 죽을 때까지 건강한 삶을 유지하기 위하여 얼마나 노력을 해야 하는지. 아침저녁으로 시간이 날 때마다 운동을 하고, 음식을 먹을 때도 긴장하지 않으면 안 됩니다. 과로하거나 무리해서도 안 되고, 무기력하게 쉬는 것도 좋은 방법은 아닙니다. 과도한 생각과 집착은 스트레스가 되어 나를 치우치게 하거나 무너지게 만들기도 합니다. 좋은 인간관계를 유지하기 위하여 늘 안부를 묻고 관심을 가져주어야 합니다. 경제적인 안정을 위하여 돈을 적절하게 벌어야 하고, 가족을 잘 유지하기 위하여 최선의 노력을 해야 합니다. 돈을 많이 벌면 음란해지기 쉽고, 일을 너무 열심히 하다 보면 가족 간의 관계가 멀어지기도 합니다. 중용의 균형을 유지하며 살아간다는 것은 힘듭니다. 그래서 공자는 중용적 삶의 어려움을 이렇게 표현합니다.

자왈子曰 천하국가天下國家도 가균야可均也오 작록爵祿도 가사야 可辭也오 백인白刃도 가도야可蹈也나 중용中庸은 불가능야不可能 也니라.

공자가 말하였다. "천하를 다스리는 일을 맡아 행한다면 균형 있는 세상을 만들 수도 있다. 나에게 높은 버슬자리를 제안할 때 과감하게 사양할 수도 있다. 시퍼렇게 날이 선 칼날 위에서 뛰는 것도 하라면 할 수 있다. 그러나 중용을 평생 실천하고 살라는 것은 쉽게 할 수 없는 일이다."

천하를 평화롭게 하고, 높은 성공을 사양하고, 날선 칼날 위에서 뛰는 것은 마음만 먹으면 할 수 있겠으나 중용을 실천하며 평생을 살아간다는 것은 쉬운 일이 아니라는 공자의 말 속에서 얼마나 중용적 삶을 사는 것이 어려운 일인지를 볼 수 있습니다. 그래서 중용은 집요하고 용기 있게 실천하지 않으면 이룰 수 없습니다. 대충 살아서는 중용적 삶을 산다고 할 수 없습니다. 그래서 중용적 삶을 살아가기 위해서는 고집固執이 있어야 합니다. 고집은 단단하게[固] 잡아[執] 지키는 것입니다. 우리가 고집스럽다고 말할 때 부정적인 의미로 많이 쓰이지만, 《중용》에 나오는 고집은 중용적 삶을 선택하고 그 삶을 단단하게 잡고 유지해나가는 자세를 의미합니다. 살을 뺀다고 목표를 세웠으면 고집스럽게 운동하고 식이요법을 병행해야 합니다. 공부한다고 마음먹었으면 그 목표를 향해 고집스럽게 밀고 나가야 합니다. 마음만 먹고 실천하지 않거나 하다가 중간에 포기하고 중도에 그만둔다면, 그 목표를 절대 이룰 수 없습니다. 그래서 고집은 목표를 향한 단단하고 집요한 삶의 자세입니다. 그래서 남들이 한 번 해서 가능하면 나는 백 번이라도 시도해서 목표를 달성하고, 남들이 열 번 해서 가능하다면 나는 천 번이라도 시도해서 목표를 달성하겠다는 마음이 있어야 합니다. 그것이 성실誠實한 삶의 자세입니다. 우리가 성실하다고 말할 때 그저 지각하지 않고 남들의 의견에 반대하지 않고 적당하게 살아가는 부정적 뉘앙스가 있다면, 《중용》에서 말하는 성실함은 목표를 정하고 그 목표의 달성을 위해서 집요하고 고집스럽게 실천해나가는 가치입니다. '택선고집擇善固執.' 가장 최선의 답을 선택하여 고집스럽게 그 답을 실천하라. 남들보다 더 공부하고〔學〕, 더 묻고〔問〕, 더 생각하고〔思〕, 더 판단하고〔辨〕, 더 실천하라〔行〕. 이것이 중용적 삶을 성실하게 살아가는 사람의 모습입니다. 이순신 장군도 이렇게 살았고 세종대왕도 이렇게 살았습니다. 역대 성공하거나 위대한 삶을 살다 간 사람들의 공통점은 고집스럽게 자신이 선택한 길을 무소의 뿔처럼 어느 누구의 평가에 연연하지 않고 쉬지 않고 그 길을 간 것입니다. 이렇게 고집스런 실천을 《중용》에서 이렇게 말하고 있습니다.

박학지博學之하고
심문지審問之하고
신사지愼思之하고
명변지明辨之하고
독행지篤行之하라
유불학有弗學이언정 학지學之인데 불능弗能하고는 불조야弗措也며
유불학有弗問이언정 문지問之인데 불지弗知하고는 불조야弗措也며
유불사有弗思이언정 사지思之인데 불득弗得하고는 불조야弗措也며

유불변有弗辨이언정 변지辨之인데 불명弗明하고는 불조야弗措也며

유불행有弗行이언정 행지行之인데 불독弗篤하고는 불조야弗措也하니

인일능지人一能之면 기백지己百之하고

인십능지人十能之면 기천지己千之니라

과능차도의果能此道矣이면 수우필명雖愚必明하고 수유필강雖柔必强

하리라.

배우려면 넓게 배우고

물으려면 깊게 묻고

생각하려면 깊이 생각하고

판단하려면 명확하게 판단하고

실행하려면 독실하게 실행하라.

배우지 않을지언정 배우려고 마음먹었다면 제대로 능하지 않고는 그
만두지 말라.

묻지 않을지언정 물으려고 마음먹었다면 제대로 답을 알지 않고는 그
만두지 말라.

생각하지 않을지언정 생각한다고 마음먹었다면 제대로 깨닫지 않고
는 그만두지 말라.

판단하지 않을지언정 판단한다고 마음먹었다면 명확하게 판단하지
않고는 그만두지 말라.

행하지 않을지언정 행한다고 마음먹었다면 독실하게 행하지 않고는
그만두지 말라.

남들이 한 번 해서 그것이 가능하다면 나는 백 번이라도 시도해서 가

능하게 할 것이며

남들이 열 번 해서 가능하다면 나는 천 번이라도 시도해서 가능하게
할 것이다.

과감하게 이런 방법으로 세상을 산다면 비록 어리석은 사람이라도
명철한 사람으로 변할 것이며 비록 우유부단한 사람이라도 강한 사
람으로 거듭날 것이다.

글에서 찬바람이 느껴집니다. 넓게 배워라〔博學之〕. 깊이 물어라〔審
問之〕. 신중하게 생각하라〔愼思之〕. 명확하게 판단하라〔明辨之〕. 독실하
게 행하라〔篤行之〕. 이런 삶의 자세가 바로 성실한 중용적 삶을 살아가
는 자세입니다. 남들보다 열 배, 백 배, 천 배 노력하여 내가 선택한 길
을 실천하고 내가 원하는 목표를 달성하는 것은, 위대한 우주의 원리
를 내 삶의 방식으로 전화시키며 사는 천인합일天人合一의 경지에 이른
사람입니다.

군자지학君子之學은 불위즉이不爲則已라
위즉필요기성爲則必要其成이요
고상백배기공故常百倍其功이라.

군자의 배움은 하지 않으면 않았지
한번 한다고 마음먹었으면 반드시 그 끝장을 볼 것이요,
그러므로 항상 남들의 공의 백 배가 된다.

주자가 해석한 글입니다. 안 하면 안 했지 한다고 마음먹었다면 끝장을 보고 반드시 성공한다는 자세, 이것이 우리 시대 젊은이들을 포함하여 우리가 가슴 깊이 새겨야 할 삶의 철학입니다. 하다가 안 된다고 포기하고, 남들보다 조건이 안 좋다고 한숨만 쉰다면 어떤 성공도 이룰 수 없습니다. 성공成功이라는 단어가 여기서 나왔습니다. 성공이라는 것이 무엇입니까? 목표를 향하여 고집스럽게 쉬지 않고 성실하게 실천한 결과입니다. 한다고 마음먹었으면 반드시 이루어내는 것, 그것이 성공입니다. 그러므로 항상 남들보다 백 배의 공을 이뤄낸다고 합니다.

차곤이지此困而知, 면이행자야勉而行者也, 용지사야勇之事也.
이것이 힘들고 어렵게 해서 깨닫는 것이며, 힘써서 행하는 것이며, 용맹함의 일이다.

용기란 바로 중용적 삶을 실천하는 것입니다. 내 안에 우주적 에너지가 있다고 확신하고 그 에너지를 발현하기 위하여 목숨을 걸고 실천하며 사는 것이 진정한 용기입니다.《중용》의 첫 구절을 기억하십니까? "하늘이 인간을 만들 때 위대한 하늘다움을 주었다. 그것이 천명天命이고 그 하늘다움을 실천하는 것이 솔성率性이다." 그 에너지를 끌어낼 수만 있다면 위대한 꿈을 이룰 수 있습니다. 쉬지 않고 남들이 열 번 할 때 천 번 하기 때문입니다. 뛰어난 재주가 따로 있는 것이 아닙니다. 무식無息하게 쉬지 않고 목표를 향해 전진하는 천 번 정신, 기천근千 정신이 있으면 얼마든지 성공할 수 있습니다. 이것이 바로 성실입니다.

중용은 후회하지 않는 것, 불회不悔의 중용

이제 중용적 삶의 마지막 아홉 번째를 공부해보겠습니다. 제가 제시하는 위대한 인간의 우주적 삶, 중용적 삶의 마지막이니 뭔가 큰 것이 있다고 생각하시지 않습니까? 뭐든지 가장 중요한 것은 가장 나중에 나오는 것이니까요.

이런 가정을 한번 같이 해보시죠. 나는 인간으로 태어나서 살아가면서 우주적 삶인 중용적 삶을 살았다. 감정을 상황에 따라 조절하고 통제하는 중화中和의 중용을 실천하였고, 남들이 보지 않는 곳에서도 흔들리지 않는 신독愼獨을 실천하였다. 의사 판단과 결정에 있어서 남의 이야기를 경청하고 보편적 답을 찾아 판단하는 집중執中의 중용, 중용이 나만이 아닌 주변의 사람들의 삶이 될 수 있도록 전파하는 충서忠恕의 중용, 어떤 삶이 나에게 다가와도 흔들리지 않고 그 상황에 가장 적합한 삶의 중심을 찾아내는 자득自得의 중용, 성실함을 다하며 쉬지 않고 목표를 향해 나아가는 지성至誠의 중용, 그리고 목표 달성을 위해 남들보다 백 배 천 배 노력하겠다는 기천己千의 중용에 이르기까지 최선의 노력을 기울이며 살아왔다. 그런데 좋은 결과가 나오지 않는다면? 어떻게 생각하십니까? 최선을 다했으면 반드시 좋은 결과가 나와야 하는데 결과가 좋지 않다면 중용적 삶이 의미가 없는 것일까요? 결론적으로 말하면 그래도 후회하지 않는다는 것입니다. 왜냐하면 중용적 삶의 선택은 나의 문제이며 나의 삶이기 때문에, 타인의 평가에 연연하지도 않고, 실패와 성공에 따라 그 삶의 의미가 바뀌지 않는다는 것입니다. 내 안의 우주의 위대한 본성을 찾아서 살아가는 삶이기 때문에 그저 묵묵히 그 길을 실천할 뿐, 소인처럼 요행을 기다리며, 동분서주하며 인생을 살아가지 않겠다는 굳은 결심이 중용적 삶의 근간입니다. 후회 없는 삶에 대한 공자의 이야기를 원문으로 보겠습니다.

자왈子曰 색은행괴素隱行怪하여 후세유술언後世有述焉이라도 오불위지의吾弗爲之矣리라 군자君子가 준도이행遵道而行하다가 반도이폐半途而廢라도 오불능이의吾弗能已矣라 군자君子는 의호중용依乎中庸하다가 둔세불견지이불회遯世不見知而不悔라.

은밀한 것을 찾고 괴상한 것을 행동에 옮기며 후세에 내 이름이 전해지더라도 나는 그렇게 살지 않겠다. 세상을 속이고 명예를 도둑질하며 살지 않겠다. 내가 가고자 하는 중용의 도를 좇아 행하다가 중간에 가다가 그 길에서 망가지고 무너지더라도 나는 쉬지 않고 가리라. 중용의 도를 택하여 의지하며 살다가 세상을 등지고 은둔하여 누구 하나 나를 알아주지 않더라도 한 점 후회도 하지 않고 살리라.

참 아름다운 삶의 가치입니다. 남들이 명예를 훔치고 세상을 속이며 성공을 추구하더라도 나는 내 길을 꿋꿋이 갈 것이며 설사 그 길이 순탄치 않고 고난의 길이라도 마다하지 않겠다는 군자의 모습이 그려지는 대목입니다. 은밀한 것을 찾고 괴상한 짓을 해서 세상에 이름을 남길 수 있다고 하더라도 그 일을 하지 않을 것이며, 세상으로부터 숨어서 어느 누구도 내 이름을 알아주지 않는다고 하더라도 후회하지 않는 인생을 살겠다는 자세. 이것이 진정한 군자의 중용입니다.

인생을 살아가는 방법은 다양합니다. 그러나 내면의 울림에 귀 기울이며 남의 평가에 연연하지 않고 묵묵히 자신의 길을 가는 사람의 모습이야말로 하늘과 한 호흡으로 사는 중용적 삶을 실천하는 사람입니다. 하늘의 길이 중용의 균형으로 열려 있듯이 인간이 가야 할 길도 중용의 평형으로 뻗어 있습니다. 포기하지 않고, 그 넓고 편안한 길을 걸어갈 때 인간은 어느덧 우주와 하나가 되는 희열을 맛보게 될 것입니다.